다산 심정(茶山審正)
'다산이 올바름을 찾는다'는 뜻이다.
— 국립고궁박물관 소장

정약용, 조선의 정의를 말하다

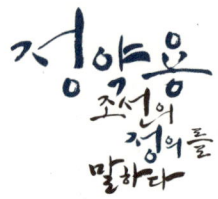

2013. 5. 10. 1판 1쇄 발행
2024. 1. 3. 1판 7쇄 발행

지은이 | 김호
펴낸이 | 이종춘
펴낸곳 | BM ㈜도서출판 성안당

주소 | 04032 서울시 마포구 양화로 127 첨단빌딩 3층(출판기획 R&D 센터)
　　　10881 경기도 파주시 문발로 112 파주 출판 문화도시(제작 및 물류)
전화 | 02)3142-0036
　　　031)950-6300
팩스 | 031)955-0510
등록 | 1973. 2. 1. 제406-2005-000046호
출판사 홈페이지 | www.cyber.co.kr
ISBN | 978-89-315-7654-2 (03910)
정가 | 23,000원

이 책을 만든 사람들

책임 | 최옥현
기획·진행 | 이호준
표지·본문 디자인 | 김희정
홍보 | 김계향, 유미나, 정단비, 김주승
국제부 | 이선민, 조혜란
마케팅 | 구본철, 차정욱, 오영일, 나진호, 강호묵
마케팅 지원 | 장상범
제작 | 김유석

Copyright ⓒ 2013~2024 by Sung An Dang, Inc. All rights reserved.
First edition Printed in Korea.

이 책의 어느 부분도 저작권자나 BM ㈜도서출판 성안당 발행인의 승인 문서 없이 일부 또는 전부를
사진 복사나 디스크 복사 및 기타 정보 재생 시스템을 비롯하여 현재 알려지거나 향후 발명될
어떤 전기적, 기계적 또는 다른 수단을 통해 복사하거나 재생하거나 이용할 수 없음.

■ 도서 A/S 안내

성안당에서 발행하는 모든 도서는 저자와 출판사, 그리고 독자가 함께 만들어 나갑니다.
좋은 책을 펴내기 위해 많은 노력을 기울이고 있습니다. 혹시라도 내용상의 오류나 오탈자 등이
발견되면 **"좋은 책은 나라의 보배"**로서 우리 모두가 함께 만들어 간다는 마음으로 연락주시기
바랍니다. 수정 보완하여 더 나은 책이 되도록 최선을 다하겠습니다.
성안당은 늘 독자 여러분들의 소중한 의견을 기다리고 있습니다. 좋은 의견을 보내주시는 분께는
성안당 쇼핑몰의 포인트(3,000포인트)를 적립해 드립니다.
잘못 만들어진 책이나 부록 등이 파손된 경우에는 교환해 드립니다.

흠흠신서로 읽은 다산의 정의론

정약용, 조선의 정의를 말하다

들어가면서 : 매사에 삼가고 또 삼갈 일이다

《논어》〈위정〉편에는 백성을 다스리는 두 가지 방법이 제시되어 있다. 형벌의 정치와 도덕의 정치가 그것이다. 공자께서 말씀하시기를 "백성을 법령으로 이끌고 처벌로 다스리면 백성들이 형벌을 면하려 할 뿐 부끄러움을 모르게 된다. 이와 반대로 백성을 덕으로 이끌고 예의로 다스린다면 백성들이 부끄럽게 여겨 바르게 된다.(道之以政 齊之以刑 民免而無恥 道之以德 齊之以禮 有恥且格)"라는 것이다. 백성들을 법으로 강제하고 잘못과 일탈을 처벌하는 데만 골몰하면 백성들은 그저 이를 피하려고만 할 뿐이어서 설사 처벌을 받더라도 자신의 잘못을 깨닫지 못하지만, 도덕 교화를 통해 부끄러움을 알도록 한다면 저절로 착한 경지에 이른다는 것이다.

법의 수단에 기대기보다 덕의 교화에 근본을 두어야 한다는 유가儒家의 주장은 '법과 도덕' 그리고 '법치와 덕치'의 관계를 잘 보여 준다. 무엇보다 성리학적 유교이념에 충실한 조선의 정치가들이 법치보다 덕치에 전념했으리라는 사실은 예상하기 어렵지 않다.

특히 조선 후기에 이르러 도덕정치가 더욱 강조되면서 엄형보다는 교화와 감형이 선호되었고, 죄인을 심리하는 흠휼欽恤·죄수를 신중하게 심의함에서 관용이 남발되었다. 이에 다산은 《흠흠신서》를 지어 흠휼의 진정한 의미를 깨우치고자 했다.

"요즘 법관들은 흠휼이라는 말에 홀려 사람의 죄를 너그럽게 용서해야 한다고만 생각하다가 법을 벗어난다. 때문에 죽어 마땅한 자도 석방할 길이 없지 않다면서 임금에게 글을 올려 재가를 기다리고, 이미 재가를 받은 경우에는 형벌의 등급을 낮춘다. 예를 들어, 참형에 처할 자를 유배시키고 유배 보내야 할 자에게는 도형徒刑·중노동을 시키는 형벌을 내리며 도형을 내려야 할 자에게는 장형杖刑·볼기를 몽둥이로 때리는 형벌을 내리니, 이런 사람들은 법조문을 팔고 법을 업신여기면서 이득만을 취하려 할 뿐이다. 그러니 이들에게 무슨 흠휼의 정신이 있겠는가?"

그렇다면 다산이 엄한 형벌 중심의 정치를 부활하고자 한 것일까? 그렇지 않다. 다산에게 진정한 흠휼이란 단지 너그럽게 용서하는 게 아니었으며, 엄벌 또한 능사가 아니었다. 일단 용서할 수 있는 경우와 그렇지 않은 경우를 분명히 정해야 하며, 용서할 수 있는 경우에는 감형해야 하지만 그렇지 않다면 법을 정확하게 집행해야 흠휼의 정신을 지킬 수 있다고 주장한 것이다. 다산은 범죄를 처벌할 때는 융통성을 발휘하고 재량껏 판결하되, 원칙을 어기지 않으면서도 시의적절한 태도를 유지하는 '시중時中'을 잃지 말아야 한다고 주장했다.

대학원 재학 시절 조선 후기 홍역에 관한 글을 쓰던 필자는《마과회통麻科會通》을 통해 다산의 글을 처음 대면했다. 당시 그는 박식한 데다 치밀한 논리를 펴는 학자로 필자에게 깊이 각인되었다. 그 뒤 다산의 경학經學 관련 저술을 틈틈이 읽으면서 이런 생각은 변하지 않았다. 그리고 이번에 여러 해 전부터 읽어 온《흠흠신서欽欽新書》에 관한 글을 완성하면서, 인간에 대한 다산의 깊은 사유와 이를 바탕으로 한 날카로운 분석에 다시 한 번 경외감을 느끼지 않을 수 없었다.

원래 잡지에 연재하던 글을 2012년 다산 탄생 250주년에 맞추어 책으로 출간할 계획이었다. 필자의 게으름과 숙성되지 못한 사고 덕에 차일피일 미루다가 해가 바뀌고서야 끝마칠 수 있게 되었다. 늘 그렇듯이 뿌듯함과 아쉬움이 교차한다. 원고를 쓰는 동안 주위를 돌아보지 못한 무심함을 몇 마디 감사의 말로 대신해야겠다. 오랜 병환에도 늘 아들 걱정을 앞세우는 어머님, 그리고 사위를 자식으로 생각하는 장인, 장모님께 감사드린다. 사랑하는 아내이자 존경하는 학문적 동지 김지영은 글 전체를 읽고 폭넓은 도움과 비판을 잊지 않았다. 두 딸 민수와 윤수는 어느새 훌쩍 자라 아빠의 건강을 염려한다. 이들에게서 받은 기운으로 책을 마무리할 수 있었다. 모자란 글을 잡지에 연재할 수 있도록 배려해 주신 이덕환 교수님, 그리고 다산학술재단에서 《흠흠신서》를 함께 강독 중인 정해창 이사장님과 이종일 선생님을 비롯해 여러 선생님들께 감사드린다. 깊은 통찰과 숙고의 기회를 제공해 주신 덕분에 이 정도라도 책이 완성될 수 있었다. 마지막으로 오래 기다려준 이호준 주간에게도 감사한다. 새 봄을 맞이하며 마음 깊이 다산 선생의 말씀을 새긴다. '매사에 삼가고 또 삼갈 일이다[欽欽]'.

멀리 계양산을 바라보며
2013년 3월 24일 쓰다

目次

들어가면서 : 매사에 삼가고 또 삼갈 일이다 · 4

제1부 소송 없는 사회를 꿈꾸며
제1장 목민관의 임무와 자세 · 12
제2장 사또가 준비해야 할 모든 것 · 24
제3장 평소에 법전을 숙지하라 · 36
제4장 법의학 지식의 중요성 · 46
제5장 무덤을 파서라도 조사하라 · 54
제6장 정확한 사건 조사가 필수이다 · 68
제7장 믿기 어렵다고 대충 조사하지 말라 · 76

제2부 법은 그 마음을 처벌하는 것이다
제8장 중국의 잘못된 법 집행을 비판하다 · 94
제9장 법과 입법 취지를 함께 살려라 · 106
제10장 죽일 마음이 전혀 없어야 한다 · 116
제11장 주범과 종범의 구별 · 128
제12장 조선 최악의 패륜사건 · 136
제13장 법이란 정확하고 또 정확해야 한다 · 146
제14장 죄를 뒤집어씌우려는 자는 엄히 처벌하라 · 154
제15장 어디까지 책임을 물어야 하는가 · 164
제16장 다산의 후회 · 178

제3부 넘치는 폭력과 다산의 우려

제17장 복수의 조건 · 192

제18장 다산 정약용의 복수론 · 202

제19장 모욕과 복수 · 216

제20장 편협한 울분 · 222

제21장 인정과 도리를 참작하라 · 230

제22장 진짜와 가짜의 구별 · 236

제23장 '법의 도덕화' 현상 · 242

제24장 동생이라도 마음대로 죽일 수 없다 · 250

제25장 인정과 도리, 그리고 법 · 258

제26장 아무나 양반이 될 수는 없다 · 270

제4부 다산, 세태를 꾸짖다

제27장 저주의 옥사 · 284

제28장 진짜 도둑 · 292

제29장 계모를 위한 변명 · 302

제30장 미치광이 처벌 · 312

제31장 맹자가 틀렸다 · 320

제32장 특권과 예우 사이 · 328

제33장 양반의 횡포인가, 정의로운 처벌인가 · 338

제34장 절개를 잃은 부인들 · 346

글을 맺으며 : 《흠흠신서》로 읽은 다산의 정의론 · 356

참고문헌 · 359

고대 공자로부터 현재에 이르기까지 2,000년 동안 동아시아의 정치는 "반드시 소송을 없게 하라.[必也使無訟]"라는 대원칙에 변함이 없었다. 소송과 분쟁의 원인은 무엇인가? 일찍이 노자는 '만족할 줄 모르는 것보다 더 큰 화(禍)가 없고, 계속 얻으려는 욕심보다 더 큰 허물은 없다.'라고 강조하였다. 얻으려고 욕심을 부리면 다투는 마음(쟁심 · 爭心)이 생긴다는 점에서 쟁심을 모든 악의 근원이라고 보았다. 노자가 볼 때는, 백성들로 하여금 욕망과 지혜를 버리고 무위(無爲)로 돌아가게 하는 것이야말로 분쟁을 그치도록 하는 최선의 방법이었다.

법가 역시 쟁심을 모든 악의 근원으로 보았다. 한비자는 법을 통해 세상에 더 적극적으로 개입해야 한다고 주장했다. 그에게 법치란 형벌을 즐기거나 법의 권위를 과시하기 위함이 아니었다. 법은 "사사로움을 제거함으로써[去私]" 다툼이 없도록 하는 효과적인 수단이다. 이처럼 "형벌을 없앤다는 목표"에서 법가와 도가의 최종적인 이상은 같다고 볼 수 있다. 노자는 인의예지를 버리고 무위자연으로 회귀하도록 권유했으며 법가는 형벌로 형벌을 없애고자[以刑去刑] 했을 뿐이다.

그러나 정치 현실은 노자의 무위가 제창한 소극성과 법가의 엄한 형벌이 드러낸 과격함을 피할 수 있는 중도와 절충의 토대를 요구했다. 유가가 소송이 없는 사회를 지향하는 것은 이러한 대안과 깊이 관련되어 있다. 유가는 예의(禮義)와 도덕 교화를 통해 양극단을 피하고자 했다. 도에 맞는 적절한 욕망의 조절을 통해 분쟁의 싹을 제거하고, 다툼이 일어난 후에는 엄한 형벌과 관용 사이에서 원칙을 어기지 않으면서도 시의적절한 태도를 유지하는 시중을 얻음으로써 지나치거나 모자라지 않고자 했다.

다산은 조선 후기 주자학자들이 강조했던 도덕 교화는 노자의 무위자연에 다름 아니라고 비판하였으며, 명 · 청의 판결들은 엄한 형벌을 남발하는 법가와 같다고 혹평했다. 당대 법관행을 모두 비판한 다산은 무위와 엄한 형벌이 아닌 고대 유가의 예치(禮治)를 모색했다. 다산이 원시유학의 통치론으로 회귀한 이유가 여기 있다.

제1부

소송 없는 사회를 꿈꾸며

제1장 목민관의 임무와 자세

　다산 정약용을 포함하여 조선의 모든 유학자들은 누군가 소송을 제기했기 때문에 어쩔 수 없이 판결하기는 했지만, 정치의 최종 목표는 소송 자체가 일어나지 않는 사회를 만드는 것이라고 생각했다. 이른바 소송 없는 사회[無訟]를 꿈꾼 것이다. 《논어》〈안연〉편에서 공자는 "반드시 소송이 일어나지 않게 하리라."라고 선언했다. 이것은 재판하게 되면 최선을 다해 판결해야 하지만, 가장 바람직한 것은 분쟁 없는 사회를 만드는 것이라는 의미다. 소 잃고 외양간 고치는 식의 사후 처방이 아니라, 미리 통치를 잘해 분쟁 자체가 발생하지 않도록 예방해야 한다는 뜻이다.

정성으로 임하라

　다산은 지방관의 임무와 역할을 특별히 강조했으며, 사또들이 지방에서 제대로 정치를 해야 나라의 기틀이 바로잡힌다고 판단했다. 그래서 이들을 위해 자세한 교본을 남겼는데, 그게 바로 《목민심서》이다. 이 책에는 재판, 즉 소송을 처리하는 원칙도 자세하게 기록되어 있다.

지방관이 형사 재판뿐만 아니라 민사 소송을 담당할 때 각종 논쟁거리와 문제점을 어떻게 해결할 것인가? 다산은 소송을 처리할 때 무엇보다 중요한 것은, 소송을 담당하는 재판관의 마음가짐이라고 강조했다.

"소송 판결의 기본은 판결을 바르게 하기 위해 정성을 다하는 것[誠意]인데, 이를 위해서는 혼자 있을 때도 몸가짐을 바로 하고 말과 행동을 조심해야 한다[愼獨]."

재판할 때는 정성을 다해 공평하게 처리하라는 말이요, 이렇게 하려면 평소에 홀로 있을 때조차 부도덕해서는 안 된다는 말이다.

앞에서 언급했듯이 유교사회의 이상적인 정치 이념은, 백성들을 잘 교화해서 소송이 일어나지 않도록 하는 것이다. 하지만 소송 자체가 사라지게 하는 일은 말처럼 쉬운 게 아닌데, 이런 사실은 다산도 인정했다.

"소송을 잘 처리하는 것과 아무도 소송을 제기하지 않는 사회를 만드는 것은 차이가 매우 크다."

다시 말해서 누군가 소송을 제기할 경우, 사또는 백성을 직접 대면해 말과 표정으로 교화할 수 있다. 하지만 아무도 소송을 제기하지 않는 사회를 추구하려면 혼자 있을 때조차 몸가짐을 바로 하고 언행을 조심하여 백성들이 자연히 우러러보고 두려워하게 해야 한다는 것이다. 이렇게 한다면 소송사건이 일어났을 때 백성들이 사또에게 진실만을 말하게 될 것이요, 소송 없는 사회를 추구하는 데도 효과가 매우 크다는 것이다.

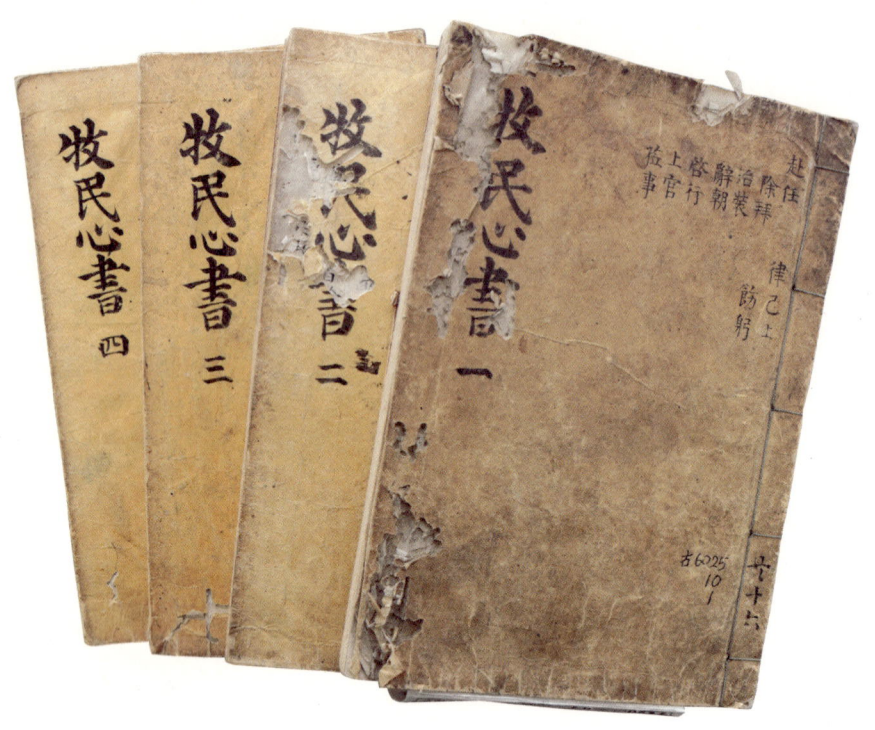

《목민심서》
국립중앙도서관 소장

다산은 사람들이 워낙 다양하고 많아서, 목민관이 각자가 처한 상황에 일일이 개입할 수는 없다고 보았다. 때문에 목민관은 평소에 성의誠意·정성 어린 뜻와 신독愼獨·홀로 있어도 몸가짐을 바르게 하고 언행을 삼감을 지켜 이를 통해 백성에게 신뢰를 얻음으로써 천하를 평온하게 하고 소송 없는 사회를 만들기 위해 노력해야 한다고 보았다.

다산은 소송 없는 사회를 만들자는 이상만을 강조하지는 않았다. 분쟁이 더 이상 확산되지 않도록 재판관이 잘 처리하는 것이 중요했

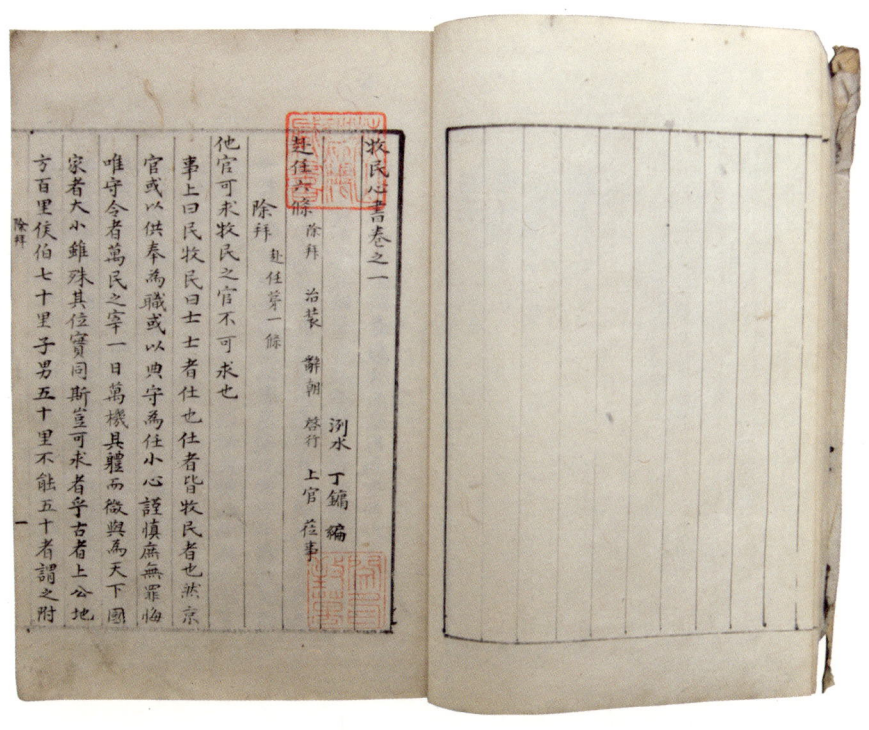

《목민심서》 제1권의 시작
국립중앙도서관 소장

기에, 그는 목민관이 소송을 처리할 때 어떤 태도를 지녀야 하는지에 대해서도 자세하게 설명했다. 그 가운데 가장 먼저 소개할 것은 '정밀함'이다. 그는 물 흐르듯 거침없이 소송을 처리하는 게 가장 이상적이지만, 이는 타고난 재능이 있어야 하기 때문에 일반적으로 보면 매우 위험한 방법이라고 주장했다. 대신 반드시 하나하나 따져서 처리하는 태도야말로 가장 확실한 방법이라고 강조했다. 이는 한 가지 사건에 온 정신을 기울여 처리하는 것으로, 이렇게 하면 실제 심리審理과정은

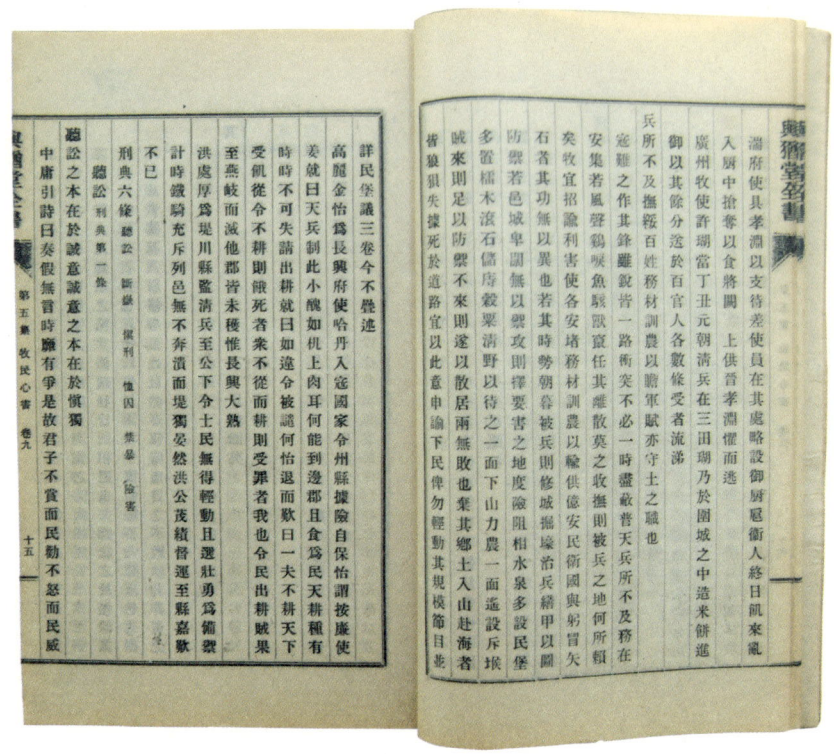

《목민심서》 권9 형전 6조 '청송(聽訟)'
국립중앙도서관 소장

더디지만 한 번 판결한 뒤에는 재차 소송이 일어나지 않기 때문에 실제로는 소송을 줄이는 효과가 크다고 보았다.

당시에는 적체된 사건을 빨리 해결해야 능력 있는 수령이라고 보는 실적 지상주의가 팽배했다. 다산은 참을성 없는 사또들이 고소장을 접할 때마다, 사건의 근원부터 밝혀내려 하지 않고 눈앞의 고소장 문구로만 판단한다고 비판했다. 뿐만 아니라 사건이 얽히고설키어 어느 한 쪽의 손을 들어주기가 쉽지 않은데도, 서둘러 판결한 뒤 일이 다

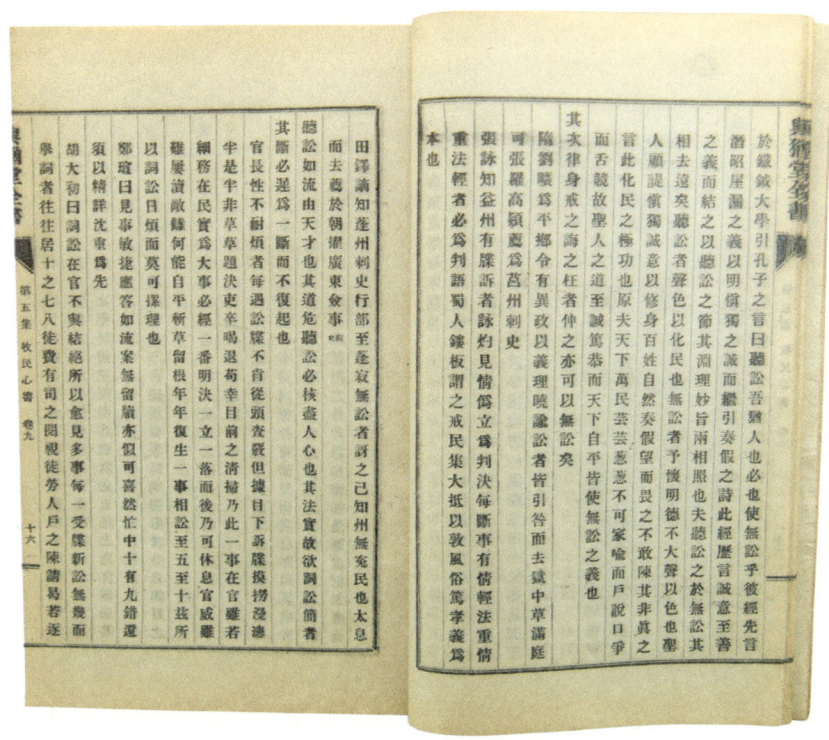

《목민심서》 권9 형전 6조 '청송(聽訟)'에서 이어짐
국립중앙도서관 소장

끝났다고 여기는 사또들이 많다고 보았다.

수령의 입장에서는 한 번의 판결이 그다지 중요하지 않게 보일 수도 있지만 백성의 입장에서는 매우 중요하다. 그러므로 명확한 판결을 통해 한 쪽이 이기고 다른 한 쪽이 지게 된 이유를 분명히 밝혀야만, 비로소 제대로 마무리한 것이라는 게 다산의 주장이다. 그는 제대로 처리하지 못한 소송 사건을 '뿌리를 남겨둔 채 베어낸 풀'에 비유했다.

"풀을 베되 뿌리를 남겨 두면 해마다 다시 살아나는 법이니, 한 가지 사건에 대해 소송이 끊이지 않게 됨으로써 결국 처리할 수 없는 상황이 되어버린다."

이와 관련해 그는 명나라의 학자 정선鄭瑄의 말에 주목했다.

"일처리가 재빠르고 판결이 물 흐르듯 거침이 없어 책상 위에 처리할 서류가 없어진다면 기쁜 일이지만, 바삐 서두르다가는 열에 아홉은 실수하게 된다. 그러므로 오히려 정밀하고 자세하며 침착하고 무게 있게 처리함을 우선으로 삼아야 할 것이다."

성급하게 판결을 내리기보다는, 조금 느리더라도 실수 없이 꼼꼼하게 처리하는 태도를 중시한 것이다.

누구나 억울함을 호소할 수 있게 하라

다산은 소송을 꼼꼼하게 처리하는 것도 중요하지만, 이보다 앞서 백성들이 억울함을 호소할 통로가 막혀서는 안 된다고 주장했다.

"가로막혀 통하지 못하면 백성들의 생활이 답답하게 되니, 호소하고 싶은 게 있는 백성들이 부모의 집에 드나들 듯이 편안하게 관아를 방문하게 해 주어야 훌륭한 수령이라고 할 수 있다."

다산의 눈에는 스스로 억울함을 말하지 못하는 백성들이 어디가 아픈지 제대로 말하지 못하는 병든 아이처럼 비쳐졌다.

그는 백성들이 소송을 통해 억울함을 해결하지 못하는 이유를 세 가지로 정리했는데, 첫 번째 이유는 주먹이 법보다 가까웠기 때문이었다.

"촌백성들이 원통함을 호소하려고 해도, 그 일이 권세 있는 아전이나 간악한 향리와 관련되어 있을 경우에 노여움을 살까 봐 겁이 나 공개적으로 문제를 제기하지 못하는 경우가 많다. 이 때문에 백성들이 모호하게 말하는 바람에 한결같이 앞뒤가 맞지 않게 들리니, 이것이 바로 백성들이 억울한 일이 있어도 입을 다물게 되는 첫 번째 이유이다."

권세 있는 자들 때문에 고통과 억울함을 감히 말하지 못하는 백성들을 말 못하는 어린아이에 비유한 다산은, 백성들의 호소를 부모가 자식 대하는 마음으로 들어 주어야 한다고 보았다.

두 번째 이유는 백성들이 글을 몰라 고소장을 직접 작성할 수 없었기 때문이다.

다산은 무식한 촌백성들은 법도 모르고 문자도 모르므로, 서당의 훈장에게 부탁해 고소장을 대신 꾸미는 경우도 있는데 이 때문에 또다시 문제가 발생한다고 지적했다. 서당 훈장들 역시 법률과 공문서 작성법을 모르기 때문에, 사건에 대한 확실한 증거는 빠뜨린 채 지엽적인 문구만을 늘어놓게 된다는 것이다. 이 때문에 원래는 사리에 합당한 일이었던 것이 소장을 작성할 때 표현을 잘못 쓰는 바람에 백성들에게 불리해져, 백성들이 벙어리처럼 자신의 억울함을 호소할 수 없게 된다고 보았다. 글을 모르는 백성들이 고소장을 제대로 작성할 수 없기에 벌어지는 불이익을 사또가 제대로 살펴야 한다는 게 다산의 두 번째 지적이었다.

세 번째 이유는 소송이 벌어지는 재판정의 위압적인 분위기 때문이었다.

다산은 백성이 관아의 뜰에 들어서게 될지라도 노비와 포졸들이 좌우에서 매질하니, 겁이 나 제대로 말을 못한다고 보았다. 거기다가 소송 상대방은 말 잘하는 간교한 아전이거나 세력가여서 이 자가 한 번 크게 웃으면서 공갈·협박하면, 백성은 그 기세에 눌려 말이 막혀버리니 백성들이 벙어리가 되어버린다는 것이다.

다산은 일찍이 황해도 곡산에서 백성들의 이런 현실을 목격한 적이 있다. 어리석고 나약한 백성들은 수령이 엎드리라고만 말해도 양다리를 쭉 뻗어 매를 맞을 자세를 취했다. 마치 두꺼비가 물 위에 떠 있는 것처럼 말이다. 이런 광경을 본 다산은, 매우 측은한 마음이 들어 차마 매질할 수가 없었다고 한다. 이 때문에 그는 사또가 백성들의 송사를 들을 때, 위엄과 억압이 아니라 어린 아이의 병을 살피는 부모의 마음으로 들어야 한다고 누누이 강조했다.

판결을 아전에게 맡기지 말라

이런 문제를 제대로 해결하려면, 사또들은 아전에게 사건 처리를 맡기지 말고 직접 처리해야 한다. 다산은 사또들이 번거로움을 싫어하고 업무처리에 익숙하지 않아, 일단 고소장을 접하기만 하면 수령을 보좌하던 향청鄕廳이라는 자문기관이나 담당 아전에게 맡기거나 이장이나 동장들에게 떠맡긴다고 비판했다. 때문에 이 무리들의 농간으로 백성들의 하소연이 그 뜻을 이해하기 어렵도록 뒤엉키고 만다는 것이다. 다산은 백성들의 고소장에 이들의 이름이 들어 있지 않다고 해도, 일의 실마리를 찾아 조사해 보면 모두 이런 무리들과 닿아 있다고 보았다. 때문에 지방의 권세 있는 자들에게 지레 겁을 먹은 백성들이 감히 원망을 대놓고 말하지 못한다는 것이다.

사실 사또가 마음먹고 사건의 진상을 조사해 밝혀내면 매로 다스려야 할 자도 있고 돈을 토해내게 할 자도 있는데, 도리어 이들에게 사건을 조사해서 처리하라고 하니 백성들의 억울함이 해소되지 않는다는 것이다. 다산은 당시의 불편한 세태를 어린 아이가 호랑이에게 쫓겨 부모의 품 안으로 뛰어들었는데, 부모가 도리어 어린 아이를 호랑이 입으로 내던지는 격이라고 비판했다.

"무릇 사람이란 직접 보는 것은 잘 볼 수 있지만 듣는 것만으로는 이해하기가 어렵다. 사건 조사를 아전에게만 맡겨 보고하게 하면, 사건의 전모를 제대로 이해하기가 어렵다. 요즘 백성은 소장을 꾸밀 때 남의 손을 빌려 자신의 속사정을 간신히 적어낸다. 그런데 아전은 소장의 알맹이는 다 빼버리고 그 끝부분만 보고하니, 사또가 비록 업무처리에 탁월하다 해도 그 끝부분만을 듣고서야 어떻게 시시비비를 가릴 수 있겠는가. 사또는 마땅히 하나하나 직접 살펴서 전말을 자세히 읽어본 뒤, 당사자를 대질시켜야 할 경우에는 대질시키고 즉결해야 할 것은 사리에 맞게 명확히 판결하도록 하라. 아전으로 하여금 보고하게 하는 법은 반드시 폐지해야 한다."

목민관의 자리에서 아전들의 농간을 절실하게 경험했던 다산의 심정이 잘 드러나는 구절이다.

소송 판결의 목표는 백성들을 바른 길로 이끄는 것

다산은 모든 사건을 사또가 직접 살피고 처리해야 한다고 주장했을 뿐만 아니라, 친히 조사할 때라도 백성을 속이는 무리한 수사는 피해야 한다고 강조했다. 다산은 중국 원나라 때 호장유胡長孺·1240~1314년의 판결을 인용해, 백성들을 속여서 심문하거나 처벌하기 위해 수단과 방법을 가리지 않고 조사하는 행태를 비판했다.

먼저 1308년 호장유가 영해현寧海縣·현재 중국 저장성 닝보 주부主簿로 있을 때 판결한 옷 절도사건이다. 여러 명의 노파들이 절에 모여서 불경을 외우며 복을 빌고 있다가 한 할미가 옷을 잃어버렸는데, 마침 호장유가 마을에 순행하러 온 사실을 알게 된 노파가 범인을 잡아달라고 요청했다. 호장유는 보리쌀을 여러 할미들의 합장한 손바닥 안에 놓고서 처음에 절에 모여 했던 것처럼 부처를 돌면서 불경을 외우도록 했다. 그러고 나서 호장유 자신은 눈을 감고 보리를 잘근잘근 씹으며 귀신을 부르는 소리를 낸 뒤 이렇게 말했다.

"내가 신神으로 하여금 살피도록 했으니, 옷을 훔친 자는 몇 바퀴 도는 사이에 손바닥의 보리에서 싹이 날 것이다."

결국 도중에 한 할미가 여러 번이나 손바닥을 들여다보았고, 호장유는 그 노파를 지적해 포박케 하고 자백을 받아낸 뒤 훔친 옷을 돌려주었다.

이번에는 동생이 맡긴 보석을 돌려주지 않은 형에 대한 판결을 살펴보자.

어떤 이가 형에게 보석구슬을 맡겼다가 돌려달라고 했는데, 형수가 이를 아까워하여 도둑맞았다고 속이고 돌려주지 않았다. 동생이 보석구슬을 돌려받기 위해 여러 차례 소송을 제기했으나 해결되지 않자 마침내 호장유를 찾아가 고소했다. 이에 호장유는 다른 일로 붙잡힌 도둑을 사주해 보물을 가로챈 형의 집에 보석구슬이 장물로 보관되어 있다고 무고誣告하도록 했다. 그러고 나서 그 형을 관청으로 잡아들여 장물인 보석구슬을 내놓으라고 심문했다. 형은 자신의 집에 장물이 없다고 힘써 변명하고 무고임을 강조하다가, 마침내 보석구슬이 있기는 하지만 장물이 아니라 아우가 맡긴 물건이라고 답했다. 이에 호장유는 보석구슬을 가져와 증거를 대도록 하고 아우를 불러다 보이면서, "너의 집 물건이 맡느냐?"라고 물은 뒤 보석구슬을 되찾아 주었다.

이런 판결들을 보면, 호장유의 재치 있는 문제 해결에 무릎을 칠만하다. 하지만 다산은 이런 고사에 나타난 호장유의 꿍꿍이를 격하게 비판했다.

"호장유의 처사는 교묘하게 속이는 짓뿐이니 본받을 게 못 된다. (중략) 눈을 감고 귀신에게 비는 짓은 재판관의 체면만 손상시킬 뿐이다. 만약 옷을 훔친 노파가 꾀가 많아 호장유가 속이는 줄을 미리 알고 손바닥을 들여다보지 않았다면 어찌하였을 것인가. 또한 동생이 재물 때문에 형을 고발하고 사또가 이를 재판한다면 어떻게 백성을 훈계할 것인가. 교묘한 재주를 써볼 일이 없어 안타깝다 하더라도, 풍속을 바르게 이끄는 것이 더 소중하다는 사실을 잊어서는 안 될 것이다."

범인을 잡는 일도 중요하지만 수단과 방법을 가리지 않고 범인을 잡거나, 동생이 형을 고발하는데도 이를 벌하지 않은 채 사건 해결에만 골몰하는 호장유의 태도야말로 진정 잘못이라는 게 다산의 주장이다.

결국 다산은 지방관이 소송에 임할 때의 기본자세와 송사를 처리할 때의 유의점을 세세하게 지적하면서도 '소송처리' 자체가 목적이 되어서는 안 된다고 생각했다. 백성들이 평화롭게 어우러져 사는 사회를 만들기 위해 소송처리 방법도 신중하고 정당해야만 했다. 소송을 올바로 처리함으로써 소송이 일어나지 않는 사회를 꿈꾸는 것, 그것이야말로 다산이 진정 바라는 것이었다.

제2장 사또가 준비해야 할 모든 것

부임할 때 가져갈 책들

　다산의 《목민심서》에는 사또가 부임지에 가져가야 할 책들의 종류가 나열되어 있다. 추악한 사또들은 한 권의 책도 무겁다며 아무것도 가져가지 않았다가 돌아올 때는 백성들에게서 빼앗은 재산을 한 가득 실어온다지만, 진정한 목민관은 참고할 서책을 가득 채워가야 한다는 게 다산의 주장이었다.

　다산은 선비가 벼슬길에 오르면 다른 선비들과 문답도 하고 논쟁도 벌일 것이므로, 이에 대응하려면 우선 참고서를 챙겨야 한다고 말한다. 이어서 간혹 이웃 고을의 사또들과 함께 산수를 즐기며 운韻자를 내어 시를 짓게 될 터이니, 옛 사람의 시집도 필수이다. 여기에 전정田政·토지세를 거두는 일과 부역賦役·백성들에게 지우는 부세와 노역, 진휼賑恤·흉년에 백성들의 굶주림을 구제하는 것과 형옥刑獄·죄인에게 형벌을 내리고 옥에 가두는 일 등

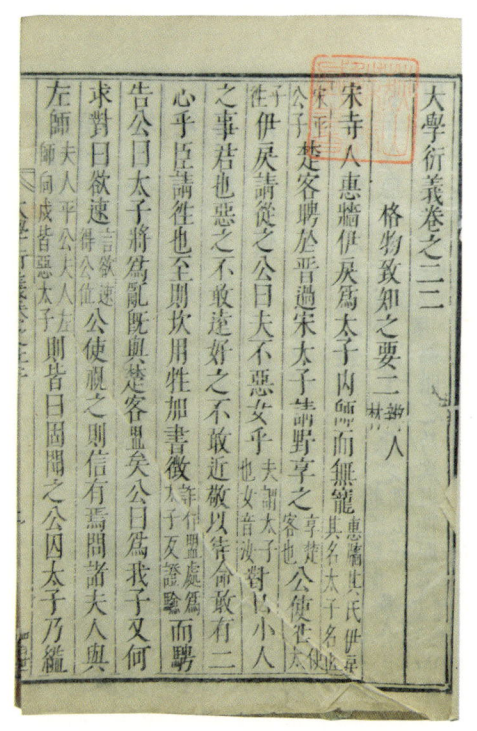

《대학연의》 본문
국립중앙도서관 소장

의 실무에 필요한 책이라면 반드시 가져가야 한다. 변경은 기후·풍토가 아주 다르므로 질병에 걸리기 쉽고 의원은 구하기 힘드니 의서 몇 권도 준비해야 한다. 또한 그곳은 조석으로 변란의 조짐이 있으니, 병서까지 참고한다면 그 준비가 완벽하다고 할만하다.

다산은 《대학연의》처럼 경전을 요약하고 해설한 수신서를 필독서로 추천하면서도, 실무에 직접 도움이 되는 《무원록》이나 《경국대전》 등도 빼놓지 않았다. 특히 그는 수신과 실무에 모두 도움이 되는 서적으로 잠곡 김육金堉·1580~1658년의《종덕신편種德新編》을 강력하게 추천했다.

실무의 중요성

김육은 임란과 호란의 격변기에 조정의 대신으로 활약했는데, 학문을 위한 학문이 아니라 현실에 적용할 수 있는 실용적 학문을 중요하게 여겼다. 특히 부자들의 항의에도 불구하고 평민들을 보호하기 위해 대동법大同法을 강행했다. 때문에 당시 많은 사람들이 김육의 대동법을 북송의 정치가인 왕안석王安石의 신법新法과 비교하기도 했다. 그만큼 개혁에 대한 김육의 의지는 대단했고, 다산은 이런 김육의 나라 다스리는 비전과 실천지향적인 학문을 높이 평가했다. 김육의《종덕신편》을 추천한 이유도, 참되고 실용적인 것을 추구하는 다산의 의지와 무관하지 않았다.

김육은 자신의 책에서 북송의 문인 구양수1007~1072년의 일화를 소개하면서 시문에만 밝은 학자들을 비판했다. 당대 구양수의 학문과 문장은 천하제일이었는 바, 많은 문인들이 그를 찾아가 글 짓는 방법을 가르쳐 달라고 청했다. 장예수라는 사람 역시 구양수를 찾아 좋은 글이 무엇인지 물었다. 이때 구양수가 문장 이야기는 하지 않은 채 행정 시무에 관한 이야기만 장황하게 늘어놓자, 의아하게 생각한 장예수가 이렇게 말했다.

"학자들은 선생님으로부터 도덕 문장에 관한 고견을 듣고 싶어 하는데, 지금 선생은 행정 시무 방법만 가르치시니 종전에 일러주시던 것과는 다릅니다."

이때 구양수는 기다렸다는 듯이 이렇게 답했다.

"그렇지 않네. 자네들은 모두 당대의 수재들이니, 훗날 정사를 맡게 되면 스스로 알 것일세. 대체 문장이란 자기 한 몸과 마음을 윤택하게 하는 데 그치지만, 정치와 행정은 현실에 영향을 미치는 것이 아닌가? 예전에 내가 능참봉으로 일할 때 한참 젊은 나이라 공부하고 싶은 마음에 중국의 역사책들을 보려 했지. 하지만 관청에 책이 없어서 소일거리로 서가에서 오래된 공문서를 꺼내 반복해서 읽은 적이 있다네. 이를 보니 잘못된 것이 너무도 많았지. 없는 것을 있다고 한 것도 있고 잘못된 것을 옳다고 하는 등 감정에 치우쳐 법을 어긴 사례부터 시작해, 가족 윤리를 어기고 사람으로서 마땅히 지켜야 할 도리도 지키지 않는 등 어느 하나 잘못되지 않은 것이 없었지. 그러므로 당시 나는 하늘을 향해 나만큼은 절대 그런 실수를 범하지 말자고 다짐했고, 그때부터 일처리에 소홀한 적이 없었다네."

구양수가 말을 마치자, 장예수는 일어나 큰 절을 올렸다.

다산이 김육의 《종덕신편》을 추천한 이유는, 시문이나 읊조리고 오묘한 이치나 논쟁하면서 정작 실무 처리 능력은 없는 무능한 관리들을 비판하려 했기 때문이다. 특히 수많은 백성들을 다스릴 지방관의 실무 능력은 더욱 중요하다는 것이 다산의 생각이었다. 김육은 《종덕신편》의 〈석의록釋疑錄〉에서, 역대 중국의 훌륭한 지방관들이 의심스런 사건들을 어떻게 대나무 쪼개듯이 명쾌하게 처리했는지를 소개하고 있다. 다산은 조선의 사또들이 이를 읽고 또 읽었다가 사건을 맡았을 때 현명하게 처리하기를 바랐다.

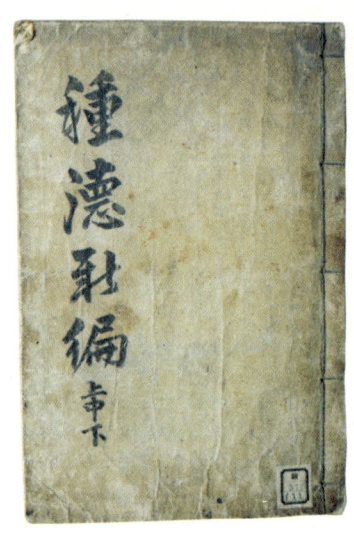
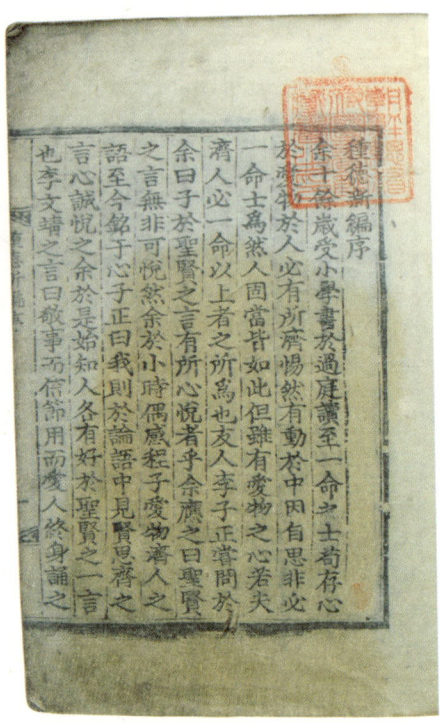

《종덕신편》표지 및 본문
국립중앙도서관 소장

백성을 대하는 태도

《종덕신편》에 소개된 송대 학자 장경의 일화이다. 그가 옥을 담당하는 관리가 되었을 때 늘 부지런하게 업무를 보았는데, 여름철에는 더욱 부지런하게 움직였다. 그는 매번 동료에게 "사람이 어찌 의도적으로 법을 어기겠는가? 형벌과 감옥을 다스리는 우리가 그 막중한 책임을 모른다면, 죄인들은 어디 가서 하소연할 것인가?"라고 하면서 죄인들에게 공급하는 음식과 탕약을 정결히 하고 잠자리가 불편하지

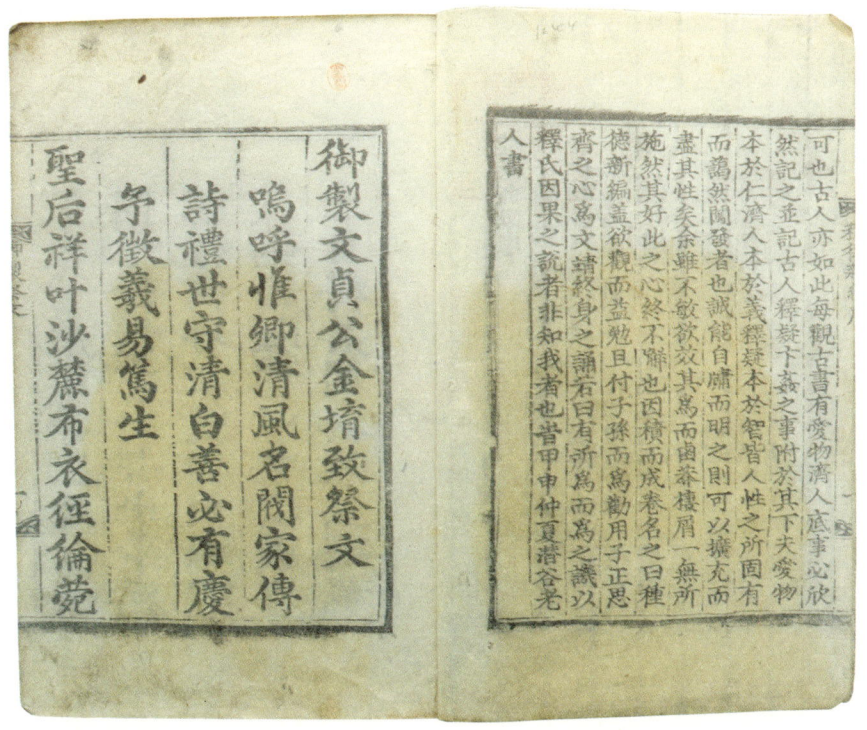

《종덕신편》본문
왼쪽 페이지의 《종덕신편》본문에서 이어짐. 국립중앙도서관 소장.

않은지 세심하게 확인했다. 또한 항상 좋은 말로 "죄가 있으면 솔직히 인정하고, 착한 사람에게 누명을 씌우지 말아라."라고 하면서 죄수들을 타일렀다. 이렇게 장경은 혹독하게 고문하지 않고 사건을 항상 원만하고 공정하게 처리했다.

동한 때 원안袁安의 이야기다. 그는 명제明帝 영평 14년71년에 초군태수楚郡太守가 되었다. 당시 초왕 유영劉英이 모반을 꾀해 연루자가 많았는데, 감옥에 범죄자가 수천이요 죄가 없는데도 고문을 이기지 못해 없는 죄를 자백해 죽은 사람이 매우 많았다. 원안은 초군에 도착하자마자 관청으로 가지 않고, 먼저 감옥으로 가서 죄수들의 범죄 사실을 조사해 혐의가 분명하지 않은 죄인들을 모두 추려낸 뒤 풀어주도록 했다. 아전들이 모두 머리를 조아리며 반대하자, 원안은 만일 자신의 결정이 잘못되었다면 사또인 자신이 벌을 받겠다고 설득했다. 그러고 나서 죄수들의 사정이 딱하고 진위가 의심스러운 사건들을 모두 임금에게 보고해 무려 400여 명을 석방하였다. 원안은 "사대부가 높게는 재상에 오르고 낮은 경우 지방관으로 나아가는데, 임금의 적자인 백성을 잡아 가두는 일만은 차마 하지 못하겠다."라고 말한 뒤 청렴과 자애로 아랫사람을 다스렸다.

형옥 담당관으로 일한 성길은 겨울철이 되어 옥중의 죄수들을 사형시킬 때가 되면, 아내에게 한밤중에 촛불을 들게 하고 형벌을 정하는 굵은 붓을 들고서 부부가 서로 마주보면서 눈물을 흘렸다. 《종덕신편》에 수록된 장경과 원안, 그리고 성길의 이야기를 통해 다산은 백성을 사랑하는 마음이야말로 송사를 처결해야 할 사또의 기본 자질임을 강조하고 또 강조했다.

'어진 자의 용기'와 '강한 자의 어짊'

어진 자라야 진정한 용기를 펼칠 수 있는데, 그런 자는 대가를 바라지도 않는다. 그래서 강하다. 중국 양양의 사법부를 담당한 소민지의 일화를 살펴보자.

당시 소민지는 강도짓을 한 두목 진대한을 포함해 13명의 도둑을 잡으려 했지만 잡지 못했다. 그러던 중 한 무리의 마을 사람들이 무리를 지어 지나갔는데 마침 그 수가 13명이었다. 포졸에게 체포되어 관청으로 압송된 사람들은 매질을 견디지 못하고 죄가 없는데도 범죄를 자백했다. 소민지는 증거 없이는 처벌할 수 없다고 판단해 상급기관에 사건을 이첩한 뒤 결과를 기다렸다. 얼마 지나지 않아 진범이 잡히고 13명이 모두 풀려나자 주위의 관리들이 모두 탄복했다. 고문을 견디지 못하고 허위자백한 마을 사람을 구하기 위해 상급기관의 탄핵을 무릅쓴 소민지의 용기야말로 어진 정치의 명백한 증거였다.

중국 송대 사람 전즉은 진사시에 급제하고 안주지방의 형옥을 담당하게 되었다. 당시 아전의 고문을 견디지 못하고 도둑질을 자백해 죽게 된 사람이 있었다. 관할 읍에서 처벌을 요구했지만, 전즉은 진실을 밝혀 허위 자백한 자의 억울함을 풀어주었다. 그러자 어떤 사람이 "사건을 신속하고 올바르게 처리해 포상을 받게 되었으니 얼마나 좋겠는가?"라고 칭송했다. 이에 전즉은 "옥사를 다스리는 사람으로서 진실을 밝혀내는 나의 직분을 다했을 뿐 포상을 바라는 따위는 조금도 염두에 두지 않았다."라고 하여 주위 사람들의 탄복을 자아냈다고 한다.

다음에 나오는 손입절 역시 어진 이의 진정한 용기를 보여 준다.

손입절이 계주 절도사의 판관判官으로 일할 때 상관上官인 사린은 경리절제經理節制로 근무했다. 당시 의주의 수령 왕기가 오랑캐와 싸우다가 전사한 일이 있었는데, 이때 끝까지 항전하지 않고 항복한 벼슬아치와 선비의 죄를 심문하라는 명령이 조정으로부터 내려왔다. 사린은 대소 신하 12명을 거론하며 항전하지 않은 자들은 모두 사형시켜야 한다고 주장한 반면, 손입절은 불가하다고 맞섰다. "항복한 장교들은 당연히 죄가 있지만, 일반인은 군인이 아니므로 항복했다고 해서 모두 죽일 수는 없다."라고 주장한 것이다. 이에 사린은 손입절이 상관의 명령에 복종하지 않는다며 왕에게 보고했고, 손입절은 사린이 옥사를 담당하는 자신의 업무를 넘보는 월권을 저질렀다고 보고했다. 결국 두 사람의 논쟁은 형부刑部의 결정을 기다리게 되었고, 마침내 손입절의 주장에 따라 12명이 목숨을 구하게 되었다. 시인 소동파는 손입절의 오랜 친구였는데 "강한 것은 진정으로 어진 자[仁]이니 어질지 않고서야 어찌 죽을 상황에 처한 열 두 사람의 목숨을 살릴 수 있겠는가."라는 시를 지어 손입절의 용기를 칭송했다.

기발한 지혜를 발휘하는 사또들

하지만 용기와 인정만으로는 죄상이 뚜렷하지 않은 범죄 사건을 해결할 수 없기 때문에, 사또는 누구도 예상치 못한 기지를 발휘해야 한다. 전한 때 황태의 이야기다.

어느 부잣집 형제의 아내들이 동시에 임신했다가 형의 처는 그만 유산했고 아우는 아들을 낳았는데 형의 처가 동생의 아들을 빼앗았다. 여러 해 동안 다투다가 아우가 관에 고발했다. 군수 황태가 아전에게 일러 아기를 품에 안고 뜰에 서 있으라고 명한 뒤, 아우의 처와 형의 처를 불러 아이를 데려가라고 했다. 형의 처는 사납게 잡아당기는데 비해 동생의 처는 아기가 다칠세라 근심하면서 쩔쩔매는 모양이 매우 슬펐다. 황태가 형의 처를 보고 "네가 재산이 탐나 아이를 차지하려고 했으니 아이가 다치는 것을 염려했겠느냐?"라고 꾸짖자 그때서야 잘못을 자백했다.

당나라의 신향 현령 배자운의 기묘한 이야기를 하나 더 살펴보자.

왕공이라는 자가 국경 수비병으로 가면서 암소 여섯 마리를 외삼촌에게 맡겨두었다. 5년 동안 소가 새끼 30마리를 낳아 재산이 수만금으로 늘어났다. 왕공이 돌아와 소를 돌려달라고 하자, 욕심에 눈이 먼 외삼촌은 암소 두 마리는 이미 죽었고 늙은 암소 네 마리를 돌려주겠다고 말한 뒤 나머지 새끼들은 왕공의 암소가 낳은 것이 아니라고 주장했다. 왕공이 분해서 현령 배자운에게 고소하자 배자운은 일단 왕공을 옥에 가두고 외삼촌을 소도둑으로 체포한 뒤 이렇게 심문했다.

"도둑이 소 30마리를 훔친 뒤 공범인 네 집에 두었다고 하니 대질 심문을 해야겠다."

그리고 나서 왕공의 얼굴을 베로 가린 뒤 남쪽 담장 아래에 서 있도록 했다. 도둑으로 몰린 외삼촌은 놀라서 "사실 30마리의 소는 모두 조카의 암소가 낳은 것이지 제가 도둑질한 것이 아닙니다."라고 실토했다. 배자운이 왕공의 얼굴을 공개하면서 소를 돌려주라고 하자 할 말을 잃은 외삼촌은 꿀 먹은 벙어리가 되었다. 배자운은 "5년 동안 외삼촌이 소를 길렀으니 다섯 마리를 넘겨주고 나머지는 모두 왕공이 가져가라."라고 판결했다. 마을 사람들은 배자운의 총명하고 어진 통찰력에 탄복했다.

사실 이런 방법은 백성들을 속여 함정에 빠뜨리거나 미끼를 던져 걸려들기를 바라는 것이기 때문에 권장할 만한 수단은 아니다. 왕질이 소주의 통판通判·지방 군 단위 마을의 정치를 감독하던 사람으로 일할 때, 문병 차 방문한 황종단이 돈을 훔친 도적 100여 명을 기묘한 속임수로 일망타진했다고 자랑한 적이 있었다. 왕질은 "공자께서 잠자는 새는 쏘지 않는다고 하셨으니 이는 음흉하게 생물을 쏘아 맞추는 일을 미워했기 때문이네. 지금 여러 사람을 죽이고 수백 명을 귀양 보낸 자네의 공적은 사실 둥지에서 잠자는 새를 쏘아 죽인 일과 다름이 없네."라고 꾸짖었다. 크게 놀란 황종단은 사형수를 모두 감형하고 나머지 사람들은 가볍게 석방했다. 기지를 발휘하더라도 속임수나 함정을 파 놓고 걸려들기를 기다리는 것은 군자의 행동이 아니라는 것이다. 《종덕신편》에는 기지를 발휘한 사또들의 이야기가 많은데, 그중에는 간혹 속임수로 범인을 잡은 일도 소개되어 있다.

기지보다 덕으로 감화하는 게 근본이다

조선 후기에는 지방관을 위한 목민서들이 종종 저술되었는데, 이 가운데 다산의 선배이자 남인 실학자였던 안정복은 《임관정요》를 편찬했다. 그리고 중국의 고사뿐만 아니라 조선의 일화들 가운데 지혜를 발휘한 목민관의 이야기를 수집해 기록했다. 가령 영조 대의 무인 우홍규의 이야기다.

죽산부사로 재직하던 우홍규는 용인현을 방문했다가 소를 판 돈 10냥을 도둑맞은 사람의 사건을 담당하게 되었다. 도둑맞은 사람은 용케 도망친 도둑을 따라잡은 뒤, 도둑이 갖고 있던 10냥이 자기 돈이라고 주장했다. 하지만 도둑이 자기 것이라고 우기면서 문제가 불거진 것이다. 드디어 관청에서 재판이 벌어졌는데, 용현사또가 묻기를 "돈 꾸러미의 끈을 무엇으로 하였느냐?"라고 하자, 돈을 훔친 자는 대답할 수 있었지만, 소를 판 사람은 알지 못해 대답하지 못했다. 이 때문에 사건은 10냥을 도둑이 차지하는 것으로 마무리되고 말았다.

사건 전말을 전해들은 우홍규는 자신이 문제를 해결하겠노라 말하고 두 사람을 각각 잡아 가둔 뒤 몰래 사람을 보내 이들의 아내를 체포해 심문했다. 소를 판 사람의 아내는 남편이 소를 끌고 장에 갔다고 말했지만, 도둑의 아내는 자기 남편이 빈손으로 장에 갔다고 진술했다. 우홍규는 이 진술을 기초로 사실을 밝혀낸 뒤, 도둑을 붙잡아 10냥을 억울하게 잃을 뻔한 사람에게 돌려주었다. 이를 전해들은 마을 사람들은 우홍규의 기지에 탄복했다.

조선 후기에는 다양한 목민서들이 저술되었다. 그리고 훌륭한 목민관의 사례를 기록하는 게 관행이었다. 다만 어떤 내용을 주로 포함시킬 것인지가 중요했다. 다산 역시 《목민심서》와 《흠흠신서》를 편찬하면서 중국과 조선의 고사들을 많이 수집해 덧붙였는데, 함정과 술수를 부린 것보다는 죄인들을 덕으로 감화시킨 사례들을 높이 평가했다. 다산은 탁월한 기지보다는 백성들을 감화시켜 바른 길로 이끄는 게 더 중요하다고 생각했기 때문이다.

제3장 평소에 법전을 숙지하라

다산은 목민관이 평소에 《무원록》과 법전 등 참고 서적들을 잘 읽어두었다가 사건이 발생하면 이러한 지식들을 동원하여 문제를 해결해야 한다고 강조했다.

영조 51년1775년에 전라도 광주에서 사노비 독동이 맞아 죽은 사건이 일어났다. 독동을 살해한 자는 이임里任 최구첨이었다. 조선시대의 이임은 오늘날의 동장 혹은 이장과 유사한 일을 하던 자리였다. 당시 최구첨은 동네를 돌아다니며 관에서 빌려준 환자곡還上穀을 거두어들이고 있었고, 사노비 독동은 그를 도와 벼를 말로 담아 양을 확인하면서 가마니에 담고 있었다.

환곡의 문제들

환자곡이란 환곡을 말한다. 환곡은 봄철 보릿고개가 닥치면 정부에서 곡식을 꾸어준 뒤 가을이 오면 일정한 이자를 받아 다시 비축해 두는 제도이다. 잘 알려져 있듯이 조선 후기 삼정三政의 문란 가운데 그 폐해가 가장 컸던 게 바로 이 환곡이었다. 다산은 《목민심서》에서 "환자[還上·환곡]는 사창社倉이 변한 것으로 오늘날 백성의 뼈를 깎는 병폐가 되었으니, 백성이 죽고 나라가 망함이 바로 눈앞에 닥쳤다."라고 비판했다.

당시 조선의 많은 사람들은 환곡을 주희가 만든 사창이 내려온 것이라고 생각했지만, 다산은 사창이 곡식을 저장하고 나누어 주는 일을 모두 향사鄕社·향촌의 지역사회가 관리한 향촌의 철저한 자율적 제도라고 강조했다. 사창은 국가의 관리들이 관여하지 않고 향촌의 사족들이 백성을 위한 노블리스 오블리제를 구현한 제도로, 조선의 환곡과는 전혀 다르다는 것이다. 다산은 조선의 환곡은 왕안석王安石의 청묘법青苗法·봄이나 가을에 관청에서 돈이나 곡식을 싼 이자로 빌려주던 제도과 대동소이한 것으로, 이름만 진대賑貸·재난을 당한 백성에게 나라의 곡식을 빌려주는 것일 뿐 실은 백성들로부터 억지로 이자를 취하는 제도에 불과하다고 비판했다.

향촌의 백성이 자율적으로 공동체에 대한 도덕적 책임을 다하는 의창義倉이나 사창의 진정한 의미를 조선의 환곡에서는 찾아보기 어렵다는 게 다산의 근본적인 비판이었다. 이미 조선의 환곡은 그런 정신이 사라져 버렸을 뿐만 아니라 실제 운영상에도 많은 문제점을 드러내고 있었다. 가령 "가을에 환곡을 거둘 때는 정미精米를 말에 넘치게 받아가면서, 봄에 거친 쌀을 나누어줄 때는 말에 움푹 들어가게 주니

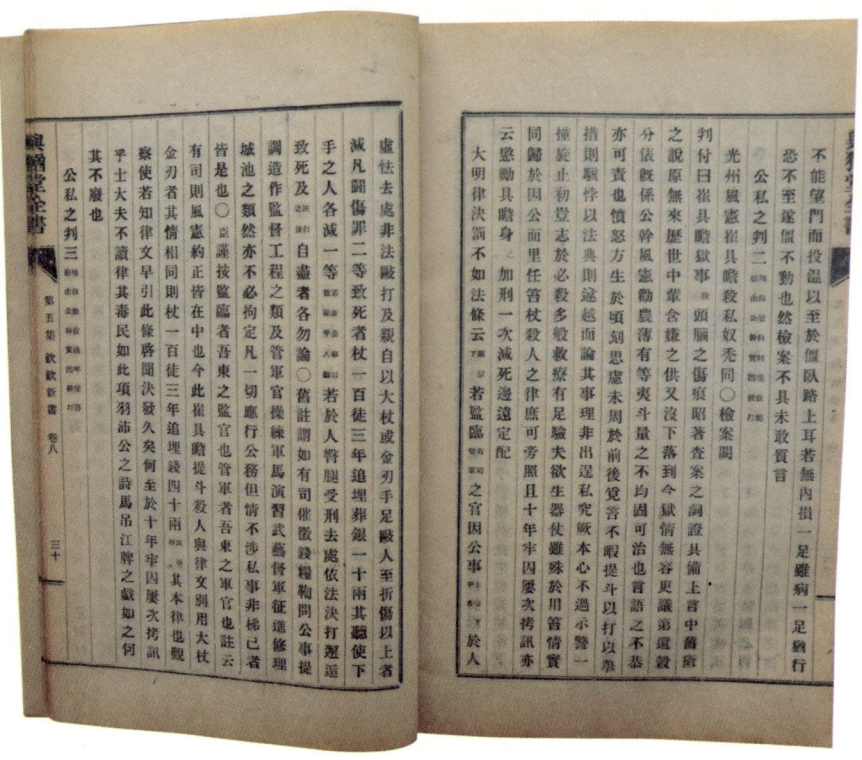

《흠흠신서》 권8 상형추의11, 공사의 판결2, '광주 풍헌 최구첨이 사노 독동을 살해하다[光州風憲崔具瞻殺私奴禿同]'
국립중앙도서관 소장.

백성에게는 너무도 억울한 일"이라는 것이다.

공무 중에 사람이 죽다 : 살인인가? 사고인가?

바로 사노비 독동 같은 이들의 불공평한 말질이야말로 사소하지만 중대한 환곡 운영상의 문젯거리였다. 독동은 잔꾀를 부려 자기와 친분이 있는 자는 말질을 적당히 해서 곡식을 담은 반면, 평소에 불만이 있었던 사람에게는 가능한 한 됫박 가득 세곡을 담아 가마니를 채웠다. 말질로 농간을 부린 것이다. 이를 알게 된 최구첨이 독동을 나무라자, 독동은 도리어 욕을 하면서 최구첨에게 대들었다. 이에 머리끝까지 화가 난 최구첨은 쌀을 담는 됫박으로 독동의 뒤통수를 때렸고 독동은 이틀 만에 죽고 말았다.

당시 전라도 관찰사는 사건을 대충 조사했다가 정조의 분노를 자아냈다. 전라도 관찰사는 "독동의 뒤통수에 생긴 상처가 오래된 종기 자국이라는 최구첨의 주장은 전혀 믿을 수 없으니 최구첨을 살인죄로 처벌해야 한다."라고 보고했다. 그는 이 사건이 공무 중에 일어난 사고인지도 모르고 최구첨에게 단순 살인죄를 적용했던 것이다. 정조는 사건을 불성실하게 파악한 데다 보고서마저 엉성하게 작성한 당시 관찰사를 즉시 파직하고 새 관찰사를 임명해 정확한 재조사를 주문했다.

재조사에서도 공무 중에 일어난 사건인지의 여부가 중요한 화두로 떠올랐다. 독동의 죽음을 단순한 살인사건으로 처리해야 할지 아니면 공무 중의 사고로 처리해야 할지에 대해 논쟁이 벌어졌다. 신임 전라도 관찰사의 재조사 보고서를 받아 든 형조 관리들도 의견이 나뉘어 대립했다. 먼저 형조정랑 김경채는 공무 중에 일어난 사건으로 해석해 가볍게 처벌해야 한다고 주장했다.

"독동의 말질이 균일하지 못했을 뿐만 아니라, 술에 취해 최구첨에게 욕을 했으니 도를 넘어선 게 분명하고, 사건이 공적인 업무를 하던 중에 일어났으므로 고의로 죽인 것과는 다릅니다."

반면에 형조참판 이형규는 반대 입장을 고집했다.

"최구첨이 됫박으로 독동의 머리를 때렸다는 명백한 증거가 있고 (중략) 상처가 죽을 부위에 나 있으니, 법조문으로 보아 살려주기 어렵습니다."

공무 중에 일어난 사건으로 파악한 정조

정조는 이 사건을 다음과 같이 판결했다.

"환곡을 나누어 거두는 일은 명백히 공무에 속하며, 말질이 고르지 못하여 문제를 일으켰다면 독동의 잘못된 행위를 바로잡아야 한다. 그리고 독동의 말이 공손하지 못했다면 이 또한 나무라야 한다. 하지만 갑자기 화가 난 최구첨은 앞뒤를 가리지 않고 합법적인 도구인 태笞나 장杖을 찾을 겨를도 없이 됫박을 들어 그 자리에서 독동의 머리를 때렸다. 이는 매우 부적절한 행동이었고, 법전으로 따져보아도 지나친 일이었다. 그렇지만 그가 개인적인 감정을 풀려고 때린 게 아니라 경고 차원에서 때린 것에 불과하니, 사실상 죽일 생각은 없었다고 봐야 한다. 사건이 일어난 이후에 최구첨이 여러 가지 방법으로 독동을 치료한 것을 보더라도 살리려 했음이 분명하다. 비록 최구첨이 독동을 징벌한 도구가 법전에 있는 태와 장은 아니지만 공무를 바로잡으려 하는 가운데 벌어진 일이므로, '면임이나 이임이 태나 장으로 사람을 때리다가 죽인 조문'을 인용하여 판결해야 한다. 지금까지 최구첨을 10여 년이나 가두어 두고 여러 차례 신문했으니 충분히 징계했다고 할 수 있다. 이후에 최구첨을 한 차례 매질하고 사형을 감하여 변방으로 정배하라."

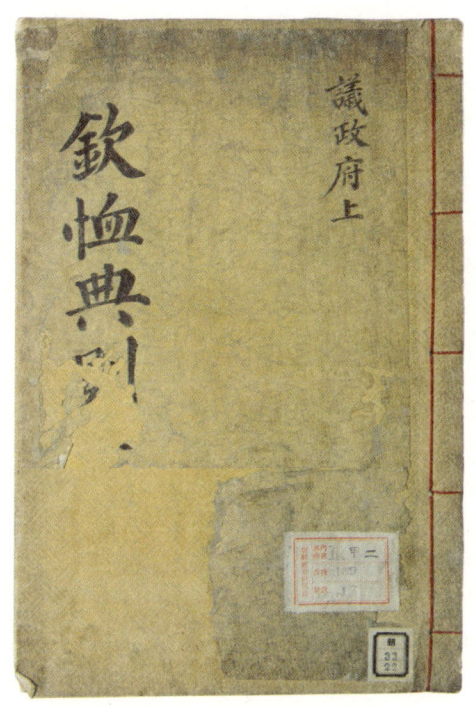

《흠휼전칙》
국립중앙도서관 소장

   1784년 윤3월 정조는 최구첨의 형량을 사형에서 유배형으로 줄이라고 최종 판결했다. 정조는 공무를 바로잡는 가운데 일어난 사고이며, 최구첨이 10년간 감옥에서 고초를 겪은 만큼 사형은 지나치다고 판단하고 유배형을 결정했다.

원통함이 없으려면 법에 정통해야 한다

다산은 법을 집행하는 사또나 관찰사가 법전을 읽지 않아 법리를

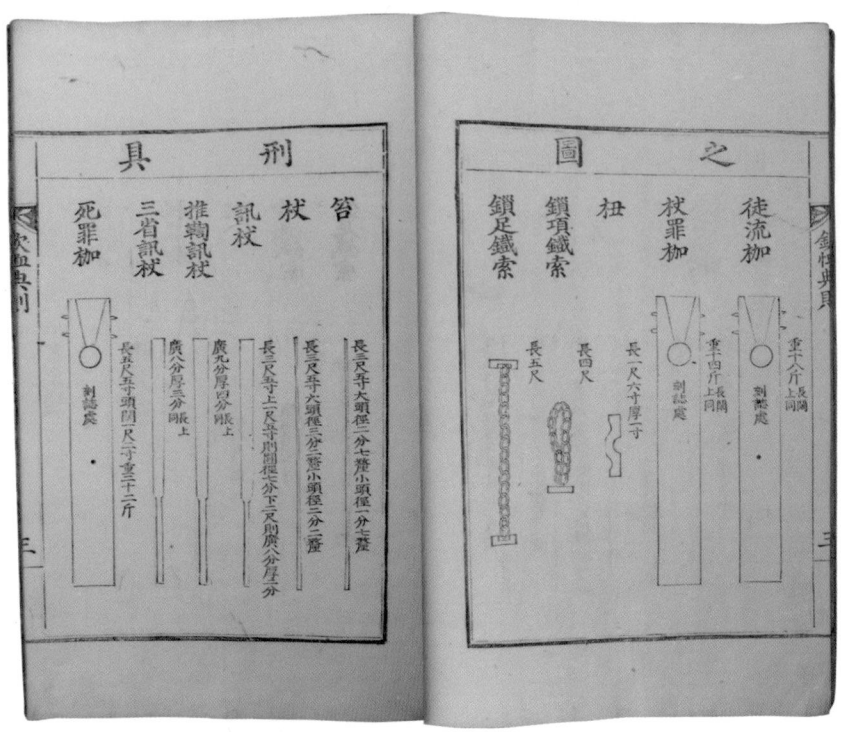

《흠휼전칙》에 나오는 형구지도①
국립중앙도서관 소장

모른 채 재판을 하기 때문에, 백성들이 고스란히 그 피해를 본다고 비판했다. 다산은 공무 중에 사고가 일어났을 때 처리하는 법조문은 세 항목에 불과하다고 지적했다.

먼저 조선이 주로 참고했던 중국 명나라의 《대명률》을 보자. 여기에는 관리가 공무 중에 매질을 지나치게 해 사람을 다치게 하거나 죽인 경우를 처벌하는 조항이 수록되어 있다.

"관리가 공무 중에 사람의 급소를 불법적으로 때리거나, 큰 몽둥이

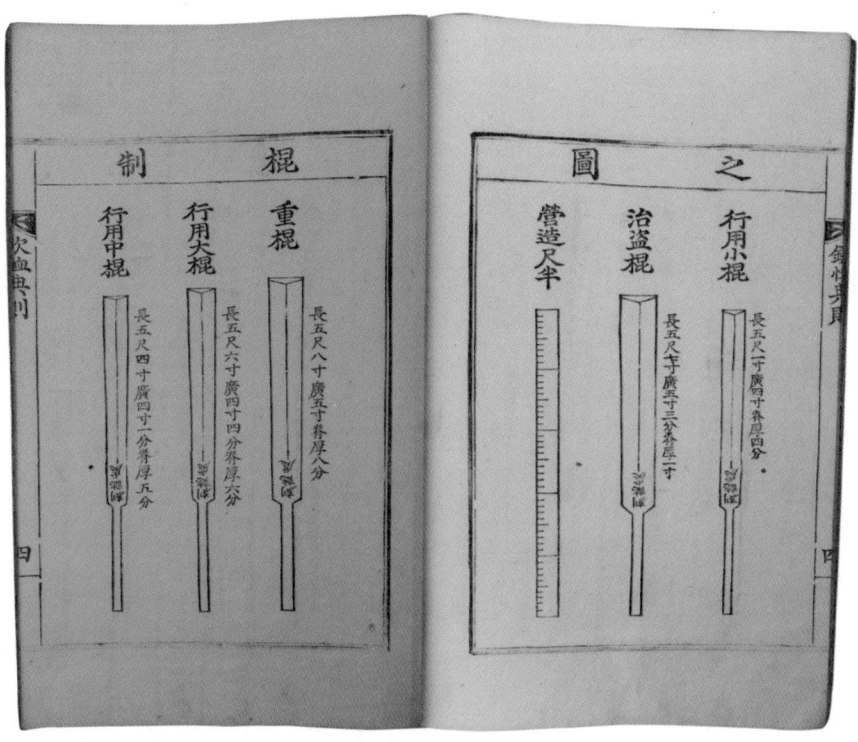

《흠휼전칙》에 나오는 형구지도②
국립중앙도서관 소장

나 칼이나 손발로 사람을 직접 쳐서 골절 이상으로 다치게 된 경우를 생각해 보자. 이때 (단순히 다치는 것으로 끝나면) 싸우다 다치게 한 죄에서 2등급을 줄여 처벌하고, 죽게 한 경우에는 형장 100대에 징역 3년에 처하며 장례비 10냥을 추징한다. 만일 궁둥이나 허벅지 등 형벌을 가할 수 있는 신체 부위를 때리다가 우연히 죽거나 혹 자살한 경우는 모두 불문에 붙인다."

또한 《대명률》에는 '공무'가 무엇인지 정확하게 기록되어 있다.

"관리가 세금을 내라고 재촉하는 일, 공무를 집행하는 과정에서 신문하는 일, 공무를 감독하는 일, 군관이 군마를 조련하고 무예를 연습시키거나 군사를 다그쳐 이동하거나 성곽과 해자를 수리하는 일 따위가 모두 공무이다."

다시 말해서 국가의 공식적인 일을 수행하는 경우를 공무라 여겼으며, 개인적인 일이나 감정이 개입한 게 아니라면 모두 공무로 인정할 수 있다고 보았다.

마지막으로 정조가 인용한 《속대전》에도 관리의 공무 중 사고에 대한 규정이 실려 있다. 조선 초의 《경국대전》을 재정비한 《속대전》에는, 지방관이나 향리들의 남형濫刑·형벌을 마음대로 집행하는 것을 엄금했지만 공무 중이라면 감형한다고 되어 있다.

"각 고을의 향소나 군관, 면임, 이임 등이 태장으로 사람을 죽인 경우, 사사로운 뜻에서 나왔다면 법에 따라 판단하지만, 공무 중이면 형벌을 제멋대로 했는지 여부를 자세히 조사하고 경중을 헤아려 죄를 결정한다."

다산은 만일 전라도 관찰사가 앞의 3개 법조문을 정확하게 이해하고 있었다면, 최구첨이 10여 년이나 감옥살이를 하며 고초를 겪지 않았을 것이요, 정조가 이 사건으로 고심하면서 정신을 소모하지 않았을 것이라고 주장했다. 다산은 됫박으로 사람을 때려죽인 이 사건은 큰 몽둥이나 칼을 사용해 사람을 때리다가 죽인 《대명률》의 경우와 합치하므로, 형장 100대에 징역 3년을 판결하고 장례비 40냥을 추징하는 게 가장 정확하다고 강조했다. 설사 《속대전》의 조항을 적용한다

해도 최구첨이 사사로운 감정 때문에 독동을 때려죽인 게 아니므로 감형할 수 있다고 보았다.

다산은 "관찰사가 법조문을 숙지하여 처음부터 이런 조문을 인용하고 장계로 아뢰었다면 오래전에 판결이 끝났을 터인데 어찌하여 10년이 지나도록 가두고 여러 차례 고문을 했는가? 사대부가 법률서를 읽지 않아 백성에게 해독을 끼침이 이와 같으니, 시나 지으면서 음풍농월吟風弄月·시를 짓고 흥을 돋우며 즐겁게 노는 것하고 노름하는 일을 어찌 금하지 않을 수 있겠는가?"라고 탄식했다. 목민관의 자질은 시문이 아니라 법률을 잘 아는 데 있다는 다산의 충고는 오래도록 생각해 볼 말이다.

제4장 법의학 지식의 중요성

다산 정약용이 황해도 곡산부사로 일하던 1798년경, 그는 남편을 죽인 사람을 살해한 어느 여인의 사건을 접하게 되었다. 황해도 수안군의 창고지기 최주변과 민성주가 서로 실없이 놀리다가, 민성주가 최주변을 칼로 찔렀고, 이 때문에 최주변은 한 달 만에 사망했다. 그러자 최주변의 아내 안 씨가 민성주를 칼로 찔러 죽이는 살인사건이 발생했다.

복수 살해사건 재조사에 법의학 서적 활용

1차 조사를 담당했던 초검관 수안군수는 민성주가 칼로 찔러 최주변이 죽었고, 그로 인해 최주변의 아내 안 씨가 민성주를 살해했으니 응당 열녀의 행위이므로 크게 표창해야 한다고 황해도 관찰사에게 보고했다. 아내가 억울하게 죽은 남편을 위해 복수할 경우, 당연하게 여기고 칭송하던 당시의 분위기로 볼 때 그다지 이상할 게 없는 판결이었다.

하지만 다산은 일단 민성주가 최주변을 칼로 살해했다는 사실이 명확하지 않다고 보았다. 즉 서로 놀리다가 칼에 맞은 최주변이 치료를 잘못했기 때문에 죽은 것이므로, 민성주가 최주변을 다치게 했을지라도 살해한 것은 아니라고 본 것이다. 그리고 사건을 정확하게 조사하지 않은 채 살인자 안

| 검시 장면
《사법제도연혁도보》에 수록. 서울대학교 중앙도서관 소장.

씨를 열녀로 둔갑시킨 1차 조사를 형편없는 판결이라고 비판했다.

다산은 살인사건을 조사할 때 일반적인 상식이나 감정에 기대지 말고 엄격하게 조사해야 하며, 이러한 엄중한 조사는 《증수무원록》과 같은 조선의 법의학서에 근거해야 한다고 주장했다. 또 그는 이 사건에 대해 "싸움과 장난은 선악의 마음가짐이 근본적으로 다르고, 찌름과 구타 역시 상처가 급소인지 아닌지에 따라 그 차이가 매우 크다."라고 전제한 뒤, 이를 잘 살피고 나서야 원수를 갚아야 할지 말지 혹은 그 사람이 마땅히 죽을 만한지 아닌지를 결정할 수 있다고 주장했다. 즉 이 사건에서 민성주가 최주변을 칼로 찔렀다 해도 장난에서 비롯되었다면, 최주변의 아내 안 씨가 민성주를 복수·살해할 수 없다는 것이다. 민성주가 최주변을 칼로 찌른 행위가 고의적인 뜻[犯意]에서

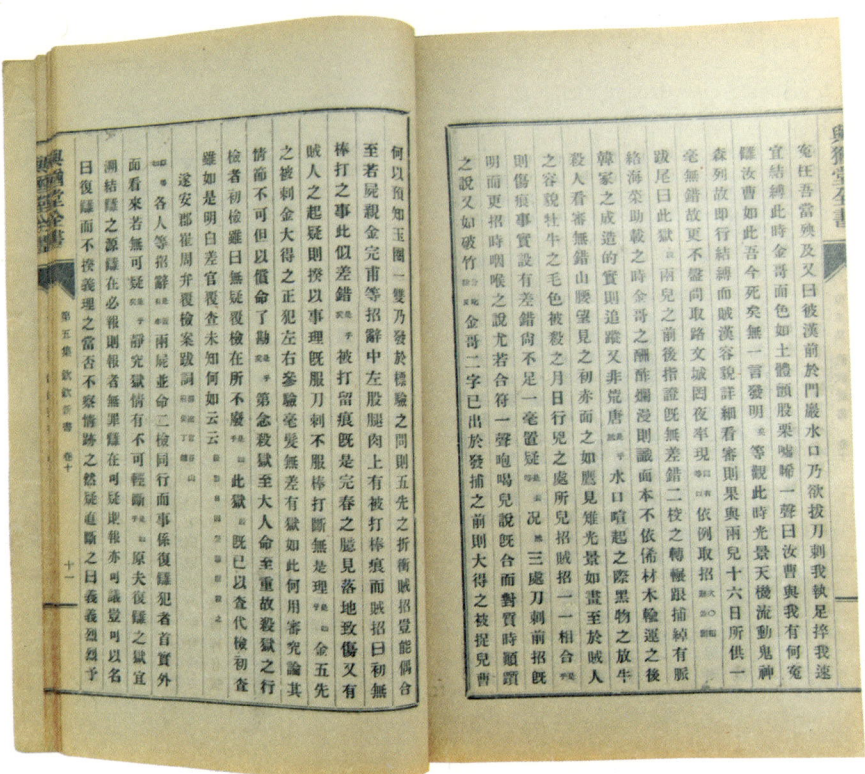

《흠흠신서》 권10 전발무사, '수안군 최주변 복검안의 발사[遂安郡崔周弁覆檢案跋詞]'
국립중앙도서관 소장

나온 것이 아니므로 최주변의 아내 안 씨는 열녀가 아니라 살인자라는 것이다.

문제 해결의 관건은, 민성주가 최주변을 칼로 찌르긴 했지만 죽일 마음이 없었음을 증명하는 일이다. 그렇다면 이를 어떻게 확인할 수 있을까? 다산은 조선의 법의학 서적인 《무원록》의 지식을 활용해, 민성주가 최주변을 칼로 찌르긴 했지만 그 행위가 최주변의 죽음과 직

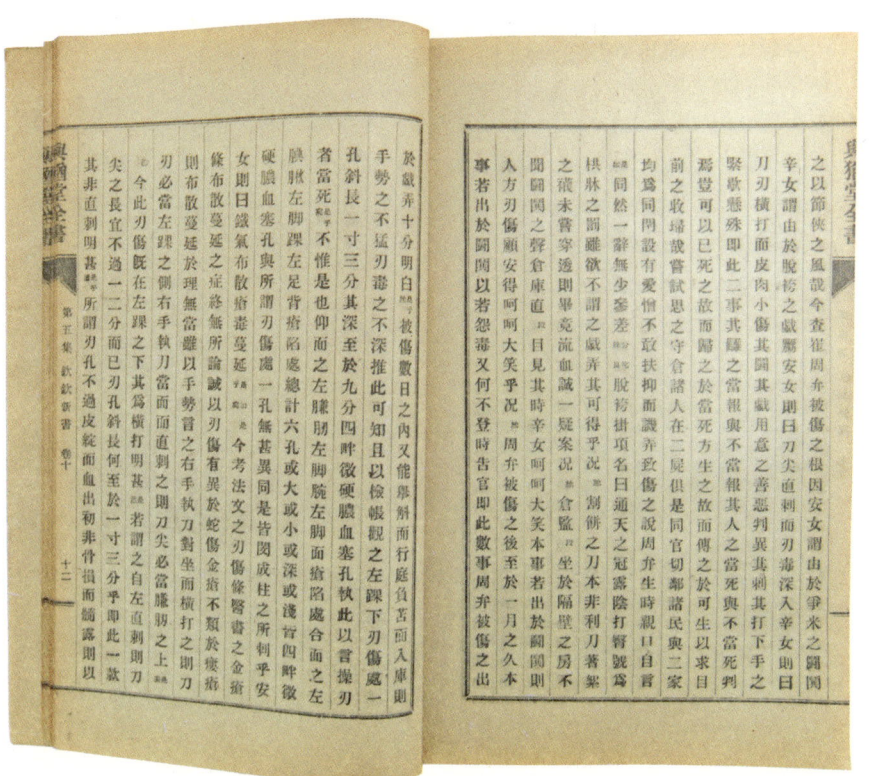

「《흠흠신서》 권10 전발무사1, '수안군 최주변 복검안의 발사[遂安郡崔周弁覆檢案跋詞]'에서 이어짐
국립중앙도서관 소장

접적인 관련이 없다고 판단했다. 다산은 먼저 민성주는 날카롭지 않은 떡 써는 칼로 최주변을 찔렀을 뿐이고, 그로 인해 최주변은 왼발에 작은 상처를 입었을 뿐이라고 보았다. 이어서 다산은 최주변이 다친 뒤 한 달 동안 쌀섬을 창고로 져 나를 정도로 건강하게 일했다는 사실을 확인했다. 마지막으로, 다산은 부검 결과를 통해 자신의 주장을 확증했다. 즉 최주변의 왼발 복사뼈 아래에 날카로운 도구로 만들어

《증수무원록》(한문본)
국립중앙도서관 소장

《증수무원록언해》(한글본)
국립중앙도서관 소장

 진 구멍이 피고름으로 막혀 있어, 이 부분이 칼에 맞은 것은 확실하지만, 찔린 흔적이 없는 정강이, 발목, 발등 부위의 상처에도 구멍과 피고름이 잔뜩 묻어 있던 것에 주목했다. 특히 오른손잡이 민성주가 최주변을 죽이려고 했다면 칼을 들어 최주변의 왼쪽 발등을 바로 내리찍었을 것이고, 그럴 경우 상처의 구멍이 조그맣고 깊이 생겨야 한다. 하지만 최주변의 복사뼈 아래의 상처는 1촌 3푼약 4cm이나 길게 나 있기 때문에, 다산은 민성주가 칼로 찌르기보다는 옆으로 내려치면서 최주변에게 상처를 입힌 것으로 해석했다.

 다산은 이런 증거들로 보아, 최주변의 죽음은 애초에 뼈가 다쳐 골수가 드러난 중상이 아니므로 칼에 찔려 죽었다는 것은 이치에 어긋난다고 판단했다. 더욱이 원래 칼에 다친 상처와 종기는 따뜻한 방에서 치료하면서 독을 풀어줘야 하는데, 최주변이 찬바람을 쐬면서 곡식 섬을 짊어져 힘줄과 핏줄을 억눌러 병을 악화시키는 바람에 결국 한 달 만에 사망했다고 결론지었다. 다산이 볼 때 최주변이 죽게 된 직접적인 원인은, 그가 민성주에게 찔린 상처를 제대로 치료하지 않은 채 무리하게 일을 계속하다가 상처를 악화시켰기 때문이었다.

《무원록》에 근거한 정확한 사건조사 강조

이에 대해 최주변의 아내 안 씨는 남편이 칼의 쇳독과 이로 인한 종기독이 온몸에 퍼져 사망한 것이라고 주장했다. 하지만 다산은 《무원록》에 나오는 '칼에 다쳤을 경우 나타나는 증상'을 재차 확인하면서 최주변이 쇳독 때문에 죽은 게 아님을 강조했다. 그리고 마지막에 이 사건을 다음과 같이 총평했다.

"아내가 남편의 원수를 갚는 것은 삼강오륜의 큰 뜻이니 기특한 일이며, 절조가 높은 일이 아닐 수 없다. 또한 민성주가 최주변을 죽이려고 칼로 찔렀고 칼날의 상처가 사람이 반드시 죽는 급소에 해당하는 것이라면, 아내 안 씨가 칼을 품고 원수를 갚은 사실이 어찌 찬란히 빛날 일이 아니겠는가? 하지만 이 사건은 그런 것이 아니다. 이 사건은 장난에서 비롯된 것이고, 상처는 복사뼈 아래에 불과하다. 또한 상처를 보면 칼을 옆으로 하여 때린 것이지 찌른 것은 아니다. 따라서 최주변의 죽음은 상처를 치료하지 않고 찬바람을 쐰 때문이다. 최주변이 죽지 않았다면 모두들 한 번 웃고 끝날 일이었으므로 상처로 고

생은 했지만 관아에 고발하지 않았던 것이다. 그런데 불행히도 최주변이 죽게 되자 아내 안 씨가 모진 칼로 (민성주의) 목구멍을 찌르고 다듬잇방망이로 머리와 얼굴을 어지럽게 내리쳤으니 그 잔인함과 악독함은 최주변이 다친 것보다 100배나 더하다. 최주변의 아내 안 씨는 시골의 어리석은 부인으로서, 남편이 죽으면 원수를 갚아야 한다는 말만 듣고 이 일이 복수할 만한 일이 아니란 사실을 헤아리지 못했다. 그러니 안 씨의 살인을 무죄로 판결한다면, 이후 뒤따를 폐단이 끝이 없을 것이다. 윤리를 손상하는 그릇된 의리를 법으로 허용해서는 안 될 것이다."

다산은 살인사건에 대한 정확한 진상조사를 가장 중요하게 생각했고, 이를 위해 《무원록》의 지식이 필수적이라고 판단했다. 그는 정확한 사건 조사만이 정의로운 판결을 가능케 하고, 그래야만 백성들의 억울함이 사라진다고 주장했다. 다산은 당시 법의학 지식이 부족한 사또들이 사건을 정확하게 조사하지 않은 채, 자의적으로 판단하거나 범인이나 관련자들의 진술만을 토대로 사건을 판결하는 행위를 문제 삼았다.

결론적으로 다산은 사건을 정확하게 조사하지 않은 채 안 씨의 행동만을 보고 열녀로 칭송한 수안군수의 판단이 얼마나 부적절한지를 꼬집어 비판했다. 그리고 조선 후기에 절실하게 요구되었던 '정의'의 확산이 단지 인정이나 도덕에 호소하는 것만으로는 충분하지 않다고 판단했다. 그는 도덕과 어진 마음씨가 중요하긴 하지만, 《무원록》에 언급되어 있듯이 정확한 지식과 이에 근거한 철저한 조사야말로 어진 정치의 근본임을 강조했다. 정확한 조사를 위해서라면 무덤을 파내서라도 시신을 검시해야 한다는 것이 다산의 주장이었다.

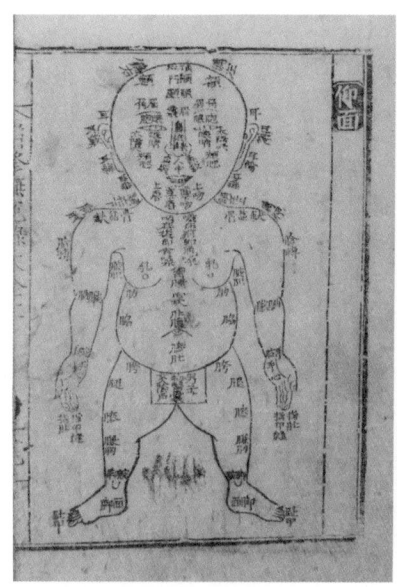 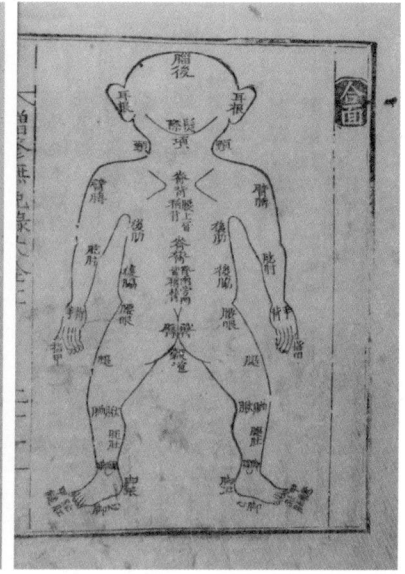

《증수무원록대전》의 시장(屍帳) 작성 지침
조선시대 사건 현장에서 시신을 검시한 후 작성하는 시장(屍帳)의 작성 방법. 앞면과 뒷면을 합쳐 70여 항목에 걸쳐 시신의 상태를 기술하도록 했다. 국립중앙도서관 소장.

제5장
무덤을 파서라도 조사하라

　조선 후기에 황해도 풍천의 조정원이라는 품관이 박소사召史·조이로 읽으며 상민 이하의 부녀자를 일컫는다를 목 졸라 살해한 일이 일어났다. 이유는 분명치 않았으나, 조정원이 작은 일 때문에 화가 나서 박소사의 옷깃을 부여잡고 문지방에 눌러 질식시킨 것이다. 당시 상황을 목격한 조괴금은 박소사의 눌린 목 부위에서 뼈가 갈리는 듯한 소리가 났다고 증언했다.
　사건이 발생하자, 조정원은 박소사의 시신을 곧바로 염습殮襲·시신을 씻은 뒤 수의를 입히고 삼베로 묶음한 뒤 빈소를 차려 시신을 숨겼다. 조정원은 부자인 데다 수령을 보좌하던 유향소留鄕所의 품관이었기에 이렇게 자기 멋대로 사건을 처리할 수 있었다. 개인적으로 합의하려고 재물을 풀어 증인들을 매수한 후 자기편으로 만들었을 뿐만 아니라, 유족들에게도 뇌물을 주어 원수 갚는 일을 잊어달라고 부탁했다. 하지만 더 큰 문제는 조정원이 시신을 숨겨 검시를 방해한 일이었다. 조선 후기

|《수교등록(受敎謄錄)》표지
역대 임금의 하교를 수집 정리한 책. 서울대학교 규장각한국학연구원 소장.

에는 살인한 뒤 시신을 매장해 검시하지 못하게 한 경우가 종종 발생했다. 이는 검시와 관련된 《무원록》의 규정과 숙종과 영조의 하교를 오해한 데서 비롯된 것이다.

서로 다른 듯한 숙종과 영조의 하교

일찍이 숙종은 "살인 사건에서 가장 중요한 것은 시체를 확인하고 조사하는 일이다. 간혹 지방의 고을 수령들이 살인 사건을 판결할 때 사람들의 죄를 마음대로 높이거나 낮추고, 심지어는 수십 년 동안 판결하지 않아 옥중에서 말라 죽는 사람까지 있다. 앞으로는 해당 관원이 반드시 직접 시신을 파내 검사하여《무원록》에 적힌 대로 확인함으로써, 조사가 제대로 이루어지지 않은 채 진실이 묻혀 버리는 일이 없도록 하라."고 하교한 적이 있었다. 숙종은 살인사건이라면 무덤을 파헤쳐서라도 시신을 확인해 정확하게 조사해야 한다고 명했다. 하지만 나중에 영조가 내린 하교는 숙종의 그것과는 약간 달랐다.

"관련자의 증언을 모두 확보했다면, 사실관계와 일치하지 않는 증거가 나타나더라도 시신을 추후에 다시 검사해서는 안 된다. 더구나 이미 매장한 시신의 경우에는 이런 원칙을 더욱 지켜야 한다. 주나라 문왕은 밖으로 드러난 유골도 묻어 주라고 했는데, 지금은 뼈만 남은 백골까지 파내 검사하고 있다. 나는 이런 일을 당하는 사람은 두 번 죽임을 당하는 것과 다를 바 없다고 생각한다. 더러 살인자를 찾아내지 못해 목숨 값을 받아내지 못하는 경우도 있지만, (살인자를 찾아내기 위해 백골을 파내면서까지 검시한다면) 잔인하기 그지없는 일이다. 앞으로 사람을 죽여 몰래 파묻은 경우[匿埋者]에는 법에 따라 부검해 죽은 이유를 알아 본 뒤 관에서 매장하지만, 이런 경우를 제외하고 시신을 이미 묻은 경우[己瘞者]에는 부검하지 말라."

숙종은《무원록》에 따라 무덤을 파서 시신을 확인해야 한다고 했지만, 영조는 '이미 묻은 시신'을 파내어 확인한다면 너무 잔인한 일이라고 하교했다. 그렇다면 서로 모순된 듯한 두 임금의 하교를 어떻게 이해해야 할까? 정조는 영조의 하교를 풀이하여 "백성의 목숨을 귀중하게 여기고 사건 조사를 신중하게 하라는 뜻이 하교에 뚜렷이 드러난다. 옛글에 선왕은 사람을 차마 해치지 못하는 마음으로 정사를 베풀었다고 했는데, 영조 임금의 뜻이 바로 그런 게 아니겠는가?"라고 칭송해 마지않았다.

하지만 문제는 '이미 묻은 시신'의 의미가 분명치 않다는 것이었다. '이미'가 매장한 지 얼마나 지난 경우인지, 그리고 살인을 포함한 모든 시신이 여기에 해당하는지 논의가 분분했다. 특히 살해한 뒤 시신을 숨긴 경우도 이미 매장된 시신이므로, 다시 파내 확인해서는 안 된다는 말인지 명확하지 않아 혼란이 일어났다.

두 선왕의 하교를 한 목소리로 통합한 정조의 해석

정조 원년1777년 4월 25일, 정조는 선왕의 하교를 두고 신하들과 논의했다. 먼저 정존겸은 "살인 사건은 인명과 관련된 것으로, 실인實因이 있어야만 살인 사건이 성립합니다. (그만큼 살인 사건에서는 살해된 시신을 확인하는 게 중요한데) 선왕께서 이미 매장된 시신이라면 부검하지 말라고 하교하셨습니다. 이런 하교를 내리신 뒤부터는 시체를 파내어 부검하지 못해 사건 조사를 제대로 하지 못하는 경우가 많습니다."라고 하여 매장된 시신이라도 파내어 검시해야 한다고 주장했다.

좌의정 김상철은 "시신을 발굴해 부검하라는 숙종 임금의 하교는 《무원록》을 따른 것이고, 이미 매장한 시신은 부검하지 말라는 영조 임금의 하교 역시 죄인에 대한 판결을 신중하게 처리하려는 뜻에서 나온 것입니다. 백골을 파내어 확인하는 일은 할만한 일이 못 되지만,

관을 거치지 않고 개인적인 합의만으로 시신을 매장해 버리는 폐단도 염려하지 않을 수 없습니다. 그러므로 살인사건을 조사하는 신하가 시신이 매장된 기간을 따져 융통성 있게 처리한다면, 아마도 인정과 법률을 절충하는 방도가 될 것입니다."라고 하여 묻힌 시신을 검시할지의 여부는 상황에 따라 판단해야 한다고 주장했다.

병조판서 채제공 또한 마찬가지였다.

"이미 매장한 시신은 부검하지 말라는 영조 임금의 하교는 지극히 인자한 마음에서 나온 것이지만, 장애가 되는 경우가 많습니다. 신이 여러 차례 지방 관찰사로 나가 있어서 이러한 폐단을 익히 알기 때문에, 시신을 파내 부검할 때는 《무원록》에 따라 집행해야 한다고 생각했습니다. 이제 시신이 매장된 기간을 따져 부검할지의 여부를 결정하자고 아뢰었으니 서둘러 찬성해야 되겠지만, 이게 과연 올바른 것인지는 아직 모르겠습니다."

체제공은 살인한 뒤 시신을 제멋대로 묻어버리지 못하게 하려면, 무덤을 파서라도 부검해야 한다고 주장했다. 하지만 묻힌 지 얼마나 지난 시신까지 검시할지는 정확하게 밝히지 않았다.

한편, 호조판서 홍낙순은 "매장한 시신을 발굴하지 못하도록 금지한 뒤부터, 무덤을 파내어 시신의 상처를 확인할 수 없게 되었습니다. 때문에 목숨을 내놔야 할 사람은 죽지 않고 목숨을 바치지 않아야 할 사람이 혹 죽기도 하니, 원통함과 억울함이 풀리지 않아 문제가 될 것입니다. 다만 부검을 허락하는 명령을 내리시면, 백성들 가운데 간사한 사람들이 오래전에 묻힌 백골을 파내 증거를 조작해 살인 사건을 꾸며낼 것이니 그로 인해 발생할 해악은 이루 말할 수 없을 듯합니다. 신의 생각으로는 명령이 내려진 날을 기점으로 삼아, 그 전에 벌어진 사건에 대해서는 햇수를 정하여 입법함으로써 오래전에 묻힌 시신은 발굴을 허락하지 않는 것이 좋을 듯합니다."라는 의견을 내놓았다.

홍낙순은 시신을 은닉한 범죄라면 어떤 경우에도 무덤을 파헤쳐 부검해야 하지만, 묻힌 시신을 파내어 부검할 수 있다고 허락한다면 너도나도 백골을 파낼 것이므로 새로 접수되는 살인 사건이 넘쳐날 것이라고 우려했다. 때문에 검사를 위해 파낼 수 있는 시신의 매장 기간을 어느 정도 결정하여 공지해야 한다는 의견이었다. 논의에 참여한 대신들은 고의로 시신을 파묻은 경우라면 언제라도 시신을 파내어 부검하는 게 《무원록》의 뜻이라는 데는 동의했지만, 매장한 뒤 얼마나 지난 시신까지 부검할지에 대해서는 의견이 일치하지 않았다.

시신 부검에 존재하는 함정

1777년 5월, 정조는 숙고 끝에 '시신을 파내어 부검하는 법[申明殺獄掘檢之法]'을 정리했다.

"선왕들의 수교受敎·왕이 내린 하교를 가져다 보니, 영조 임금의 생각도 숙종 임금과 같아서 파내는 것을 금지한 게 아니었다. 대체로 《무원록》에서 시체를 파내어 검사하는 법은 관에 알리지 않고 개인적으로 합의한 뒤 몰래 매장하는 폐단을 방지하려던 것이다. 영조 임금의 하교 가운데 '사람을 죽이고 몰래 매장한 경우에는 법대로 부검하여 원인을 조사하라.'라는 것이 어찌 숙종 임금의 하교 중에 있는 '한결같

『《홍재전서》 권30 교1 '시신을 파내어 부검하는 법을 밝힘[申明殺獄掘檢之法]'
서울대학교 규장각한국학연구원 소장

이《무원록》을 따르라.'라는 하교와 다르겠는가? 지금 이 문제를 논의하는 사람들은 '이런 경우를 제외하고 시신을 이미 묻은 경우에는 부검하지 말라.[其他已瘞者勿檢]'라는 하교를 조정의 금령으로 보는데 전혀 그렇지 않다. 부검할 수 없는 경우란, 이미 백골이 되어버린 시신뿐이다. 두 임금의 하교를 중복하여 법령으로 제정할 리 없으니, 내가 밝혔듯이 두 임금의 뜻을 정확히 헤아려 하교대로 시행하라. (중략) 오늘 이전에 이미 묻은 경우는 특별한 명령이 있기 전이므로 절대로 경솔히 파헤쳐서는 안 된다. 앞으로 혹시 매장된 지 여러 해가 지난 시체를 파내어 확인해야 할 일이 있다면, 경솔하게 파내어 검사하지 말고 반드시 관에 보고한 뒤에 집행하라."

정조는 살인자가 피해자를 살해해 은닉한 경우라면 《무원록》에 따라 파내어 부검해야 하지만, 정상적인 매장 과정을 거쳐 묻힌 지 오래된 '백골' 상태의 시신이라면 반드시 관에 고한 뒤에 부검 허락을 받도록 했다.

시신이 썩기 전에 부검하라

정조의 하교에도 불구하고, 당시 대부분의 수령들은 매장된 시신이라면 무조건 상부에 보고한 뒤 회신을 기다렸다. 때문에 시신이 부패해 부검이 제대로 이루어지지 않는 폐단이 발생했다. 다산은 이 문제를 급히 개선해야 한다고 보았다.

"신이 삼가 살펴보건대, 관을 열고 부검하는 것과 무덤을 파서 부검하는 방법은 《무원록》에 분명히 실려 있으니 예로부터 내려온 법률입니다. 최근에 수령이나 아전 등이 《대전통편》에 추가된 주석만을 근거로 '시체를 파내 부검할 때 조정이 새로 금지한 게 있으니, 반드시 관찰사가 장계로 아뢴 뒤 허락이 떨어지길 기다렸다가 관을 열어 부검해야 한다.'라고 합니다. 이렇다 보니 살인범이 시신을 제멋대로 묻어버린 형사 사건의 경우, 시간이 너무 흘러 시신이 백골로 변하는 바람에 대부분 관을 열어 부검할 수 없는 상황이 되어버립니다. 이로 말미암아 사형에 처해져야 할 자가 요행히 벗어나고, 허위 고발을 당한 자가 감옥에서 굶주려 병들어 죽으면서도 진실을 밝히지 못하니 어찌 안타깝지 않겠습니까? 살인자가 마음대로 은닉한 시신을 부검하는 작업은 시각을 다투어야 합니다. 그런데, 천리를 달려 아뢴 뒤에 다시 허락이 떨어지기를 기다린다면, 시일이 오래 걸려 시체가 썩고 문드러져 증거를 찾아내기가 어렵지 않겠습니까? 이제 숙종 임금의 하교를 살펴보면, 관을 열고 부검하는 절차는 《무원록》에 기록된 대로 따를 뿐이라고 했습니다. 《무원록》에서 관을 열고 무덤을 파도록 허용했으니, 숙종 임금이 무덤을 파내어 부검하지 말라고 명령한 적이 없었던 것입니다. 또 영조 임금의 하교를 보니, '사람을 죽여 몰래 파묻은 경우에는 법에 따라 부검해 죽은 이유를 알아본 뒤 관에서 매장하고, 이런 경우를 제외하고 시신을 이미 묻은 경우에는 부검하지 말라.'고 했습니다. 시신을 몰래 파묻은 경우에는 곧바로 파내어 부검하도록 했으니, 영조 임금도 이를 금지하지 않았습니다. 숙종 임금과 영조 임금의 하교가 이처럼 명백한데도 《대전통편》에는 '조정朝廷에서 시신을 파내어 부검하지 말라고 했으니, 관찰사가 보고한 뒤에 부검 여부를 결정한다.'라는 주석이 달려 있습니다. 그 이유는 영조 임금의 하교 말미에 '이런 경우를 제외하고 시신을 이미 매장한 경우라면 부검하지 말라.[其他已瘞者勿檢]'라는 일곱 글자 때문입니다. 시체 부검에 관한 법을 보면, 살인 사건뿐만 아니라 유배당한 죄인, 길가의 시체 및 스스로 목을 매 죽거나 스스로 물에 빠져 죽은 경우에도 모두 부검하도록 규정하고 있습니다. 때문에 영조 임금께서 법조문을 분명히 하기 위

《대전통편》표지
국립중앙도서관 소장

해, '사람을 죽여 몰래 파묻은 경우에는 법에 따라 부검해 죽은 이유를 알아본 뒤 관에서 매장하고, 이런 경우를 제외하고 시신을 이미 묻은 경우에는 부검하지 말라.'라고 한 것입니다. 그리고 여기서 '이런 경우'라는 말은 '살인범이 사람을 죽여 제멋대로 묻은 경우'를 의미합니다. 그런데 정조 임금은 이 구절을 풀이해 '백골의 부검'이라고 했습니다만, '이미 묻었다已瘞'라는 두 글자를 쓰면서 시신이 오래되었거나

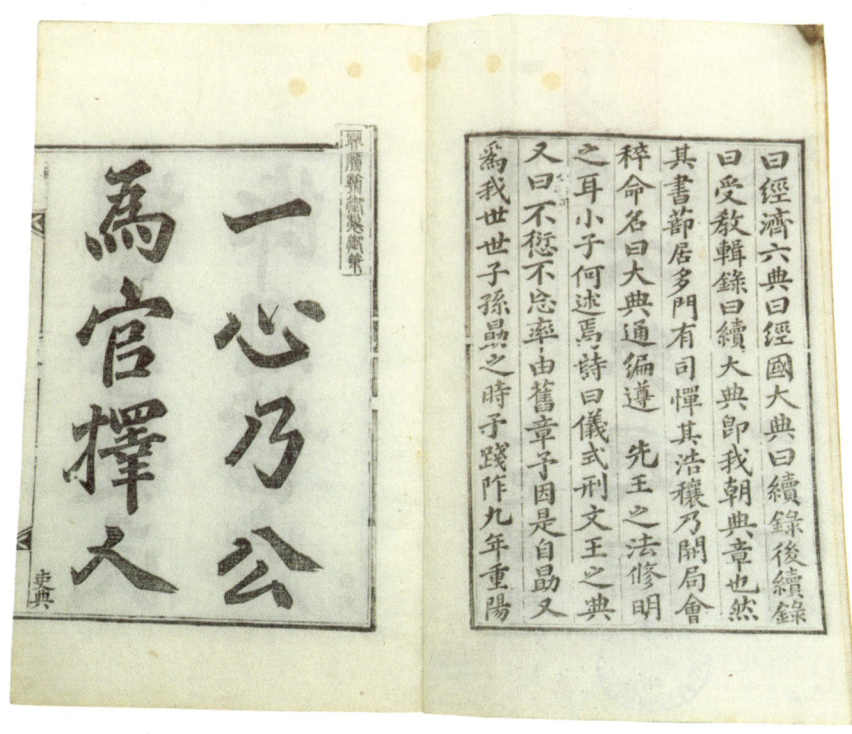

《대전통편》 서문
국립중앙도서관 소장

그렇지 않음을 구분하지 않았습니다. 그러니 반드시 백골만을 가리키는 것은 아닙니다. 또한 백골 외에는 정조 임금께서 시신을 파내어 부검하도록 허락했으니, 장계로 아뢴 뒤 시신을 파내어 부검할 수 있도록 허락하겠다는 말은 햇수가 오래된 시신의 경우를 말합니다. 그렇다면 묻힌 기간이 오래 되지 않은 시신의 경우에는 장계로 아뢰지 않고도 즉시 관을 열어 부검할 수 있다는 뜻으로, 관찰사에게 반드시 장

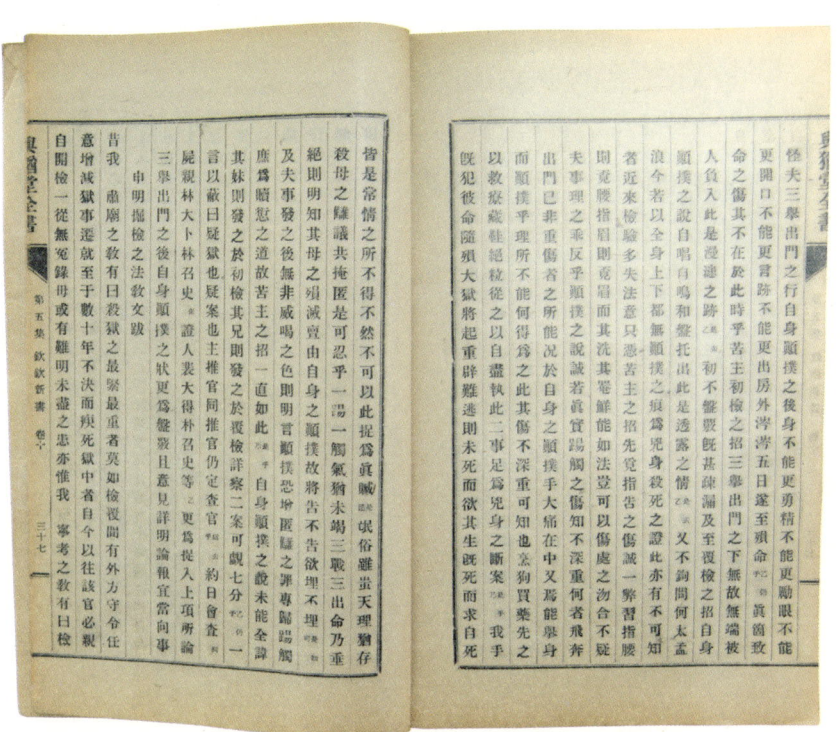

『흠흠신서』 권10 전발무사3 '무덤을 파서 검시하는 방법을 밝힌 하교의 발문[申明掘檢之法敎文跋]'
국립중앙도서관 소장

계를 올려 명령을 받아 부검해야 하는 것은 아닙니다."

다산은 '이런 경우를 제외하고 시신을 이미 묻은 경우에는 부검하지 말라.'라는 영조 임금의 하교 중에서 뒷부분만 강조하는 바람에, 살인한 뒤 시신을 숨기려고 몰래 매장한 경우에도 부검하지 못하는 폐단이 발생했다고 보았다. 때문에 은닉이 아닌 다른 이유로 매장된 경우에 시신을 경솔하게 파내어 부검하지 말도록 한 것이지, 살인한

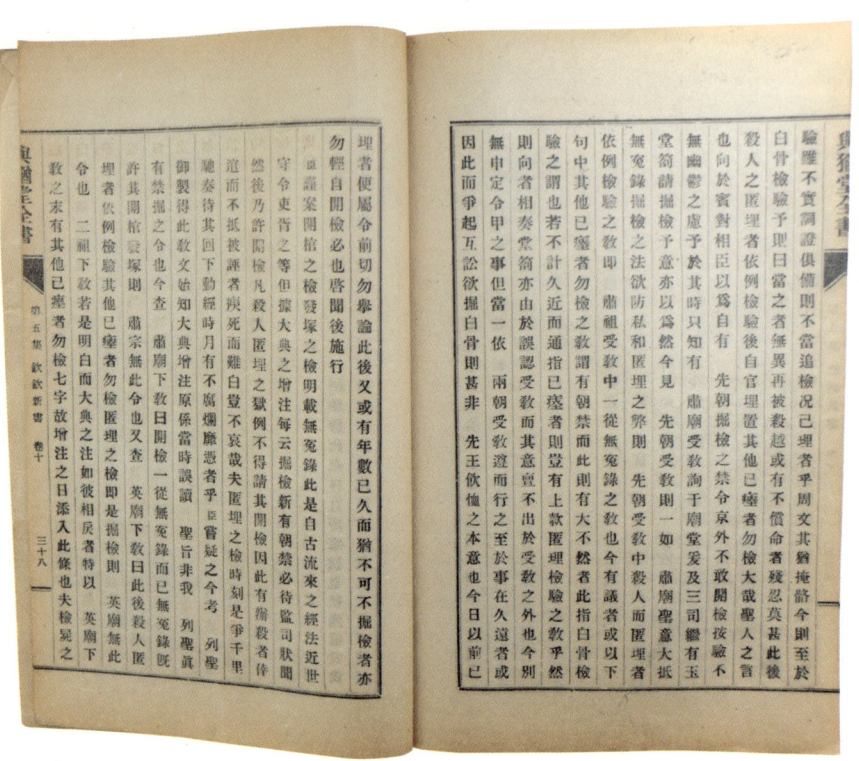

「《흠흠신서》 권10 전발무사3 '무덤을 파서 검시하는 방법을 밝힌 하교의 발문[申明掘檢之法教文跋]'의 내용이 이어짐
국립중앙도서관 소장

뒤 숨긴 경우까지 금지한 것은 아니라고 해석했다. 또한 관에 보고한 뒤 시신을 파내어 부검할지 여부를 결정하라고 한 《대전통편》의 기록도 오래되어 백골이 된 시체를 말한 것이므로, 시신이 묻힌 지 오래되지 않았다면 이 조문의 적용을 받지 않아도 된다고 해석했다.

요컨대 다산은 살인자가 시신을 몰래 묻은 경우라면, '파내어 부검할지 여부를 관에 보고한 뒤 결정'하라는 조항의 적용을 받을 필요 없이 사또가 조사할 수 있다고 이해한 것이다. 다산은 살인 사건이라면 무덤을 파내서라도 정확하게 조사해야 하며, 법전이나 하교의 내용이 오해를 불러일으킨다면 곧바로 수정해야 한다고 주장했다. 그래야만 원통하고 억울한 상황이 없어질 것이기 때문이었다.

제6장 정확한 사건 조사가 필수이다

조선 후기에는 산송山訟이 빈번했다. 산송이란 묏자리를 다투는 일로, 조상 묘를 잘 써야 후손들이 복을 받는다는 생각에 이런 싸움이 잦았다. 1785년 경기도 고양에서 묏자리를 두고 이경구와 이기종 집안이 다투게 되었다. 그 와중에 이경구는 이기종 가문 사람들에게 둘러싸여 구타를 당했고, 이를 피해 도주하다가 밤중이라 산길을 분간하기 어려워 그만 발을 헛디뎌 절벽 아래로 떨어져 죽고 말았다. 이경구의 사망 원인이 누군가에게 맞아서 죽은 것이 아닌데다, 또 절벽 아래로 떠밀려 죽은 것이 아니어서 과연 이를 두고 '타살'이라고 해야 할지가 문제였다. 그렇다고 홀로 도망치던 도중에 낭떠러지에 떨어져 죽은 것을 자살이나 사고사라고 부르기도 어려웠다.

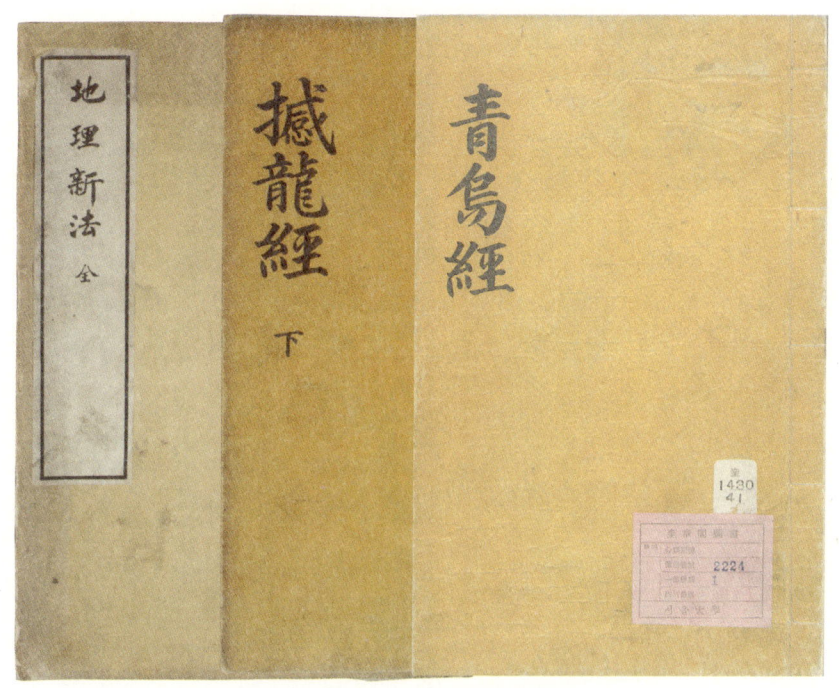

조선시대의 풍수지리서인 《지리신법》, 《감룡경》, 《지리전서청오선생장경》 표지
서울대학교 규장각한국학연구원 소장

사고사냐 타살이냐

초검1차 조사과 복검2차 조사을 시행한 사또들은 하나같이 이기종을 주범으로 인정하고 처벌해야 한다고 주장했다. 특히 복검을 한 사또는 사망한 이경구의 등과 귀 아랫부분에 다친 자국이 많지만 직접적인 사망 원인은 아니라고 보았다. 도리어 이경구의 목이 부드럽게 좌우로 흔들리고 뼈가 없는 듯 움직이는 것으로 보아, 떨어지면서 목뼈

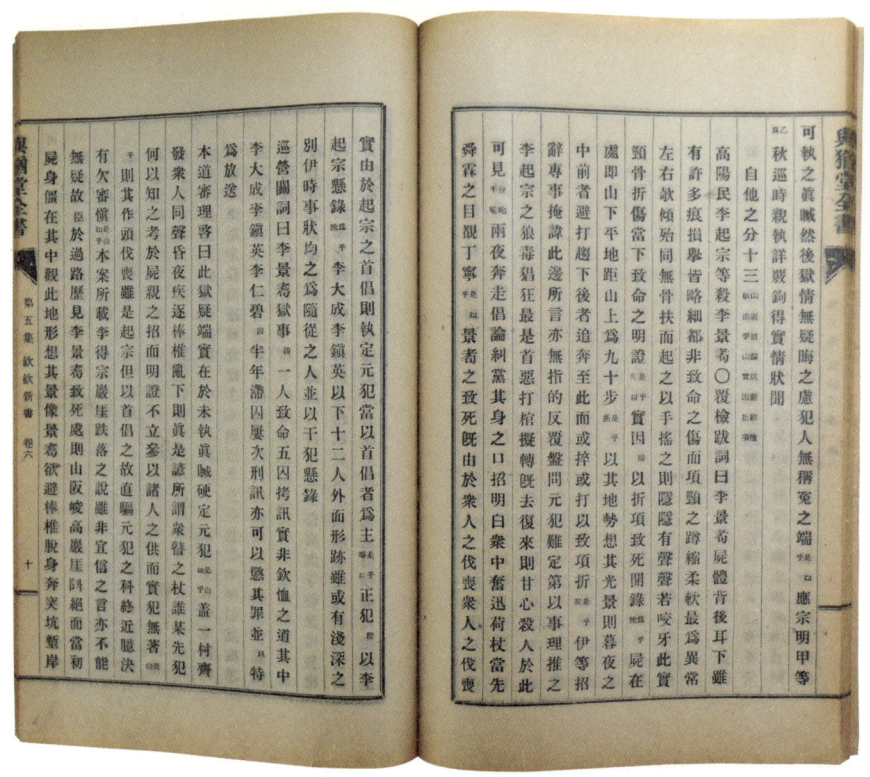

《흠흠신서》 권6 상형추의4 자살과 타살의 구분13. '고양 백성 이기종 등이 이경구를 살해하다.[高陽民李起宗等殺李景耈]'
국립중앙도서관 소장

가 부러져 죽은 것이 확실하다고 주장했다. 이경구가 남의 묘지에 몰래 장사지내려 하자 이를 저지하려던 이기종이 사람들을 주동하여 구타한 것이니, 주범은 마땅히 싸움을 선동한 이기종으로 정해야 한다는 주장이었다. 이외에 싸움에 가담한 이대성, 이진영 등 12명의 이씨 문중 사람들은 구타의 경중에는 차이가 있지만 모두 이기종을 따랐으므로 종범으로 처리했다.

초검 및 복검 보고서를 받아든 경기도 관찰사는 초검과 복검에서 이기종이 이경구를 살해했다는 직접적인 증거도 확보하지 않은 채 단지 싸움을 선동했다는 사실만으로 성급하게 이기종을 범인으로 확정했다고 비판했다. 비록 남의 묘지에 몰래 장사를 지내려던 이경구를 앞장서서 두들겨 쫓은 자가 이기종이지만, 단지 앞장섰다는 이유만으로 주범으로 삼을 수 없으며 조금 더 신중할 필요가 있다고 보았다.

경기도 관찰사는 이경구의 사망 장소를 직접 찾아가 지형을 자세히 살펴보았다. 그 결과 산비탈은 높고 험하며 바위벼랑은 깎아지른 듯했는데 이러한 지형을 고려하고 당시의 광경을 추론해 보면, 이경구는 몽둥이를 피하려고 몸을 빼 달아나다가 낭떠러지를 확인할 겨를도 없이 넘어지면서 목이 부러진 것이요, 낭떠러지의 험한 지세로 보아 당연히 죽을 수밖에 없었다고 결론지었다. 하지만 이경구가 홀로 떨어져 사망한 사건이므로, 이기종을 주범으로 결정하기 어려우며 이처럼 사건 판결에 조금이라도 의심이 있다면, 일단 처리를 미루는 신중한 자세가 필요하다고 주장했다.

상급 관청인 형조의 관리들도 경기도 관찰사의 의견에 전적으로 동의했다. 곧바로 형조에서는 이경구가 발을 헛디뎌 목이 부러졌는데도 단지 이기종이 선동했다는 이유로 그를 주범으로 확정할 수는 없다는 보고서를 왕에게 올렸다.

조금이라도 의심이 들면 가볍게 처벌하라

정조는 보고서를 읽은 뒤 경기도 관찰사와 형조의 견해가 올바르다고 판단했다. 이 사건의 증거가 불분명한 데다 사망 원인 역시 확실하지 않은 한밤중의 변고인데 수많은 사람 중에 이기종 한 사람을 찍어 살인의 책임을 지울 수 없다고 생각한 것이다. 설령 이기종이 모의를 주창했더라도 여러 사람이 힘을 합쳐서 때린 이상, 당연히 구타의 경중을 가지고 범인을 가려야 할 일이었다. 또한 당시 증인들의 말을 들어 보면, 이진영의 매질이 가장 모질었다고 하는데 그렇다면 이진영이 먼저 주창한 이기종과 다를 바가 무엇이라는 말인가?

정조는 이기종이 먼저 주동한 자라 해서 그를 범인으로 확정한다면 그에게 너무 억울한 일이 아닐까 걱정했다. 그렇다고 해서 한밤중에 작당하여 살인을 저지른 이기종을 그냥 방면할 수도 없었다. 이에 정조는 사형에서 한 등급 낮추어 이기종을 유배하고 나머지 사람들은 모두 석방하도록 명했다.

나중에 이 사건의 보고서를 읽게 된 다산은 사건 조사 과정에 의문을 제기했다. 다산은 경기도 관찰사의 주장이 일견 타당한 듯 보이지만, 타살의 흔적이 불분명하다는 이유만으로 타살이 아니라고 주장할 수 없으며 도리어 확실한 추락사의 증거를 찾아내서 타살이 아님을 입증해야 한다고 보았다. '미끄러져 떨어졌다'라고 주장하려면, 시신 확인을 통해 구체적인 증거를 제시함으로써 죽은 원인을 확증해야 한다는 것이다.

다산은 법의학 지침서인 《증수무원록》의 조항을 제시하면서 경기도 관찰사와는 다른 해석을 내렸다.

"스스로 써러디던 자는 그 힘이 아래이시니 상훈 바 만히 다리와 발과 풀헤 이시디 (중략) 만일 밀팀을 닙어 써러디던 자는 그 힘이 우희이시니 상훈 바 만히 얼굴과 두 손목에 잇느니"

(자기 스스로 몸을 던진 자는 무게 중심이 아래쪽에 있으므로 다리와 발과 팔 등에 상처가 많다. 하지만 다른 이에게 떠밀려 떨어진 경우에는 무게 중심이 위쪽에 있어 얼굴과 손목 등에 상처가 많다.)

이는 스스로 떨어진 자는 자신을 아끼려 하므로 하체 쪽이 먼저 떨어지고, 떠밀린 자는 뜻하지 않은 일이라 상체가 먼저 넘어지기 때문이다.

다산은 "이 사건의 검험서檢驗書·시신을 검사한 뒤 결과를 기록한 문서를 보면 다친 부위가 모두 등 뒤와 귀 밑에 있고 목뼈가 부러진 상태로, 《증수무원록》의 자살 항목에 언급되어 있는 다리, 발, 어깨에는 모두 상처가 없다. 이를 보면 스스로 떨어진 것이 아니라 밀쳐 떨어진 경우가 분명한데 어찌 의심스럽다고 하면서 이기종을 가볍게 처벌하려 드는가?"라고 비판했다.

용서와 관용만이 능사가 아니다

다산은 이경구가 스스로 몸을 던진 것이 아니라 떠밀려 죽은 타살이나 다름없다는 논리를 펼쳤다.

"당시 이경구는 등 뒤에서 함성이 크게 일어나자, 발아래 비탈이 깎아지른 듯했지만 해를 피하기가 호랑이를 만난 듯하여 불이면 불로, 물이면 물로 뛰어들었을 것이다. 캄캄한 밤에 급하게 도망치다가 마침내 구렁텅이에 떨어지게 되었으니, 이는 핍박당해 떨어진 것이지 스스로 떨어진 것이 아니다. 적병이 핍박당해 골짜기로 떨어졌다면 공은 장수에게 있고, 선량한 백성이 핍박당해 골짜기로 떨어졌다면 그 죄는 가장 먼저 소리친 자에게 있음은 명백하다. 이날 남의 묘지에 몰래 장사를 지낸 사람을 두들겨 쫓은 무리는 무려 수십 명인데, 그중에서 깃발과 북을 들고 지휘한 자는 이기종이 아니면 누구인가? 한두 사람이 같이 때렸을 때는 구타의 경중을 헤아려 범인을 구별할 수 있다. 하지만 이 경우에는 무리를 동원하여 전투하는 것 같았으니, 무릇 죽거나 다치게 되면 그 책임이 우두머리에게 있는 법이다. '의심스러운 죄는 가벼운 형벌로 판결한다[罪疑惟輕].'라는 정신에 근거하여 이기종의 죄를 판결하려 한다면 절대 잘못이다. 간혹 임금께서 죽이기를 싫어하고 살리기를 좋아하는 마음으로 사형죄를 용서하시지만, 법을 집행하는 논의에 있어서는 옳지 않은 것이다."

 다산은 죽음의 원인을 정확하게 밝히는 일만이 공평한 판결의 전제임을 누누이 강조했다. 그렇다면 도주하던 이경구는 진정 실수로 벼랑 아래로 떨어져 죽은 것인가? 또 상황이 이렇다면 이경구의 죽음에 대한 책임을 이기종에게 물을 수 없다는 말인가? 다산은 사고사이거나 타살이거나 죽음의 원인을 입증하기 위해 정확한 검안이 필수적이라고 보았다. 그리고 이 사건의 경우에는 이경구의 시신 윗부분에 상처가 많은 것을 볼 때 사고사나 자살로 볼 수 없다고 결론지었다.

 다산은 조선의 법 집행이 용서와 관용만을 앞세우거나 사건 조사를 정확하게 하지 않는 바람에, 응당 벌을 받아야 할 자를 처벌하지 않음으로써 정의구현에 실패했다고 비판했다. 물론 그렇다고 다산이 엄벌을 능사로 여기거나 자살에 대한 책임을 지우려는 데 골몰한 것은 절대 아니었다. 그는 진정 정의로운 정치란, 사건을 먼저 정확하고 객관적으로 조사한 뒤에 엄한 형벌과 관용을 적절하게 베푸는 데서만 가능하다고 힘주어 말했다.

제7장 믿기 어렵다고 대충 조사하지 말라

다산은 《흠흠신서》를 저술하면서 중국 명말청초의 소설 가운데 살인사건을 소재로 한 공안소설류를 자주 인용했다. 그중에서도 당대 유명작가이자 출판업자였던 여상두余象斗의 책은 단골이었다. 당시 소설에는 믿기 어려울 정도로 허황된 이야기들이 많았으니, 이는 사람들의 호기심을 자극해 많이 팔려고 했기 때문이다. 다산은 "여상두의 소설은 내용이 황당하여 옮겨 적기에 알맞지 않지만 고소장이나 공초供招·죄인이 범죄를 진술한 것 부분 등 참고할 것은 인용하고 나머지는 삭제한다."라고 했다. 늘 합리적인 사고를 지향했던 다산은 "이성적으로 설명할 수 없는 불가사의한 일은 논하지 말라."라는 공자의 말씀을 철칙으로 여겼다. 하지만 현실에는 정말 너무도 이상하고 괴이하여 받아들이기 힘든 일이 벌어지는 법이다. 예를 들어, 피살당한 주인의 원통함을 알려준 원숭이 이야기나, 새끼의 목숨을 구해준 은혜를 죽음으로 갚은 까마귀 이야기 등 믿기 어려운 일들이 한두 가지가 아니다.

다산은 진심으로 온 힘을 기울였을 때만 이런 경험을 할 수 있다고 강조했다.

"《주역》에는 사람이 지켜야 할 도리를 다하고 나서 귀신과 소통해야만 귀신의 도움을 받을 수 있고, 《예기禮記》에는 정성을 다해야 숨겨진 사실을 미리 알려준다고 했다. 그러므로 살인사건을 다스리는 기본은 세밀하게 조사하고 온 힘을 기울이는 것이다. 끊임없이 생각하다 보면 귀신과도 소통하고, 정성이 닿으면 귀신이 와서 알려주니 나 또한 몸소 체험해 보았다. 하지만 선량한 사람들이나 이런 체험을 할 수 있지, 말이나 행동을 지나치게 부풀려 믿음을 주지 못하는 사람이나 잘난 체하면서 번지르르하게 말만 앞세우는 사람은 절대 경험할 수 없다."

그는 모든 사건에 정성을 다해야 하지만, 특히 괴이하고 신기한 사건이 일어난다면 더욱 힘써 귀신이 감동해 반응할 정도로 노력을 기울여야 한다고 보았다. 상식적으로 이해하기 힘든 일이 일어났다고 하더라도, 말이 안 된다고 무시하면서 대충 넘겨서는 안 된다는 것이다. 다산은 상식을 뛰어넘는 경우라 할지라도, 가능한 한 합리적으로 설명하려고 노력했다.

불에 타죽은 남녀의 시신

다산이 강진으로 유배되었던 시절인 1814년, 나주에서 35세 남자

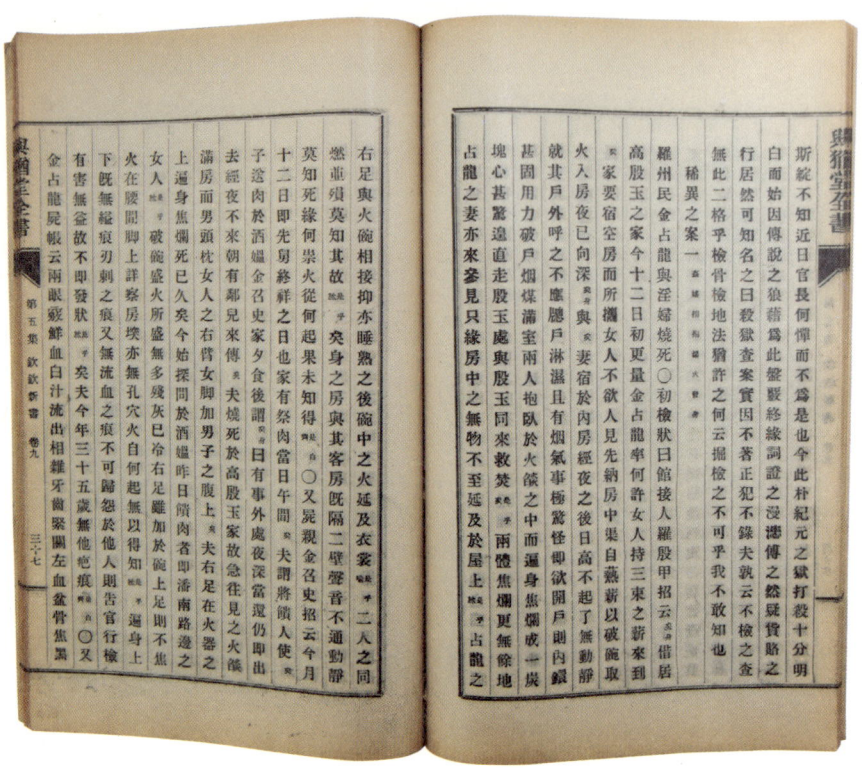

「《흠흠신서》 권9 상형추의15 희귀하고 이상한 사건1, '나주 백성 김점룡과 음부가 불타 죽다[羅州民金占龍與淫婦燒死]'」
국립중앙도서관 소장

김점룡이 신원을 알 수 없는 여자와 함께 한 방에서 불에 타 죽는 일이 벌어졌다. 나주사또의 부검 기록에는 1814년 12월 12일 밤 고은옥의 집에서 벌어진 사건 정황이 자세하게 드러나 있다.

먼저 고은옥의 집에 세 들어 살았던 나은갑의 진술을 보자.

"제가 고은옥의 집에 세 들어 사는데, 지난 12일 밤에 김점룡이 어

다산초당

떤 여인을 데리고 왔습니다. 그는 여인을 남에게 보이지 않으려고 먼저 방 안에 들여보낸 뒤 자신은 땔감으로 방을 데웠는데, 그가 깨진 그릇과 불을 모아 가지고 방으로 들어갔을 때는 이미 한밤중이었습니다. 그런데 밤이 지나 아침이 밝아올 때까지 아무도 일어나지 않고 인기척도 없었습니다. 문밖에서 불렀지만 아무 대답이 없었고, 창문이 젖어 있는 데다 연기가 피어나와 매우 놀랍고 괴이해 곧 문을 열려고 했습니다. 하지만 문고리가 안으로 잠겨 있어 힘껏 문을 부수니 연기가 방 안에 자욱했습니다. 그 와중에 두 사람이 화염 가운데 껴안고

| 다산초당의 연못

누웠는데, 온몸이 불에 데어 문드러져 숯덩이가 되어 있었습니다. 놀라고 두려워 곧바로 고은옥에게 달려가 이 사실을 알린 뒤 함께 불을 껐습니다. 두 사람의 몸은 불에 타 문드러져 남은 게 없었습니다. 김점룡의 아내도 데려와서 같이 보았습니다. 불은 방 안의 물건에 옮겨 붙었지만 지붕으로 번지지는 않았습니다. 김점룡의 오른발은 화로에 닿아 있었는데 아마 깊이 잠든 뒤에 담아놓은 불에 옷이 닿았는지, 아니면 두 사람의 몸에 동시에 불이 붙어 함께 타죽게 되었는지는 알 수 없습니다. 특히 제 방과 김점룡의 방은 벽으로 막혀 말소리가 통하지

다산동암

않아 그 움직임을 알 수 없었습니다. 두 사람이 죽은 이유와 불이 어디서 일어났는지 참으로 알 길이 없습니다."

당시 김점룡의 아내 김소사는 12일은 시아버지의 제삿날이었으며 당일 남편 김점룡이 밖에서 일을 보고 늦게 귀가한다고 나간 뒤 소식이 없었다고 했다. 그런데 다음날 이웃집 아이가 달려와 고은옥의 집에서 남편이 불에 타 죽었다고 알려와 비로소 남편의 죽음을 알게 되었다고도 했다. 다음은 그녀의 진술이다.

"급히 가서 보니 화염이 방에 가득했고, 남편의 머리는 여자의 오른팔을 베고 있고 여자의 다리는 남편의 배 위에 걸쳐 있었습니다. 남편의 오른발이 화로 위에 있었고 온몸이 데어 문드러져 죽은 지 오래되었습니다. (중략) 오른발이 비록 화로 위에 걸쳐 있었으나 발은 데지 않았고 불은 허리부터 다리 위에 있었습니다. 방구들을 자세히 살펴보았으나 구멍이 없었고 불이 어디서 일어났는지 알 수 없었으며, 몸에 목을 맨 자국이나 칼에 찔린 자국이 없고 피가 흐른 자국도 없었습니다. 다른 사람에게 원망을 돌릴 수 없게 되었지요. 상황이 이렇다 보니, 관아에 고발해 시체를 부검한다고 해도 아무 이익이 없을 줄로 생각해 곧바로 관아에 고발하지 않았던 것입니다."

당시 사망한 김점룡의 부검 기록에는 불에 탄 흔적이 뚜렷했다. 나주사또가 오작사령 등과 작성한 시장屍帳·시체 검시 문서을 살펴보자.

"두 눈에서 선혈과 흰 즙이 흘러나와 서로 섞였고 어금니는 꽉 다물었으며 왼쪽 어깨의 움푹 파인 뼈 부위가 불에 타 시커멓고 왼쪽 어깨뼈와 겨드랑이가 데어 문드러졌다. 두 어깨에서 팔꿈치 사이와 두 팔의 팔꿈치 모두 데어 까맣고 두 손은 데어 문드러졌으며 오른손은 주먹을 쥐었고 왼손 역시 약간 주먹을 쥐었다. 양쪽 갈빗대와 옆구리 및 하복부나 두 사타구니는 불에 데어 문드러졌으며 피부가 벗겨져 말려 올라갔고 생식기는 곧게 섰으나 까맣게 불탔고 두 무릎과 두 다리와 정강이 모두 까맣게 그을렸다."

영락없이 불에 타 죽은 시신이었다. 함께 죽은 무명의 여인 역시 불에 타 훼손된 상태였다.

"여자의 부검 기록은 남자와 대부분 같으나, 오른쪽 겨드랑이가 데어 문드러졌고 두 어깨에서 팔꿈치 사이와 가슴이 데어 까맣고 생식기는 불에 타 까맣게 되고 두 다리와 얼굴 및 발톱은 온전하다."

뜨거운 방에서 의식을 잃고 불에 타 죽은 것

당시 나주사또는 초검 기록에서, 의심스런 옥사가 많지만 이런 경우는 매우 드물다고 언급하고 이 사건의 의문점을 몇 가지 제시했다.

"첫째, 남녀관계가 지나쳐 죽는 경우 대부분 남자가 사망하지 여자와 둘이 함께 죽는 경우는 없다. 둘째, 남자는 팔을 베고 여자는 남자의 배에 발을 올린 자세로 서로 껴안은 채 죽는 줄도 모르고 놓지 않았다. 셋째, 옷은 불에 탔는데 버선 등은 타지 않은 채 그대로였다. 넷째, 불은 아래에서 위로 타올라가는 법인데 허리와 배는 대부분 시커멓게 불타버렸는데 등 부분은 화상이 가벼웠다. 다섯 번째, 가슴 아래 부위는 모두 타서 문드러졌는데 남자의 생식기는 오히려 뻗친 채로 그대로였다. 여섯 번째, 남녀가 누웠던 곳의 재와 먼지를 깨끗이 치우고 식초를 뿌려 보았지만, 방바닥에 핏자국이 전혀 발견되지 않았다. 마지막으로, 불에 타 죽거나 병들어 죽거나 대개 한 사람이 죽는 것은 이상할 게 없지만 두 사람이 모두 서로 구할 생각조차 못하고 꿈꾸듯이 죽었다는 점이다."

나주사또는 두 사람이 잠자듯 불에 타 죽은 일을 전혀 이해할 수 없었지만, 그럼에도《무원록》등을 인용해 사망 원인을 설명하려고 시도했다.

"사실 남녀가 음양의 교합 중에 죽는 일이《무원록》에 실려 있지만, 남녀 모두 한꺼번에 죽는 일은 이치 밖이다. 다만《무원록》에 땔감[炭] 연기 때문에 죽은 조문을 살펴보면, '탄을 구들에 때면 불이 잘 타오르는데 악취가 난다. 사람이 연기의 더운 기운을 맞으면 감각을 잃고 저절로 죽는데 밤에 가위 눌려 의식을 회복하지 못한 시신과 비슷하다.'라는 조문을 인용할 수 있다. 이제 두 사람은 추운 겨울을 당해 한 달 넘게 비워둔 방을 빌려 갑자기 땔감을 피워 하룻밤의 인연을 맺으려 했다. 하지만 구들이 달궈지자 습기와 찌는 듯한 열기 때문에 악취와 연기가 생겼는데, 두 사람은 이를 들이마시는 바람에 정신을 잃게 된 것이다. 그리고 두 사람이 죽은 뒤 화로의 얼마 남지 않은 불씨가 솜옷에 붙으면서 밤새 불에 타 이 지경에 이르렀다. 그러니 두 사람의 죽음에 대한 책임을 연기나 불 가운데 어느 한 쪽으로만 돌릴 수는 없다. 이에 사망 원인을 '방 안의 더운 기운에 의식을 잃고 불에 타 죽음'이라고 기록한다."

사실 나주사또는 김점룡이 아버지의 제삿날에 다른 여자와 정을 통하려고 방에 데리고 왔으니 이는 죽어도 마땅하고 도리 상으로도 용서받기 어렵기 때문에 귀신의 화근[鬼火]을 자초했다고 쓰고 싶었을 것이다. 하지만 이치에 맞지 않을뿐더러 사망 원인을 캐는 데도 도움이 되지 않을 게 분명했다. 나주사또는 최대한 논리적으로 설명하기 위해, 두 사람이 빈 방에 땔감을 지폈고 이 때문에 방이 더운 공기와 탄의 연기로 가득 차 정신을 잃고 쓰러졌다가 화로의 불이 두 사람에게 옮겨 붙으면서 온몸이 타들어가게 된 것이라고 결론지었다.

나중에 다산은 나주사또의 보고서를 살펴보고 추론과정이 충분하지 않다고 비판했다.

"연기와 숯의 독을 들이마시게 되면 두통과 어지러움을 느끼게 되므로, 곤히 자다가 이 독에 접할 경우 사람이 죽는 경우도 있다. 하지만 구들에 오랫동안 불을 때지 않다가 갑자기 불을 땠다고 해도 흙의 습기와 찌는 듯한 열기에는 원래 독한 기운이 없다. 그러니 사람이 어찌 죽을 수 있으며, 한 사람이 죽더라도 이치에 맞지 않는데 두 사람이 죽었으니 어찌 의문이 생기지 않겠는가? 또 찌는 듯한 열기 때문에 죽었다고 한다면 이 역시 잘못이다. 남자의 발은 화로 아가리에 올라가 있지만 불은 버선에 옮겨 붙지 않았고 발목과 장딴지를 거쳐 두 무릎에 옮겨 붙었으니, 이게 과연 이치에 맞다고 할 수 있겠는가? 발 하나가 화로에 얹혀 있다고 해서 네 다리가 불에 탄다는 것은 이치상 인정할 수 없으며 따라서 죽은 뒤에 불에 탄 것이라는 주장 또한 잘못이다. (중략) 찌는 듯한 열기로 의식이 혼미해질 수는 있지만, 불이 그 살갗을 태우는데 어찌 깨닫지 못하겠는가. 한 사람이 알아채지 못해도 이해하기 어려운데, 두 사람 모두 알아채지 못하고 죽었으니 어찌 의심스럽지 않겠는가?"

다산은 두 사람이 방 안의 열기에 정신을 잃고 쓰러진 뒤 화로의 불이 옮겨 붙어 타 죽었다는 나주사또의 주장은 믿기 어렵다고 보았다. 그렇다면 죽음의 원인은 무엇인가?

전라도 감영의 제사

당시 나주사또의 보고를 받은 전라도 관찰사 역시 이 사건이 무척 괴이하고 난해하다는 사실을 인정했다.

"이 사건에서 두 사람은 죽은 뒤 불에 탄 것이오, 죽기 전에 탄 것이 아니다. 죽기 전에 불에 탄 경우는 주먹을 쥐거나 내장의 기름과 같은 증거가 있다. 뿐만 아니라 불이 몸에 닿았는데, 어찌 남자는 여자의 팔을 벤 채 그대로 있으며 여자는 다리를 남자의 배 위에 얹은 채 자기 몸에 불이 붙는지를 전혀 모르고 아무 일도 없는 듯이 서로 끌어안고 있었겠는가? 또한 찬 방에서 자다가 가위에 눌려 죽는 경우가 많긴 하지만, 한 사람도 아니고 두 사람이 모두 그럴 수 있겠는가? 부검 기록을 보면 구들이 달궈지자 습기와 찌는 듯한 열기 때문에 악취와 연기가 생겼는데, 두 사람이 이를 들이마시는 바람에 정신을 잃고 결국 죽게 되었다고 했다. 《무원록》에 관련 조문이 있긴 하지만, 이런 일로 두 사람이 함께 죽은 것은 참으로 괴이한 일이다. 김점룡은 새벽에 아버지의 제사를 마치고 하루저녁 잠을 설쳤고, 저녁에 음탕한 여자를 만나 동침한 데다 석 잔의 술을 마셔 취기가 더해진 것이다. 여기에 불 때지 않던 방에 불을 지폈고 썰렁하고 눅눅한 방에서 관계를 격렬하게 가지는 동안 밤이 깊었던 것이다. 남녀는 너무도 피곤하여 너나없이 서로를 베개 삼아 깊이 잠들었으니 수없이 불러도 대답하기 어려웠을 것이다. 이때 옷은 너저분하게 흩어졌고 손과 발도 멋대로 놓았다가 화로의 불이 우연히 솜옷에 붙어 조금씩 태웠는데 맹렬히 피어오르지 않고 독한 연기로 방 안을 채운 것이다. 불이 몸에 닿지 않았으니 놀라 깨어나지 않았고, 잠이 깊이 들어 불이 난 것을 알아채지 못한 채 연기를 마셨다. 이렇게 되어 두 사람은 의식이 몽롱해지고 연기가 더욱 가득 차게 되면서 의식이 점차 희미해졌고, 결국 움직이지도 못하고 의식도 잃게 되어 저 세상으로 떠나버린 것이다. 이제 불이 화로에서 솜으로, 솜에서 몸으로 옮겨 붙으면서 마침내 맹렬하게 타올랐다. 하지만 솜은 두께가 있어서 불이 버선으로 번지지는 않았고 등 쪽도 가볍게 탄 것이다. 몸이 데어 문드러지기 전에 이미 저 세상의 문턱에 있었으니, 불에 타 문드러질 때는 어찌 살아있었겠는가. 방바닥에도 핏물이 밴 흔적이 없으니 사람의 모략이나 흉계가 아님을 알 수 있다. 부검하여 증거를 확보했고 조사하면서 사실이 명확하게 드러났으니, 또다시 밝혀내야 할 새로운 단서는 없을 듯하다."

전라도 관찰사는 김점룡이 제사를 지내 피곤한 데다 술에 취한 채 화간하다가 잠이 깊이 들어 연기에 질식되는지조차 깨닫지 못한 채 정신을 잃었고, 이후 불이 맹렬히 타올랐지만 몸에 불이 붙는 것을 알아차리지 못해 피하지 못하고 불에 타 죽은 것으로 결론지었다. 방바닥에서도 핏자국이 발견되지 않았기에 두 남녀의 죽음은 사고사가 분명하다고 판단했다.

다산의 의문

나중에 다산은 나주사또와 전라도 관찰사의 보고서에 의문을 품었다. 연기에 정신을 잃었다고 해도 불이 몸에 붙었다면 깨어났을 것이 분명한 데다, 한 사람도 아닌 두 사람 모두 정신을 잃고 불에 타죽었다는 사실은 아무리 믿으려 해도 믿기 어려웠다. 또한 화로에 얹어져 있던 남자의 발에 불탄 흔적이 없다는 사실도 불가사의였다. 때문에 나주사또와 전라도 관찰사는 질식해 죽은 뒤에 다시 몸에 불이 옮겨 붙어 죽었다고 주장함으로써, 이 사건의 이해할 수 없는 사인을 설명했던 것이 아닌가?

하지만 다산은 이미 사람이 한 번 죽은 뒤 다시 죽었다는 식으로 표현한다면, 사망 원인[實因]을 한 가지로 귀결시키도록 한 《무원록》의 지침에 어긋난다고 지적했다. 다산은 먼저 죽은 뒤에 불탔다는 주장은 가능하지만, 방 안의 뜨거운 열기와 연기에 질식해 죽은 뒤 다시 불에 타 죽었다고 한다면 이치에 합당하지 않다고 보았다. 세상에 두 번 죽는 일은 없기 때문이다. 다산은 이런 식이라면 이미 죽은 사람을 목매달거나 죽은 뒤에 물에 빠뜨린 경우도, "죽은 뒤에 또 죽었다."라고 해야 할 것이라고 비판했다.

이 사건에서 다산이 찾아내려 한 죽음의 원인은, 질식해서 죽었거나 불에 타 죽은 것 가운데 한 가지였다. 문제는 '질식해 죽었다'질식사라고 하려면, 땔감을 지펴 방을 덥히다가 연기 등으로 사람이 죽어야 하는데, 다산은 그럴 확률은 거의 없다고 확신하고 있었다. 그러면 연기나 독기에 의한 질식이 아니라 다른 사인이 발견되어야 하는데, 시신 주변에 핏자국이나 흉기 등이 전혀 발견되지 않았다. 그렇다면 불에 타 죽은 것인가? 불에 타 사망하였다면 화로와 화로에 얹혀 있던 남자의 발이 발화지점이 되어야 한다. 그러나 남자의 발은 전연 불탄 흔적이 없다. 또한 아무리 피곤하다 해도 몸이 불에 타는데 그대로 잠들 사람은 없다. 그렇다면 이를 어떻게 이해할 것인가?

다산의 음화론(淫火論)

다산은 음화론을 제시했다. 이른바 남녀 두 사람의 교접 시 정욕의 불꽃이 몸속에서 불을 일으켜 두 사람 모두 타죽는다는 설명이다. 이것은 이성적으로 설명할 수 없는 불가사의한 일에 대해서는 논하지 않던 다산으로부터는 나오기 힘든 의견이었다. 다산도 이를 의식해서인지 여러 가지 고사를 증거로 들면서, 이에 통달한 자라야 믿을 수 있다고 부언했다.

다산은 먼저 중국 명말청초의 학자 주양공周亮工의《인수옥서영因樹屋書影》의 고사를 인용했다. 하북성 곡주현의 한 부잣집 며느리가 친정에서 돌아온 다음날 잠자리에 들었는데 남녀 두 몸이 불에 타 죽은 채로 발견되었다. 침상을 보니 두 사람의 몸은 불에 탔지만 다리는 그대로 있었으니 인간의 이치로는 이해할 수 없지만 사실이라는 것이다.

이어서 다산은 안휘성 출신 장조張潮가 명말청초의 기이한 이야기들을 모아 편집한 중국소설《우초신지虞初新志》를 인용했다. 음탕한 교접은 서로 문지르는 데에서 발생하고 문지르기를 그치지 않으면 크고 맹렬한 불이 일어나며, 속에서 불면 빛을 내어 뜻이 움직여지므로 문지르고 갈기가 극도에 이르게 되면 욕화가 세차게 일어나 갑자기 불꽃이 일어 마침내 스스로 타게 된다. 그 불이 침상 자리와 집을 태우지 못하는 것은, 불이 욕망에서 생겨서 보통 불과 다르기 때문이라는 내용이 수록되어 있다.

중국 사람들의 이야기도 모자라 다산은 당대 실학자 이덕무의 글도 끌어다 사용했다. 사람의 몸은 물과 불[水火]로 구성되어 있는데 음욕은 일종의 섶에 비유될만한 것으로 이끌어서 불을 세차게 하면 그 몸이 불에 타기도 한다는 것이다.

다산은 고사와 정욕의 화근에 대한 불가의 학설로는 부족했던지 자신이 알고 있는 의학 지식을 보탰다.

"소의 심장과 신장 등 장기들을 살펴보면 누런 기름이 끼어 있는데 살아서는 기름이 생동하다가 죽으면 흰색으로 엉기게 된다. 사람도 이와 같아서 반드시 신장 등에 누런 기름[황고]이 끼었다가 정욕이 치솟아 갈고 비비어 극도에 달하면 황고에 불이 붙어 안으로 장기를 태워 사람의 목숨은 곧 끊어진다. 이 불이 밖으로 나와 살갗이 타고 사지와 몸뚱이에 미치게 되면 남녀 두 목숨이 동시에 떨어지게 되는 것이다. 나주의 시신이 몸통은 탔으되 다리가 타지 않았으니, 대개 그 불이 몸속의 신장이나 심장에서 타올라 겉으로 나오면서 배에서 몸으로 번져나갔기 때문이다. 이런 사건을 다시 만난다면 이런 이치를 참고하여 괜스레 이웃 사람을 의심해서는 안 된다."

사실 다산이 제시한 음화론은 현대의 상식으로도 이해하기 어려울 뿐만 아니라, 다른 사건들을 처리하는 다산의 일반적 태도에 비추어 봐도 생뚱맞은 감이 없지 않다. 하지만 이해되지 않는 사건을 해명하기 위해서라면 다산은 자신의 지식과 상식의 한계 안에 갇히지 않고 납득할만한 설명을 찾기 위해 광범위한 전거를 비교하고 검토했다.

믿기 어려운 일을 믿으려면 보다 많은 증거와 신뢰할 수 있는 논리가 필요하다. 다산은 너무나 믿기 어려운 일이라도 믿을 수 있는 증거와 자료들을 제시해 설득해야 한다고 주장했다. 단지 믿기 어렵다고 대충 조사하지 않고 왜 그런지 끝까지 추궁하는 태도야말로 다산의 길이요 방법이었다.

다산은 《흠흠신서》《경사요의(經史要義)》편에서 경전을 인용하여 재판의 중요한 원칙을 언급하였다. 판관은 범인을 정확하게 처벌해야만 한다. 범죄를 저지른 자를 처벌하지 않거나 범행하지 않은 자를 처벌해서는 안 된다. 한번 사람을 사형에 처하면 다시 살릴 수 없기 때문이다.

다산은 처벌의 대원칙으로 '고의로 저지른 죄라면 아무리 작은 죄라도 반드시 처벌하여 용서하지 아니하고, 과실이라면 아무리 큰 죄라도 너그럽게 용서해야 한다.'라는 것을 강조했다. 이른바 '법은 그 마음을 처벌한다.'라는 의미로 범죄의 의도[犯意] 유무를 잘 살펴야 공정한 판결에 도달할 수 있다고 본 것이다.

또한 다산은 참작의 융통성을 강조했다. 《서경(書經)》의 "중죄[上刑]라도 가볍게 처벌할 상황이면 가벼운 벌로 처벌하며, 경범[下刑]이라도 무겁게 처벌할 상황이면 무거운 벌로 처벌하라. 죄를 가볍게 혹은 무겁게 처벌할지 판단하는 것이 권(權)이다."라는 구절을 인용하여, 참작감형 혹은 가중처벌이야말로 공정한 판결의 중요한 도구라고 주장했다.

다산은 "한 등급을 내려 가볍게 처벌하고자 하는데 도리어 피해자가 지극히 원통해하지 않을까 하는 의구심이 들거나, 반대로 용서하려고 하는데 도리어 범죄 사실이 마음에 걸리는 경우 바로 이때 참작의 융통성이 필요하다."라고 보았다. 과오가 분명하여 한 점 의심이 없어야 큰 죄라도 용서할 수 있으며, 고의가 분명하여 조금의 의심도 없어야 작은 범죄라도 형벌을 더할 수 있다는 것이다.

다산은 죄를 저지른 자를 정확하게 분별해야 죄책을 물을 수 있으며, 이후 어느 정도 처벌할지 판단할 때 사건의 정황을 고려하여 처벌을 더하거나 감해주어야 한다고 보았다. 다산이 보기에 '법의 정의'는 죄책을 물어야 할 자를 정확하게 골라내고 그에게 어느 정도의 책임을 지울 것인지가 모두 정당해야 비로소 얻어지는 지난한 결과였다.

제2부

법은 그 마음을 처벌하는 것이다

제8장 중국의 잘못된 법 집행을 비판하다

 다산 정약용의 《흠흠신서》는 모두 네 부분으로 구성되어 있다. 첫째, 〈경사요의經史要義〉는 살인사건을 처리하는 기본 원칙을 언급한 원론이다. 둘째, 〈비상준초批詳雋抄〉와 〈의율차례擬律差例〉는 다산이 중국의 판례를 비판적으로 고찰한 것이다. 그리고 셋째, 〈상형추의詳刑追議〉는 다산이 조선 후기의 판례들을 재검토한 부분이며, 마지막으로 〈전발무사剪跋蕪詞〉는 다산이 직접 조사한 살인 사건에 대한 평론이다.
 다산은 《흠흠신서》 전편을 통해 정치와 형벌에 대한 자신의 생각을 일관되게 서술하고 있지만, 특히 〈의율차례〉에 수록되어 있는 수백 편의 중국 판례를 비판적으로 고찰함으로써 명말청초 중국에서 이루어진 법 집행의 문제점을 날카롭게 지적했다. 다산이 지적한 중국의 법 관행상 가장 큰 문제점은 '엄한 형벌'을 남발한 것이었다.
 다산은 중국이 법률을 너무 글자 그대로 적용한 나머지, 간음과 부모 살해와 같은 강력사건이 조선보다 10배나 많다고 지적했다. 반면 조선은 살인사건에 대한 처벌 기준이 중국만큼 엄하지는 않지만, 살인을 함부로 하지 않는 풍속으로 인해 흉악하고 사나운 범죄가 중국에 비해 상대적으로 적다고 보았다. 조선의 범죄는 단지 주먹으로 치고 발로 차서 다치게 하는 정도지만, 중국에는 흉악범이 많다는 것이다. 결론적으로 다산은 굳이 중국처럼 법을 엄하게 적용하지 않아도 백성들의 악행을 충분히 막을 수 있다고 주장했다. 다산이 이렇게 주장한 이면에는 엄격한 형벌보다는, 관대함과 도덕적 교화가 질서유지의 근본이라는 판단이 깔려 있었다.

엄한 형벌만을 남발한 중국의 판례들

다산은 고의가 아닌 과실범이라면 당연히 감형하거나 용서해야 한다고 보았다. 법이란 마땅히 '마음'을 처벌하는 것이므로, 고의가 아닌 과실처럼 범행의 의도가 없는 경우에는 용서해야 마땅하다고 판단한 것이다. 하지만 다산이 참조한 중국의 판례들은 과실과 고의를 구별하지 않은 채 엄한 형벌을 일삼고 있었다.

절동 지방의 사건을 보자. 장 씨의 부인이 아들 주육보를 데리고 사기전이라는 사람에게 밀린 방값을 주러 갔다. 그런데 사기전이 기르던 개가 사납게 짖으며 물려고 하자, 물릴까 걱정한 사기전이 장 씨를 밀쳤는데 그만 장 씨가 넘어지면서 뒤에 있던 자기 아들 주육보를 깔아 죽게 했다.

당시 절동의 지방관은 '사기전이 사람과 다투다가 타인의 아들을

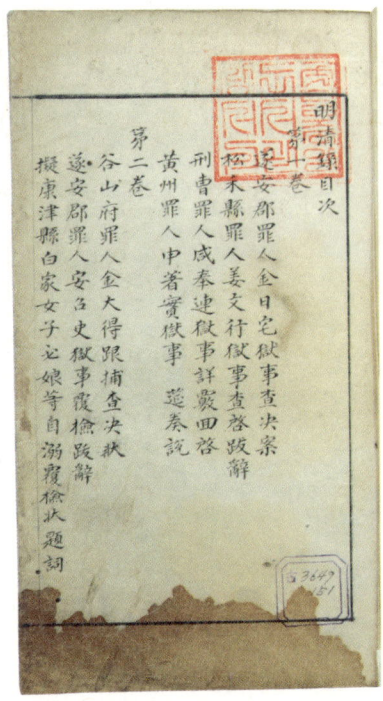

《흠흠신서》의 여러 이본들①: 좌에서 우로 《명청록》 차례 부분과 《흠흠신서》(필사본) 표지
국립중앙도서관 소장

실수[誤殺]로 죽였다.'라고 보고했다. 어느 정도의 과오를 인정한 셈이다. 하지만 청나라 형부刑部는 이를 반박하고 사기전에게 폭행치사죄를 적용해 교수형에 처했다.

다산은 "이 사건은 과실이라고 할 수 없지만 그렇다고 싸우다가 실수로 때려죽인 경우도 아니다. 그러므로 교수형에 처하는 것은 잘못이다."라고 비판했다. 다산은 사기전이 주육보를 죽이려는 의도 없이 단지 장 씨를 밀치기만 했지만, 장 씨의 아들 주육보를 죽게 했으므로

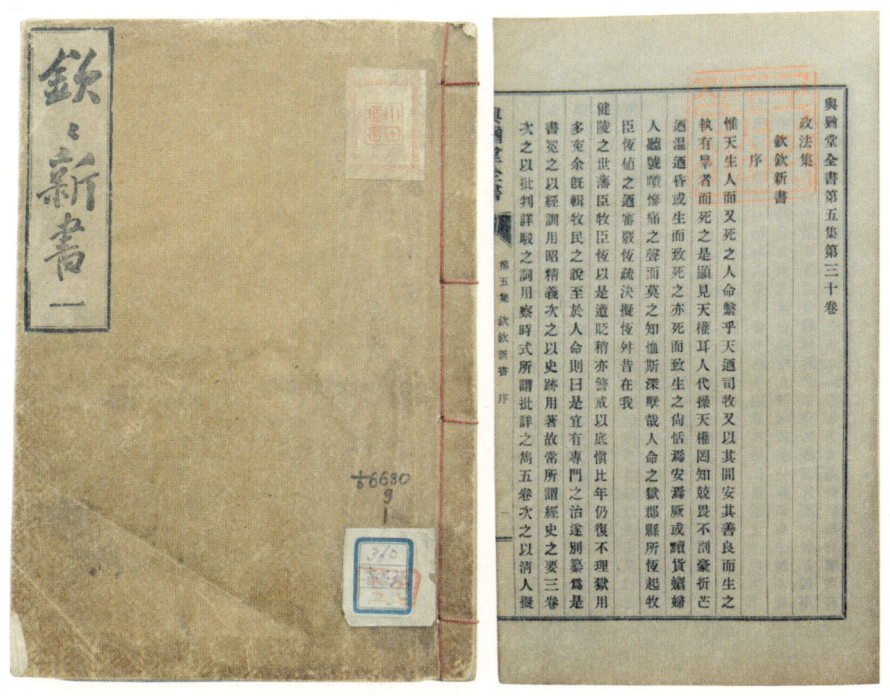

「《흠흠신서》의 여러 이본들② : 《흠흠신서》 1907년본(좌), 《흠흠신서》 신조선사본(우)
국립중앙도서관 소장

단순 과실로 인정해 용서할 수는 없다고 보았다. 하지만, 사기전이 장씨와 싸우다가 실수로 주육보를 죽게 한 것도 아니었다. 그런데 청나라 형부는 이 사건을 실수로 살인을 저지른 사건이 아니라, 싸우다가 상대방을 죽인 투살률을 적용해 교수형을 내린 것이다. 다산은 투살률을 적용할 사건이 아닌데도 청나라 형부가 사기전을 교수형에 처한 일은, 법률을 잘못 적용한 것이요 지나치게 엄한 형벌을 내린 것이라고 비판했다.

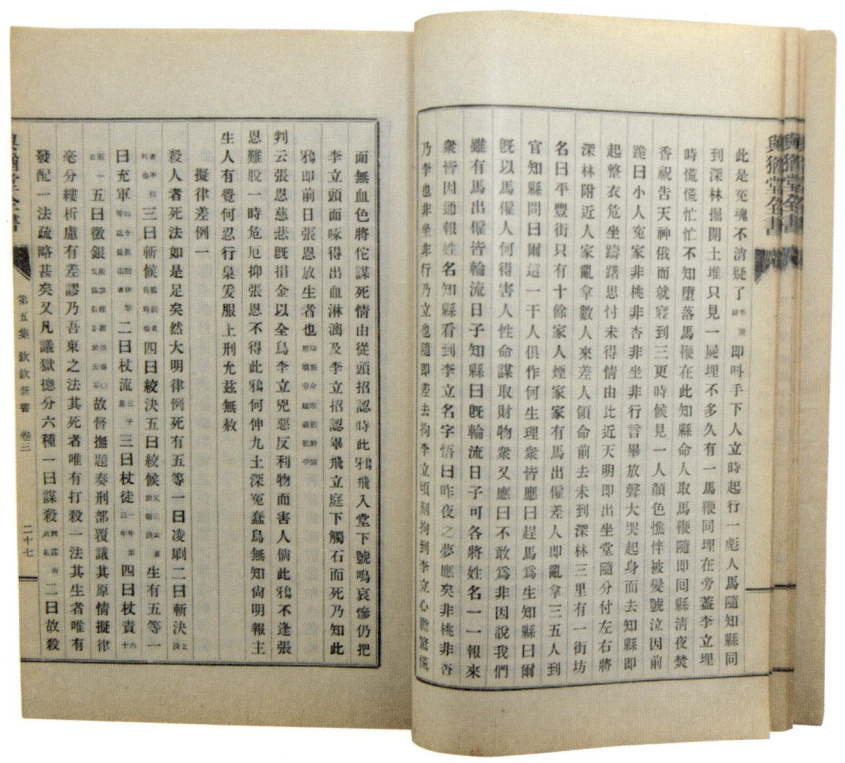

《흠흠신서》 권3 의율차례1 '법적용이 잘못된 사례들'
국립중앙도서관 소장

    운남에서 일어난 사건도 있다. 집 안의 우물을 고치려고 아버지 서국위가 우물 안으로 들어가고, 아들 서장귀는 밖에서 두레박을 퍼 올리고 있었다. 아버지가 우물 바닥에서 진흙을 긁어낸 뒤 이를 두레박에 담으면, 바깥에서 두레박을 끌어올려 버리는 일은 아들의 몫이었다. 그런데 아들 서장귀가 잡고 있던 두레박 끈이 풀리면서 그만 두레박의 진흙이 우물 아래에 있던 아버지에게 떨어졌고, 이로 인해 상처를 입은 아버지 서국위가 앓다가 숨진 것이다.

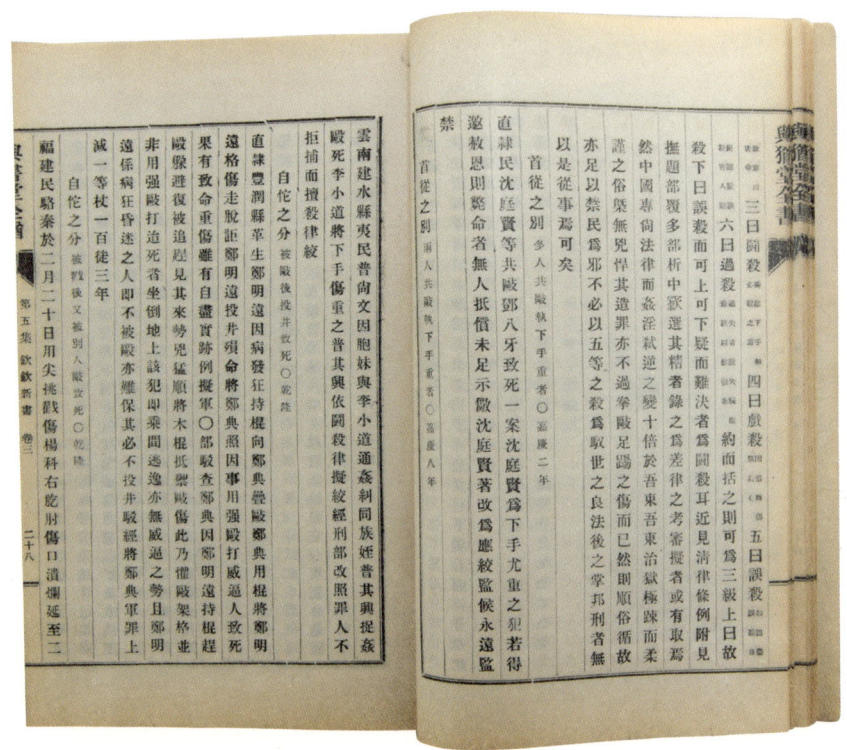

《흠흠신서》권3 의율차례1 '법적용이 잘못된 사례들'의 내용이 이어짐
국립중앙도서관 소장

그렇다면 청나라 형부는 아버지를 죽게 한 아들 서장귀를 어떻게 처벌했을까? 당시 청나라 형부는 서장귀가 실수로 아버지를 죽게 했다는 사실을 알고 있었지만, 서장귀를 교수형에 처하라고 판결했다. 다산은 이것 역시 너무 엄한 벌을 내린 것이라고 비판했다.

"사건을 살펴보건대, 도리 상으로는 살려주기 어렵지만 왕법에 따르면 당연히 사면해야 한다. 순 임금의 형법은 반드시 이렇지 않았을 것이다."

다산은 아버지를 죽게 한 서장귀를 윤리적 차원에서 본다면 살려 줄 수 없겠지만, 일부러 그런 것이 아니므로 법적으로는 과실을 인정해 용서하는 게 마땅하다고 주장했다. 그런데 청나라 형부는 과실과 고의를 구분하지 않은 채 서장귀를 교수형에 처하고 만 것이다. 이에 다산은 법 적용의 오류와 더불어 엄한 형벌로 일관한 청나라의 법 관행을 강하게 비판했다.

　청나라 형부가 실수를 엄하게 처벌한 사례를 하나 더 살펴보자. 하북성에 사는 이홍고는 자신의 어머니가 양고화라는 자와 간통하고 있다는 사실을 전혀 몰랐다. 하루는 이홍고가 집 안에 몰래 들어온 양고화를 도둑으로 생각해 붙들었는데, 놀란 양고화가 미는 바람에 이홍고가 넘어지면서 뒤에 있던 이홍고의 어머니가 깔려 죽어 버렸다. 당시 양고화는 타인과 다투다가 사람을 죽게 했다 하여 교수형에 처해졌다.

　이 사건에 대한 중국 형부의 판결을 다산은 혹독하게 지적했다.

　"양고화에게 두 가지 죄가 있으니 하나는 과부와 화간한 사실이요, 다른 하나는 잡히지 않으려고 힘을 쓴 일이다. 하지만 이를 살인 행위로 보고 교수형에 처한 것은 잘못이다."

　다산은 양고화가 간통 현장에서 잡히지 않으려고 사람을 밀치기는 했지만, 사람을 죽이려던 의도로 했던 행위는 아니므로 교수형은 법을 과도하게 적용한 것이라고 비판했다.

　하북성에서 일어난 사건도 마찬가지이다. 주국이 모임에 나가려고 아내 왕 씨에게 버선을 지어달라고 부탁하자 왕 씨는 시간이 없다며 거절했다. 이에 주국은 왕 씨의 게으름을 비난했고 왕 씨는 참지 못하고 칼을 휘두르며 대들었다. 화가 난 주국이 왕 씨의 칼을 빼앗아 오른쪽 어깨와 머리 등을 찌르자, 왕 씨가 소리를 지르며 도망쳤다. 이때 주국이 왕 씨를 향해 칼을 던졌고, 마침 아들 부부의 싸움을 말리려고 방에서 나오던 주국의 계모가 칼에 맞아 죽었다.

이 사건에 대해 청나라 형부는 주국에게 참형을 언도했다. 주국이 어머니를 죽이려고 칼을 던진 게 아니었지만, 부부가 다투다가 어머니를 상해·치사케 했다고 판단해 책임을 엄중히 물은 것이다.

당시 일부 관리들은 참형이 너무 지나치다고 비판했지만, 주국은 결국 사형에 처해졌다. 다산은 이런 사례를 언급하며 "중국의 형벌이 지나치다."라고 비판했다. 설사 부모를 죽였다고 해도 고의가 아닌 '과실'이었으므로 감형해야 한다는 것이다. 다산은 고의와 과실 등을 구별하지 않고, 즉 범행의 의도 유무를 고려하지 않은 채 사형으로 일관하는 청나라의 법적용을 지나친 처벌이라고 거듭 비판했다.

법은 '그 마음'을 처벌하는 것이다

문제는 이것만이 아니었다. 다산은 명말청초에 청나라 형부가 엄한 형벌만 내릴 뿐, 범행 의도의 유무를 따져 벌하고 용서하는 '법 정신'을 제대로 이해하지 못했다고 보았다. 다산은 이에 대해서도 주의 깊게 비판했다.

어떤 유모의 과실 치사 사건에 대한 청나라 형부의 판결이다. 서 씨 집안의 유모였던 허 씨가 젖을 먹이던 중 잘못하여 어린아이를 눌러 죽게 했다. 형부에서 유모 허 씨를 교수형에 처하는 문제로 논의하던 중 다음과 같은 의견을 내놓았다.

"젖먹이 아이 외에 대를 이을 아이가 있고 고의로 눌러 죽인 것이 아니라면, 전례에 비추어 볼 때 용서할 수 있을 것이다. 하지만 죽은 아이가 외아들이고 다른 아들이 없다면 이는 어리석은 유모가 조심스레 양육하지 않아 아이를 죽게 한 것으로, 원통함을 품고 아이를 고의로 죽여 집안의 대를 끊어버린 것으로 볼 수도 있다. 반드시 이를 구별하여 처벌해야 할 것이다."

당시 청나라 형부는 유모 허 씨가 아이를 실수로 죽였는지 고의로 죽였는지를 논의하는 대신, 서 씨 집안에 대를 이을 다른 자식이 있는지 없는지의 여부를 따져 살인 사건을 판결하는 실수를 저질렀다. 대를 이을 자식이 있다면 아이를 어떤 식으로 죽였어도 용서해 주고, 대를 이을 자식이 없었다면 과실로 아이를 죽였어도 용서할 수 없단 말인가? 다산은 "고의[有心]인지 과실[無心]인지 논의할 뿐이지 독자인지 자식이 많은지를 왜 묻는가? 이는 잘못된 판결이다."라고 비판했다. 이런 사건에서는 범행의도가 있었는지의 여부만 확인하면 될 뿐, 자식의 많고 적음을 관련지을 필요가 없기 때문이다.

과실이 분명한데도 도덕 감정을 내세워 잘못 판결한 또 다른 경우를 살펴보자. 강서성의 백성 정복리가 창고 안에서 화세모와 정을 통하는데, 때마침 정봉선이 창고 안으로 들어왔다. 놀란 정복리가 일어나다가 오른손으로 화세모의 가슴을 눌렀고, 가슴을 눌리게 된 화세모는 그만 다음날 죽고 말았다. 그렇다면 청나라 형부는 정복리를 어떻게 처벌했을까? 청나라 형부는 과실을 주장한 강서 지방관의 논의를 반박하고 화간을 희롱으로 판단하여 희살률戱殺律·장난치다가 사람을 죽였을 때 적용하는 법을 적용해, 정복리를 교수형에 처하라고 판결했다. 나중에 청나라 형부의 희살률 적용이 옳은지를 둘러싸고 논란이 벌어졌다. 비록 정복리가 싸운 죄는 없지만, 화세모의 가슴을 눌러 다치게 했다면 구타사를 적용하는 것이 옳다는 주장이 제기된 것이다. 결국 청나라 형부는 정복리를 희살이 아닌 투살鬪殺·싸우다가 상대방을 죽인 것으로 인정해 교수형에 처하라고 최종 판결했다.

간통하다가 실수로 화세모의 가슴을 눌러 죽음으로 몰아넣은 정복리에게, 과실살보다 무거운 희살률이나 투살률鬪殺律을 적용해 사형에 처한 것이다. 이에 다산은 청나라 형부의 잘못된 판결을 비판했다.

"화간을 한 사람들을 사형에 처하는 법은 어디에도 없다. 화세모의 가슴이 눌린 일은 과실이 분명한데도, 형부에서 이를 과실이 아니라고 논박했으니 잘못이다."

다산은 화간을 징벌하려는 의지 때문에 정을 통한 사람을 사형에 처한 형부의 결정은 지나치다고 비판했다. 아무리 화간을 엄벌하고 싶어도 정을 통한 사람을 사형에 처한다는 법조문이 없다면 절대로 그렇게 해서는 안 된다는 것이다. 다산은 이 사건은 과실이 분명하다고 판단했다.

광동에서 일어난 사건은 정반대의 경우였다. 상두의 남편은 이사란 댁의 가노였다. 상두의 간통남인 담승리는 이사란의 재물을 노리고 상두에게 부탁하여 독약이 든 경단을 밥에 넣도록 했다. 상두는 밥 위에 경단을 올려놓았고 이를 먹은 이사란의 가족들은 중독되어 정신이 혼미해졌

資治新書序

人莫憯於意而法次之法莫嚴於文而刑次之故曰治獄書於死中求生勿於生中求死惟此求生一念足以服死者之心所謂意也始於辨疑成於案牘法吏之辭無不可引經而斷所謂文也嗚呼二者固難言之矣夫持之過刻必入於奇法家之失也綸之不精必入於誤儒家之失也甚而以喜怒為出入以周內為功文致既成頌繫無地乃至絕要領斷手足無一非文為之文顧可不慎哉余既以儒臣分綸銓政不及朝親法律之事然以季弟貽上之為法曹未嘗不目覩其文而心求其意之所在茲且過笠翁於邗上挾其所刻資治新書者出以相示皆經濟實學兼多近代名公卿治獄之讞嘗關治獄之道聽在事中觀在事外今以名公卿所訐讞再三事久論定之案而又得旁觀者參決其當否評論其本末如燭照如數計足為治獄者龜鑑其說近乎智不惟此也又有所濕下逮奴隸之奸利無不悉言其隱聽之如春和之屬物足為治獄者箴砭其說近乎仁禮有之士非明義理備道德通經學者不可居治獄之官笠翁誠有見於此乎向使操尺寸之柄得自展其所為大有足觀者而僅取空言以為世法其意亦良苦矣讀是編者能深求其意然後以文法隨之又安有儒

資治新書序　一

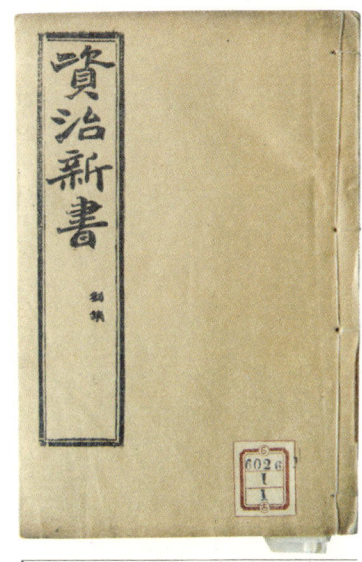

《자치신서(資治新書)》 표지(위쪽)와 본문(왼쪽)
국립중앙도서관 소장
명말청초의 작가이자 출판업자인 이어(李漁 1611~1685년)가 중국의 판례 등을 편집하여 간행한 《자치신서(資治新書)》
다산은 조선 후기에 수입된 이 책을 보고 중국의 판례들을 연구하기도 했다.

다. 급기야 이사란의 어머니 왕 씨가 죽고 말았다. 당시 상두는 담승리가 준 경단에 독이 들어 있는 줄 몰랐다고 진술해 과실을 인정받았다.

다산은 이 사건을 과실로 판결한 데 대해 다음과 같이 잘못을 지적했다.

"상두가 경단을 밥 위에 올려둔 뒤 자신은 밥을 먹지 않은 것으로 보아 분명 사실을 알았다고 봐야 한다. 그런데도 이를 과실로 인정한다면 옳겠는가?"

상두가 밥을 먹지 않은 것은 경단에 독이 든 줄 알고 있었다는 의미이고, 청나라 형부가 이런 사실을 충분히 유추할 수 있었는데도 이를 '과실'로 처리했으니 명백한 잘못이라는 것이다.

다산은 과실을 엄한 형벌로 다스리는 것도 문제지만, 과실을 인정하지 않거나 과실이 아닌 게 분명한데도 과실로 감형한 사례들을 인용해 명말청초의 법 해석을 비판했다. 나아가 '법은 그 마음을 처벌한다.'라는 가장 기본적인 원칙도 이해하지 못한 채, 고의인지 아닌지를 따지지 않고 죽은 이가 몇 명인지 독자인지 아닌지 등 과실과 전혀 무관한 사항을 고려한 청나라 형부의 실수도 빠뜨리지 않고 지적했다.

제9장 법과 입법 취지를 함께 살려라

다산은 판결을 할 때 법을 지키는 동시에 입법 취지도 놓치지 말아야 한다고 주장하면서, 이를 지키지 못한 중국 명·청대의 판례를 신랄하게 비판했다. 판결을 내릴 때는 원칙을 어기지 않으면서도 시의적절한 태도를 유지하는 '시중時中'이 중요한데, 중용을 잃은 채 너무 엄하거나 가볍게 처벌한 중국의 판례들을 비판한 것이다. '시중'은 근본적으로 원칙을 어기지 않으면서도 시의적절한 태도를 의미한다. 원칙만을 고집하다가 자칫 엄하게 혹은 가볍게 처벌하거나, 반대로 유연한 해석을 강조하다가 원칙을 해치거나 법을 무력하게 만들 수 있기 때문이다. 따라서 법을 고수하면서도 법의 취지와 입법 정신을 살려 적절한 재량을 발휘하는 것이야말로 올바른 '판결'의 핵심이라는 것이 다산의 주장이다.

그는 법관이라면 입법의 토대가 되는 '법철학'을 진지하게 성찰해야 하며, 사건발생을 둘러싼 '맥락'을 정확하게 이해해야 한다고 보았다. 여기서 그가 말하는 '법철학'이란, 고전古典에 녹아 있는 인간과 사회에 대한 올바른 지혜이며, '맥락'을 정확하게 이해하기 위해 판단에 앞서 사건에 대한 정확한 정보와 지식을 수집해야 한다고 강조했다. 사건 그 자체와 더불어 전후 맥락을 충분히 이해해야만, 사건에 합당한 법조문을 찾아내 정확하게 판결할 수 있다는 것이다.

감형과 가중처벌은 어떤 경우에 해야 하나?

중국 광서지방에서 유혜괴 집안의 노비 반균정이 유혜괴의 누이를 강간하려다가 유혜괴에게 살해된 사건이 발생했다. 당시 광서 지방관은 노비를 고의로 죽인 사람을 처벌하는 법률에 따라 유혜괴를 교수형에 처할 것을 요청했다. 이에 중앙의 형부는 다음과 같이 판결해야 한다고 주장했다.

"주인 유혜괴가 죄를 지은 노비 반균정을 법에 따라 처벌하지 않고 마음대로 죽여 버린 이 사건에는, 주인이 노비를 때려죽인 경우에 주인을 처벌하는 법조문을 적용해야 한다."

형부는 유혜괴가 반균정을 법의 판단에 맡기지 않고 마음대로 죽였다 하더라도, 누이를 강간하려던 노비를 죽인 것이니 유혜괴를 교수형에 처할 수는 없다고 판단했다. 때문에 형부 관리들은 유혜괴를 매질한 뒤 유배를 보내는 감형을 요청했다. 후일 다산은 이 판결 과정을 비판했다.

"주인이 죽어 마땅한 노비를 죽인 것뿐인데, 주인을 유배형에 처한 것은 지나치다."

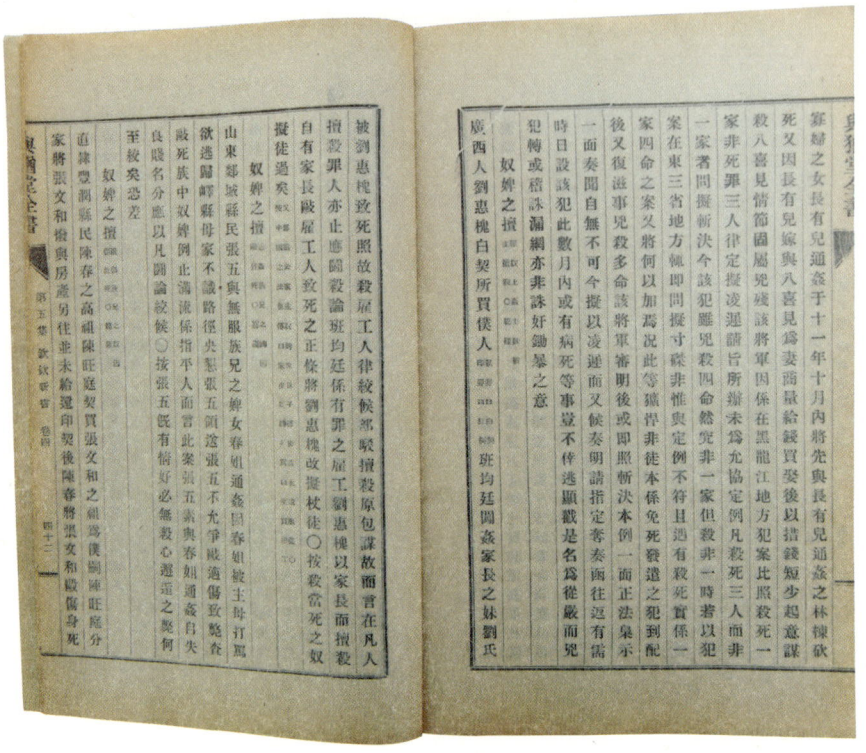

『흠흠신서』 권4 의률차례4 노비를 마음대로 죽인 경우, '광서사람 유혜괴가 자신의 누이를 겁탈한 사노비 반균정을 죽이다.'
국립중앙도서관 소장

    다산은 오빠가 여동생을 겁탈하려던 노비를 죽인 것은 마땅히 해야 할 일을 했을 뿐이므로, 법에 고하지 않고 죽인 죄만을 물어 곤장 100대 형을 내릴 수 있을 뿐이라고 주장했다. 따라서 동생을 구하려다 노비를 죽인 오빠를 사형에 처하자고 주장한 광서 지방관의 요구는 잘못이며, 이를 감형하여 유배형에 처한 형부의 해석 역시 올바른 판결이 아니라는 게 다산의 주장이다. 다산은 유혜괴가 의로운 일을

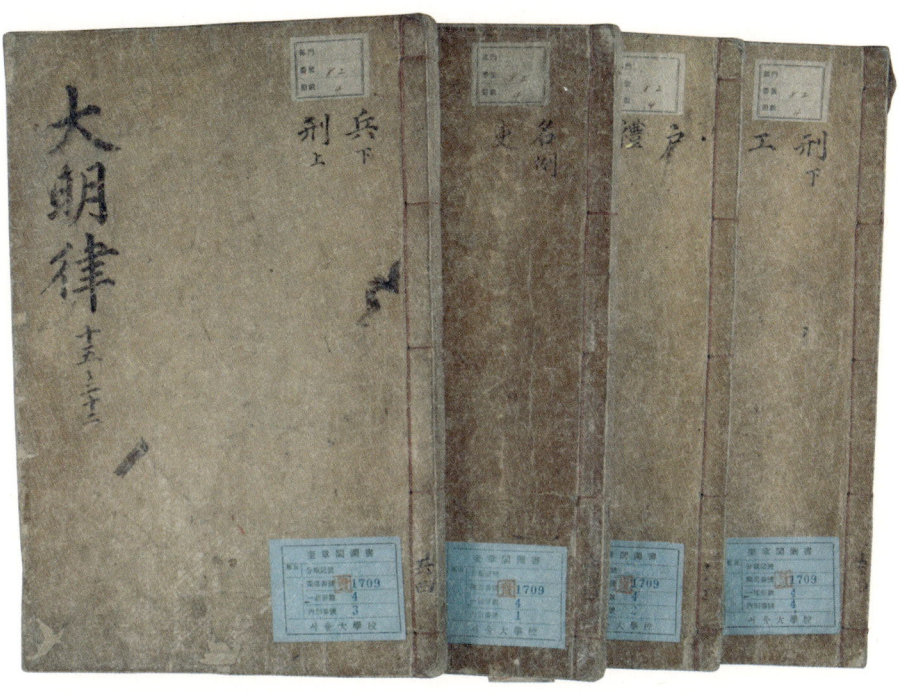

《대명률직해》
서울대학교 규장각한국학연구원 소장

능지처사에 해당되는 범죄

반란을 계획하거나 대역(大逆)을 꾸민 경우. 어떤 이가 자신의 조부모(祖父母)·부모(父母) 또는 외조부모(外祖父母)를 죽이려고 계획하여 이미 살해한 경우. 남편의 조부모나 부모를 계획적으로 살해한 경우. 노비나 머슴이 가장(家長) 또는 가장의 부모나 조부모, 외조부모를 죽이려고 꾀하여 이미 살해한 경우. 처첩(妻妾)으로서 남과 간통하고서 간부와 공모하여 자신의 남편을 살해한 경우. 한 집안에서 사형에 처해질 죄가 아닌 사람 세 명을 살해하거나 팔다리를 자른 경우. 신체 장기를 채취하려고 사람의 몸을 갈라 죽인 경우. 노비로서 가장을 때려죽인 자. 노비로서 가장의 부모, 조부모 혹은 외조부모를 고의로 죽인 경우. 처첩으로서 지아비를 고의로 죽인 자. 형이나 누나를 고의로 죽인 경우. 백부모(伯父母)·숙부모(叔父母)·고모를 고의로 죽인 경우. 외조부모를 고의로 죽인 경우. 조부모·부모를 때려죽인 경우. 처첩으로서 지아비의 조부모·부모를 때려죽인 경우 등이다.

하려다가 노비를 죽였기 때문에, 이를 엄하게 처벌한 청나라의 판례는 지나치다고 비판했다.

다음은 반대의 경우이다. 광동지방의 황첨송은 친척 동생을 꾀어 살해한 뒤 그 시신을 동네 부자 진금문의 집에 가져다 두고 진금문을 협박하여 돈을 뜯어내려고 했다. 남의 재물을 빼앗으려고 친척 동생을 살해한 사건인데, 당시 청나라 형부는 근친 동생을 고의적으로 살해한 죄를 물어 황첨송을 교수형에 처했다. 다산은 동생을 죽여 돈을 차지하려던 황첨송에게 교수형은 너무 가벼운 처벌이라고 비판했다. 앞서 유혜괴에 대한 처벌이 지나치게 엄하다고 비판한 다산은 황첨송의 경우는 반대로 너무 가볍다고 논박한 것이다.

"재물을 차지하려고 근친의 목숨을 빼앗았으니, 이는 단순히 모르는 사람을 죽인 것보다 더욱 흉악한 짓이다. 그러니 일반적인 경우보다 엄벌하는 것이 옳은데, 어찌하여 가볍게 처벌했는가? 타인의 재물을 차지하려고 근친을 계획적으로 살해했는데도 가중처벌하지 않았으니, 이는 잘못이다."

다산은 정상 참작을 할 만한 경우에만 가볍게 처벌하고, 범행의도가 매우 흉악한 경우라면 가중처벌해 참형斬刑·칼로 목을 베어 죽이는 형벌이나 능지처사陵遲處死·사지를 절단하여 죽이는 형벌해야 한다고 주장했다.

사건의 맥락을 정확하게 이해하라

올바른 판단은 정확한 조사를 통해서만 가능하기 때문에, 다산은 사건 내용을 정확하게 파악해야 한다고 강조했다. 이와 관련해서 한

가지 사례를 더 살펴보자.

중국 절강성의 심기생은 심문승을 도둑으로 의심해 집에 묶어 매달았는데, 얼마 후 매달렸던 심문승이 죽고 말았다. 절강성의 지방관은 사람을 때려죽였을 때의 법조문을 적용해, 심기생을 변경지역의 군대로 보내야 한다는 의견을 내놓았다. 하지만 형부에서는 충군充軍·죄를 범한 자에게 군역을 지게 한 형벌은 너무 가벼운 처벌이라고 반박하고, 심기생을 '사람을 강제로 협박하여 죽게 한 법률'인 '위핍치사율'을 적용하여 교수형에 처했다. 위핍치사율은 지방의 세력가들이 자신의 권세를 믿고 약자를 협박해 죽게 한 경우, '위협의 정황'이 확인되면 직접 약자를 죽이지 않았더라도 강력하게 처벌하는 조문이었다. 이는 지방의 세력가들이 약자를 괴롭히지 못하도록 만든 법으로, 유교 사회를 지탱한 어진 정치의 산물이었다.

나중에 판결문을 검토한 다산은, 이 판결을 다음과 같이 해석했다.

"심기생이 심문승을 도적으로 의심해 결박한 것이므로, 이는 사사로운 일로 협박하거나 억압한 것과는 다르다."

다산은 심기생이 심문승을 위협한 것은 사실이지만, 심문승을 도둑으로 오인해 벌어진 일이므로 사사로운 감정으로 억압하려던 것은 아니라는 사실에 주목했다. 그렇기 때문에 심문승이 죽었다 해도 그가 도둑으로 오인 받을 만한 행동을 했으니, 심기생이 심문승을 도둑으로 오인한 점을 충분히 고려해 형량을 결정했어야 한다고 본 것이다. 다산은 심기생을 교수형에 처한 형부의 판결은 사건을 정확하게 이해하지 못했기 때문이라고 지적하면서, '위핍치사율'을 일종의 가중

처벌로 활용한 청나라의 법관행을 비판했다.

다산은 약자를 보호하려던 위핍치사율의 취지가 도리어 위핍치사율의 오·남용을 불러왔고, 자칫 강자를 가중처벌하는 악법으로 둔갑할 수 있음을 걱정했다. 약자에 대한 보호가 지나치면, 도리어 강자를 억울하게 만들 수도 있다고 지적한 것이다. 물론 그렇다고 해서 다산이 약자를 보호하는 데 소홀하거나 강자 위주의 사법관을 가졌다고 단정하면 성급한 생각이다. 다산은 약자를 보호하려 하다가 도리어 판결의 형평성을 잃을 수 있다는 점을 우려했을 뿐이다. 다산은 판결할 때 법을 지키는 동시에 입법 취지도 살려야 한다고 주장했다. 강자를 억압하고 약자를 보호하려는 취지의 법조문을 남용하게 되면, 도리어 강자가 억울한 일을 당하는 경우가 많아져 위핍치사율의 취지가 무색해질 것이기 때문이다. 입법 취지를 충분히 고려하면서 사건 정황을 정밀하게 따지는 것이야말로 다산이 생각한 정의로운 판결이었다.

시중(時中)을 얻는 일

이제 한 가지 사례를 더 살펴봄으로써, 다산이 추구한 정의로운 판결이란 어떤 것인지 추적해 보자.

중국 하남성에 사는 항만정의 어머니가 양파라는 남자와 간통해 임신했는데 이를 수치스럽게 여겨 자살했다. 그런데 10여 년 뒤 항만정이 어머니의 원수라면서 양파를 복수·살해했다. 이 사건에 대해 항만정이 불의에 대한 분노로 살인을 저질렀으니 고의적인 살인[謀殺]으로 볼 수 없다는 주장이 제기되었다. 어머니의 원수를 죽였으므로 정상을 참작해야 한다는 것이다. 하지만 중앙의 형부는 '간통남을 현장에서 즉시 살해한 경우'라면 용서할 수 있지만, 그런 경우가 아니기 때문에 '간통 장소가 아닌 곳에서 살해한 율'을 적용해 교수형에 처하라고 판결했다.

형부의 판결에 대해 다산은 항만정의 어머니가 화간 후 이를 부끄러워해 자살한 것이므로, 항만정의 살인에 대해 원수를 죽인 경우와 같은 조문을 적용할 수 없다고 지적했다. 즉 양파는 어머니의 원수가 아니기 때문에, 항만정이 양파를 죽인 일은 어머니의 원수를 갚은 '의로운 살인'이 아니라 단지 '살인'일 뿐이라는 것이다.

다산은 교수형을 결정한 형부의 주장에 기본적으로 동의하면서도, '간통남을 현장에서 살해하지 않았기 때문'에 교수형에 처한다는 주장은 적절하지 않다고 보았다. 항만정이 죽인 양파가 항만정의 어머니를 직접 죽인 원수가 아니었으므로, 간통 후 임신사실을 부끄럽게 생각한 어머니의 자살 책임을 모두 양파에게 지울 수 없다는 게 다산의 생각이었다. 만일 항만정이 교수형을 받는 것으로 이 사건이 종결되고 만다면, 항만정의 어머니가 저지른 간통의 죄가 그대로 묻힐 것을 다산은 우려했다.

다산은 살인을 저질렀어도 어머니의 원수를 갚았다는 사실만으로 감형되는 사례가 많았던 조선 후기의 법관행을 비판하기 위해, 어머니의 원수를 복수·살해했지만 사형에 처해진 청대 항만정 사건을 인용했다. 단지 엄하거나 가볍게 처벌하는 것이 중요한 게 아니라, 정확하고 올바른 판단만이 법도 지키고 입법 취지도 살릴 수 있다는 사실이 다산이 하고 싶었던 말이었다.

판결은 신중하게 내리되, 판결한 뒤에도 되짚어 봐야 한다

법의 원칙과 사건의 정황을 헤아려 형평성을 잃지 않는 일, 즉 최종 판결을 내릴 때 '시중'을 잃지 않는 것이야말로 다산이 생각한 최고의 판결이었다. 이에 다산은 청나라 때 친형을 죽인 농부에 대한 청나라 형부의 판례를 추가로 비판함으로써, 자신의 주장을 드러내 보였다. 중국 직예지금의 하북성 부근에 사는 왕중귀라는 농부가 자신의 친형 왕중향을 때려죽인 사건을 들여다보자.

왕중향이 제수를 희롱하고 강간하려고 하자 그의 아버지 왕상재가 이를 꾸짖었다. 그런데도 왕중향은 도리어 아버지에게 달려들어 넘어뜨리고 구타했다. 이에 분노한 왕상재는 차남 왕중귀로 하여금 왕중향을 때리도록 명했고, 왕중귀가 돌로 왕중향의 머리를 때려 살해했다.

청나라 형부는 왕중향이 제수를 겁간하고 아버지를 때리는 등 흉악한 일을 벌여 죽을죄를 지었고, 차마 형을 때리지 못하던 왕중귀가 아버지의 계속된 요구에 어쩔 수 없이 돌을 들어 구타한 점을 고려했다. 청나라 형부는, 형을 살해한 동생을 참형해야 마땅하지만 정상을 참작해야 한다고 생각해 왕중귀를 장일백 유삼천리杖一百/流三千里·죄인에게 장 100대를 치고 3,000리 떨어진 곳으로 귀양 보내는 형벌로 감형 조처했다.

아버지의 명에 따라 패륜을 저지른 형의 이마를 돌로 쳐서 죽인 동생을 어떻게 처벌할 것인가? 청나라 형부는 원래 형을 죽인 동생은 참형에 처해야 하지만, 아버지의 명이었기에 마지못해 수행한 정황을 참작해 장을 때린 뒤 유배 보내는 것으로 감형했다.

다산은 이러한 청나라 형부의 결정을 반박했다.

"아버지의 명을 받든 것은 옳지만 돌을 들어 이마를 때린 일은 지나치다. 만일 몽둥이로 아랫도리를 때려 죽음에 이르게 했다면 어찌 죄가 있다고 생각하겠는가? 사건을 판결할 때는 이런 정황을 잘 헤아려야 한다."

사실 다산은 패륜을 저지른 형을 아버지의 명에 따라 죽일 수도 있다고 보았다. 왜냐하면 죽을만한 죄를 저지른 자를 죽이는 것은 당연하다고 보았기 때문이다. 하지만 형을 죽인 동생의 행위가 매우 흉악하다는 게 문제였다. "몽둥이를 들어 아랫도리를 때려 죽음에 이르게 했다면 어찌 죄가 있다고 생각하겠는가?"라는 다산의 주장은 동생이 형을 죽이려는 마음을 갖지 않았다면 "어찌 돌을 들어 머리를 가격할 수 있었겠는가!"라는 뜻을 함축하고 있다. 다산은 '돌을 들어 형의 이마를 때린' 동생의 행위를 통해 그 마음의 흉악함을 짐작할 수 있으며, 이는 형을 살해하려는 의지가 분명한 흉악한 범죄에 해당한다고 판단했던 것이다.

다산은 가족 간의 인정과 도리를 고려하면서도 어떤 경우라도 '흉악한 범죄 의도'는 처벌해야 한다고 믿었다. 다시 말해, 아무리 아버지의 명이라 해도 돌로 형의 머리를 때린 것은 지나치다고 여긴 것이다. 그는 부모를 위하려는 마음은 충분히 이해하지만, 형제의 우애를 저버린 행위 역시 가볍게 처벌해서는 안 된다고 보았다. 법을 지키는 동시에 입법 취지까지 고려해 판결을 내릴 경우, 장 100대에 유배형은 너무 가볍다는 것이다. 판결은 여러 번 생각한 뒤에 신중하게 내려야 하며, 판결을 내린 뒤에도 적절한 결정이었는지 항상 되짚어 봐야 한다는 게 다산의 생각이었다.

제 10 장
죽일 마음이 전혀 없어야 한다

　죽일 마음이 없었는데 실수로 살인을 저지른 사람은 절대 처벌할 수 없다는 게 다산의 생각이었다. 설사 어머니를 죽였더라도 '실수'였다면 용서해야 한다고 본 것이다.
　숙종 즉위년 1674년 가을 경기도 광주에서 벌어진 사건이다. 백성 이상신은 자기 집 뒤뜰에서 활쏘기 연습을 하고 있었는데, 마침 그의 어머니가 울타리 안에 앉아 있었다. 상신이 활을 쏘려다가 깍지가 미끄러지면서 잘못하여 화살이 어머니의 등과 허리 사이를 관통했고, 이 때문에 상신의 어머니는 사흘 만에 죽고 말았다. 장례를 마친 상신은 관에 나와 자수하면서 사형죄를 받겠다고 자청했다. 상신의 아버지는 자기 아들이 그 변을 겪은 뒤 여러 차례 자살을 기도하는 것을 겨우 겨우 구출하여 관가에 가서 죄를 받으라고 했다고 자백했다. 사건을 조사한 광주부가 중앙에 보고하자, 형조에서는 이 사건을 논의해 처벌 수위를 결정하기로 했다.

때마침 이 사건을 접한 영의정 허적은 자신의 의견을 다음과 같이 정리해 보고했다.

"이상신의 어미가 죽게 된 이유는 상신의 잘못 나간 화살에 맞아서 그리된 것입니다. 상황이 이렇다 보니, 상신으로서는 단 하루도 하늘과 땅 사이에 있어서는 안 되고 즉시 자결이라도 해서 그 망극한 심정을 조금이나마 풀어야 했습니다. 처음 목을 매달았을 때 비록 자기 아비에게 구조되었다지만, 지금까지 죽지 않고 있는 것만 봐도 그가 얼마나 미련하고 형편없는 인간인가를 알 수 있습니다. 하지만 자식이 부모를 과실로 죽게 한 경우, 장 100대를 친 뒤 먼 곳으로 유배를 보낼 뿐이므로 다른 조문을 적용할 수는 없습니다. 국가에서 법을 적용할 때 해당 법조문을 제쳐두고 가중 처벌할 수는 없습니다."

어머니를 죽게 한 아들을 사형에 처하고 싶다 해도, 법에 따라야 한다는 주장이었다. 당시 숙종은 허적 등의 의견에 따라 유배를 명했다.

과실치사는 어떻게 처벌했는가

다산은 자신의 부모를 살해했다고 해도 고의가 아니었다면 감형할 수 있다고 보았다. 다음 사건은 정조 3년1779년 6월, 전주에서 벌어진 일이다. 신덕문은 조카사위 이수만과 논에 물을 대는 문제로 다투다가 지겟작대기를 휘둘러 이수만의 머리 뒷부분을 때리고 말았다. 작대기에 맞은 이수만은 8일 동안 앓다가 사망했다. 당시 시신을 부검한 기록을 보면 이렇다.

"(시신의) 발제髮際·머리카락의 가장자리 부위가 자주색으로 딱딱했고 귀뿌리가 멍이 들고 딱딱했으며, 목이 검붉은 자줏빛으로 약간 딱딱했다."

누가 봐도 구타사가 분명했다.

전라도 관찰사는 지겟작대기로 세 차례 구타한 사실을 신덕문 본인이 자백했다고 보고했다. 구타살인이 명백한 듯 보였다. 이해 10월, 쉽게 마무리될 것 같았던 이 사건에 대해 형조 관리들이 논란을 벌였다. 먼저 형조정랑 김경채의 주장이다. 그는 두 사람이 보洑에 가두었던 물을 사용하는 문제로 다투다가 사단이 벌어졌으며, 신덕문이 이수만을 구타한 뒤 개를 고아 먹여 치료했다는 사실을 언급했다. 구타가 분명하다는 주장이었다. 이형규 역시 "두 사람은 인척 사이로 정이 깊었다는 점에서 정상을 참작해 신덕문의 죄를 감할 수도 있다. 하지만 이수만을 모질게 구타해 큰 상처를 입혔으니, 고의적인 살인은 아니지만 쉽게 살려줄 수도 없다."라고 주장했다. 형조의 중론은 고의적인 살인이라고 단정하기 어렵지만, 우연이나 과실로 인정할 수도 없다는 것이었다.

형조의 판단과는 달리, 정조는 이수만의 상처가 의도적으로 살해하려고 내리친 경우와는 전혀 다르다고 보았다. 여러 해 동안 최종 판결을 미루면서 주저하던 정조는, 정조 8년1784년 이 사건을 다시 한 번 더 조사하라고 명했다.

"신덕문은 처음에 이수만을 처남으로 아꼈고, 나중에는 조카사위가 된 그를 깊이 사랑했으니, 친척 간의 인정을 헤아려 볼 때 어찌 해칠 마음이 있었겠는가. 신덕문이 이수만을 구타한 것은, 이수만이 물길의 아래위를 모두 막은 것을 보고 순간적으로 화가 나서 경고하려는 의미였지 고의적으로 범행하려는 것은 아니었다. 이렇게 볼 때, 이수만이 죽은 것 또한 우연인 듯하다."

정조는 신덕문의 범행이 고의가 아니라 실수였다고 강조했다. 재조사를 마친 전라도 관찰사는 정조의 의견을 적극 반영해 감형하는 게 좋겠다는 의견을 올렸다. 신덕문이 홧김에 구타했지만 개고기를 사다 먹이며 치료하는 등 이수만을 가련히 여겼다는 점에서, 그가 고의로 살인하지 않았음을 알 수 있다는 주장이었다. 하지만 형조는 단호했다.

"만일 이 살인사건을 우연히 벌어진 일로 간주한다면, 사건을 판결할 때는 엄격하고 신중해야 한다는 기본 원칙에 어긋납니다."

형조 관리들은 구타살인한 죄를 물어 엄히 처벌해야 한다고 재차 요구했다.

1784년 5월, 정조는 마지막 판결을 내렸다.

"이수만은 신덕문의 조카사위로서 친사위처럼 친밀한 관계였고, 한 마을에 같이 살고 한 들판에서 같이 농사를 지었다. 이것만 봐도 두 사람의 정이 평소에 얼마나 돈독했는지를 잘 알 수 있다. 그런데 물을 대는 사소한 일로 다투었고 말다툼 또한 사소한 말투 때문이었으니, 고의적인 살인이 아니라 단지 우연한 사고였다."

인정을 고려할 때 애초에 죽이려는 마음이 없었을 거라고 본 것이다. 정조는 자신의 이런 주장을 입증하기 위해, 사건 당시 신덕문이 지게 작대기를 휘둘렀는데 "팔뚝만한 나무가 부러졌다."라고 기록한 사또의 시장屍帳·검시 문안에 주목했다. 형조는 이 기록이야말로 신덕문의 구타살인을 입증하는 명백한 증거라고 주장했지만, 정조는 오히려 신덕문을 살릴 수 있는 증거라고 보았다.

"왜냐하면 팔뚝만한 나무는 실로 큰 것인데, 사람의 귀뿌리는 살은 적고 뼈는 많으니 허약한 다른 급소 부위에 비할 바가 아니다. 팔뚝만한 나무로 이곳을 친다면 머리는 쉽게 부서지고 나무는 부러지기 어려울 것이다. 그런데 지금 그 나무가 부러졌으니, 이것은 어찌 지게를 때릴 때에 나무와 나무가 부딪쳐서 부러진 증거가 아니겠는가. 귀뿌리의 상처는 더욱 이해할 만한 점이 있으니, 귀뿌리는 등과 멀지 않으므로 등 위의 지게에 몽둥이를 내려치다가 빗나가면서 귀뿌리에 피멍이 들고 살가죽이 벗겨졌음이 분명하다. 가령 팔뚝만한 나무로 정확하게 귀뿌리를 맞았다면 분명 뼈가 부러지고 피가 흘렀을 것인데, 어찌 피멍만 들고 살가죽이 벗겨진 채 피부가 약간 딱딱하게 굳어버린 정도에 그쳤겠는가. 하물며 귀뿌리는 세게 맞을 경우 사람이 곧바로 죽는 급소이니, 맞으면 당장 죽었을 것이고 설사 당장 죽지 않았다 하더라도 사흘을 넘길 수 없는데 어찌 7, 8일이나 살 수 있었겠는가?"

정조는 신덕문이 지게를 쳐 이수만을 꾸짖으려다가 본의 아니게 실수로 때리게 되었다고 주장했다.

"휘두른 막대기가 지게에 부딪혀서 나무가 부러지고 귀뿌리를 비스듬히 스쳐 지나가면서 이수만이 상해를 입게 되었다는 사실은 누가 봐도 명백하다. 이런데도 신덕문이 살인죄로 죽어야 한다면 원통하지 않겠는가. 특별히 사형을 감하여 변방으로 유배하라."

과실치사는 살인죄로 처벌할 수 없다고 본 다산

나중에 다산은 신덕문 사건의 판결을 검토하면서 정조의 정연한 논리와 예리한 판단을 칭송했다. 다산은 '처음에 죽일 마음이 없었음'이 분명하다면 고의적인 살인이 아니라 과실치사로 인정해야 하며, 이런 과실치사는 엄벌할 수 없다고 주장했다. 이처럼 '고의' 여부는 살인 사건을 판단하는 데 매우 중요한 기준이 되었다. 다산은 중국에서 살인 사건을 분류하는 여섯 가지 유형을 소개했다.

첫째, 모살謀殺[계획하여 죽이는 경우]

둘째, 고살故殺[고의로 목숨을 해치는 경우]

셋째, 투살鬪殺[다른 사람과 싸우다가 때려죽인 경우]

넷째, 희살戲殺[장난치다가 사람을 죽인 경우]

다섯째, 오살誤殺[잘못 알거나 오인하여 사람을 죽인 경우]

여섯째, 과살過殺[실수로 사람을 죽인 경우]

문제는 이런 여섯 가지 분류가 복잡하다는 사실이다. 이에 다산은 살옥 판단의 가장 중요한 기준인 '고의' 유무를 고려해 크게 세 가지로 정리했다. 고살故殺·오살誤殺·투살鬪殺이 그것이다.

다산은 먼저 고살은 '반드시 죽일 의도를 가지고 죽인 경우'로 설명했다. 다음 오살은 그야말로 실수로 인한 살인이다. 마지막으로 투살은 다른 사람과 다투다가 때려 죽게 한 경우이다. 문제는 투살의 경우, 고살이 될 수도 있고 오살이 될 수도 있다는 점이다. 터럭만한 차이로 죽고 사는 일이 결정되기에, 다산은 투살을 판단할 때는 매우 신중해야 한다고 주장했다.

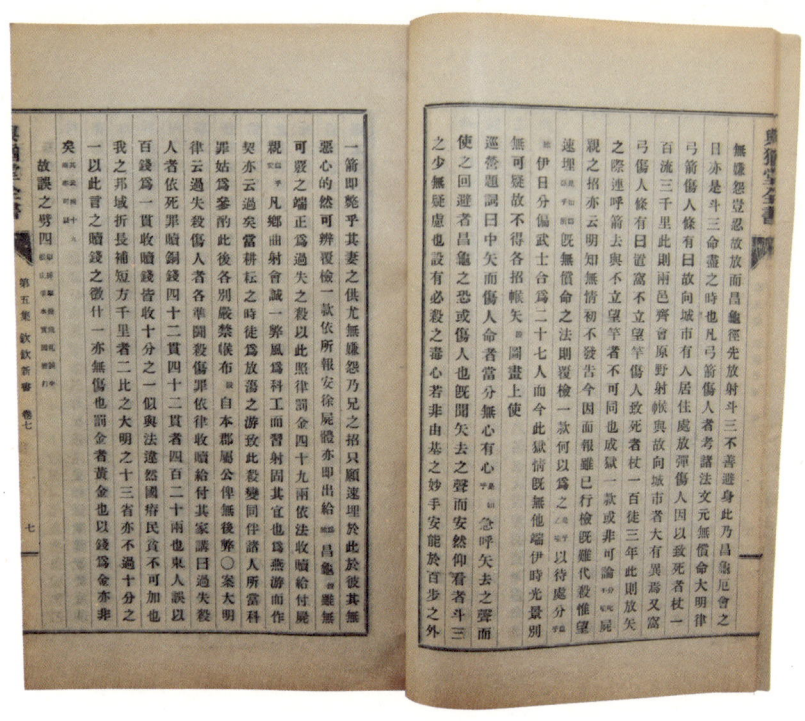

《흠흠신서》 권7 상형추의7 고의와 과오의 구별4, '전주 백성 신덕문이 이수만을 때려죽이다.[全州民申德文打李水萬]'
국립중앙도서관 소장

    한편 다산은 오살에 불식不識, 과실過失 그리고 유망遺忘의 세 가지 유형이 있다고 보았다. 먼저 불식은 잘못 알고 죽인 경우이다. 갑甲에게 원수를 갚으려다가 을乙을 갑으로 알고 살해한 것이다. 과실은 칼로 나무를 베려다가 잘못해 사람을 죽인 경우이다. 마지막으로 유망은 '전혀 모르고 죽인 경우'로서, 휘장과 병풍 뒤에 사람이 있는 줄 모르고 병기나 칼을 던졌는데 사람이 죽은 것과 같은 경우이다. 이상의 세 가지, 즉 잘못 알고 죽이거나불식, 실수로 죽이거나과실, 전혀 모르고 죽인 유망은 모두 잘못으로 죽인 과오살에 해당한다. 다산은 이상

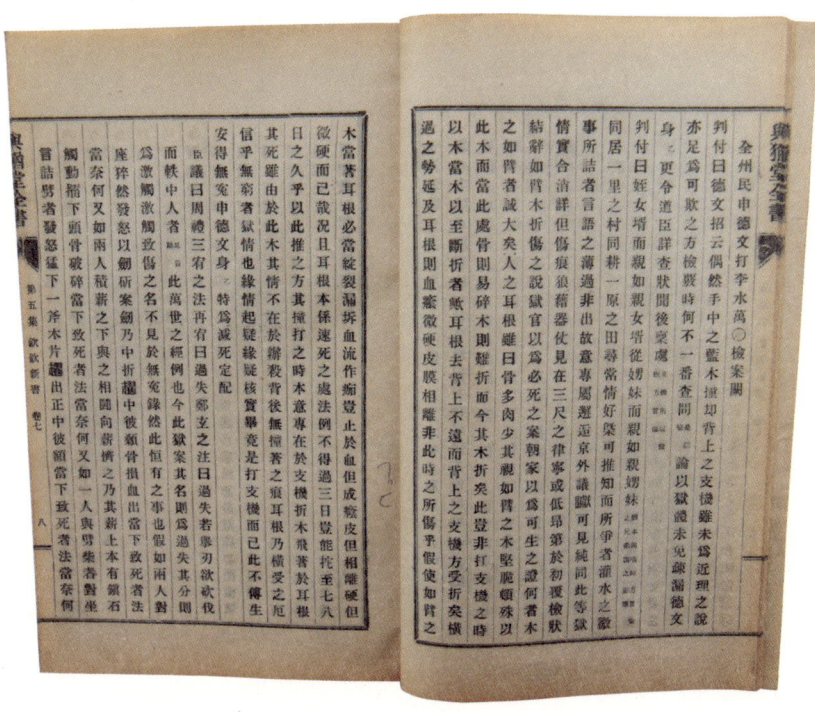

「《흠흠신서》 권7 상형추의7 고의와 과오의 구별4, '전주 백성 신덕문이 이수만을 때려죽이다.[全州民申德文打李水萬]'에서 이어짐. 국립중앙도서관 소장.

의 사례들은 사면 받을 수 있는 삼유三宥에 해당한다고 보았다. '유宥'는 '너그럽다'라는 뜻으로 감형을 의미한다.

사실 오늘날의 법은 과실이라도 형사 책임을 묻는다. 하지만 조선시대에는 고의가 아닌 범죄는 감형했으며, 심지어 처벌조차 하지 않았다. 다산은 고의가 없는 범죄는 사형 죄에 해당하더라도 용서할 수 있지만, 고의로 저지른 범죄는 절대 용서해서는 안 된다고 강조했다. 다산은 실수로 저지른 살인을 '애초에 죽이려는 마음이 없는 경우'라고 정의했다. 이는 처음에 조금이라도 죽이려는 마음이 있었다면 처벌해야 한다는 의미로 해석된다.

애초에 죽이려는 마음이 없어야 한다

다산은 용서할 수 있는 과오살의 구체적인 사례를 다음과 같이 제시했다. 가령 총이나 활로 새나 짐승을 쏘거나, 작업을 하다가 벽돌이나 기와를 던져 뜻하지 않게 사람을 죽인 경우, 혹은 높고 험한 곳에 올랐다가 발이 미끄러지면서 그 피해가 동반자에게 미쳤거나, 배를 탔다가 바람에 휩쓸리거나, 말을 탔다가 말이 놀라 달리거나, 수레를 타고 언덕길을 내려가다가 멈출 수 없게 되었거나, 무거운 물건을 같이 들다가 힘이 부쳐 같이 든 사람이 다치게 된 경우들이 '잘못해 실수로 죽인 경우'이다.

모든 사례가 '애초에 죽이려는 마음이 없었다.'라는 공통점이 있다. 하지만 여전히 해결해야 할 문제가 있다. 처음부터 죽이려는 마음이 있었는지 없었는지 유무를 파악하기 어렵다는 사실이다. 고의인지 실수인지 구분하기가 어려운 사건들이기 때문에, 이를 주의해 살피지 않는다면 고의로 살인을 저지른 범인이 풀려나거나, 실수로 살인을 저지른 사람이 억울한 처벌을 받을 수도 있다.

다산은 실수라고 주장하더라도 처음에 죽이려는 마음이 있었다면 처벌해야 하고, 사람을 죽였지만 애초에 살해 의지가 없었다면 감형해야 한다는 점을 상기시켰다.

다산은 살인 사건을 판결할 때 '범행 동기'를 가장 중요하게 고려했다. 그는 어떤 사람을 해치려다가 다른 사람을 살해한 경우에는 '과실치사'를 인정할 수 없다고 주장했다. 다른 사람을 계획적으로 혹은 고의로 죽이려다가 잘못해 제3자를 죽인 경우라면, '애초에 죽일 의도가 없었다.'라고 말하기 어렵다는 것이다. 갑이 을을 죽이려고 계획했기 때문에 의도대로 되었다면 을은 당연히 죽었을 것이기 때문이다. 따라서 을을 죽이려는 의도가 분명했기 때문에, 과실치사가 아니라 투살율을 적용해 죄를 물어야 한다고 주장했다. 이처럼 다산은 "싸우다가 옆 사람을 잘못 죽이거나 다친 경우 투살율을 적용하고, 의도적으로 혹은 고의적으로 사람을 죽이려다가 잘못해 옆 사람을 죽인 경우 고살율을 적용한다."라는《대명률》의 조문에 근거하여, 조금이라도 '죽일 의지'가 있었다면 절대 용서할 수 없다고 주장했다.

다산이 생각한 올바른 법집행은 '그 마음을 처벌'하는 일이었다.

"가령 갑이 을을 살해하려고 을이 어디서 자는지 분명히 확인한 뒤에 밤에 가서 칼로 내리쳤으나 마침 병이 그곳에 누워 있다가 칼에 맞아 죽은 경우나, 혹은 갑이 을의 재물을 탐내 을을 죽이려고 비상이 든 술을 바쳐 혼자 마시기를 바랐으나 을이 마시지 않고 병에게 권했다가 병이 죽은 경우가 있다. 의도적 혹은 고의적으로 사람을 죽이려다가 잘못해 다른 사람을 죽였을 때는 모살율과 고살율을 적용해 처벌해야 하는데, 그 이유는 갑의 의도대로 되었다면 을은 반드시 죽었을 것이기 때문이다."

그렇다면 사람이 아닌 짐승을 죽이려다가 잘못해 사람을 죽인 경우는 어떻게 처벌해야 할까? 예를 들어, 사람을 호랑이나 여우로 오인해 총이나 화살을 쏘아 죽인 경우는 과실치사인가? 다산은 이 경우에도 과실치사가 아니라고 보았다. 사람은 아니지만 무엇인가를 '죽이려는 마음'이 있었기 때문이라는 것이다. 이처럼 다산은 무언가 '죽이려는 마음'이 조금이라도 있었다면 절대 용서할 수 없다고 주장했다.

요컨대, 원한이 있는 자를 의도적으로 죽이거나 마땅히 죽어야 할 사람을 고의적으로 죽이는 경우, 그리고 새나 짐승을 죽이려다가 벌어진 살인은 비록 그 죽이려던 대상이 동물이기는 하지만 '죽이려는 마음'이 있었기 때문에 투살율을 적용해 처벌해야 한다는 것이다. 다산은 설사 과실치사라도 죽이려는 의지가 분명했다면 그 죗값을 반드시 치러야 한다고 보았다. 다산은 처벌할 수 없는 경우는 '누군가를 죽이려는 마음이 전혀 없는 경우[都無殺心者也]'로 한정했다.

다산은 당시 남을 해치고도 실수나 우연을 핑계로 처벌받지 않는 사람들이 늘고 있다고 생각했다. 때문에 죽이려는 '동기'가 조금이라도 있었다면 처벌하기를 바랐다. 하지만 그렇다고 해서 다산이 처벌을 선호하거나 엄격하게 벌을 내리는 것을 우선했다고 판단해서는 안 된다. 그는 용서받아서는 안 될 자들이 용서받는 세태를 바로잡음으로써, 관용이 제대로 베풀어지기를 바랐을 뿐이다.

과실치사에 대한 정조의 현명한 판결

다시 신덕문 사건으로 돌아가 보자. 다산은 이 사건에 대한 정조의 판결은 너무도 훌륭해 법전에 실어 영원히 표준으로 삼아야 한다고 주장했다.

"《주례周禮》에 세 가지 관용[三宥]을 언급했으니 두 번째가 과실치사이다. 정현鄭玄이 과실치사를 해설하면서 '나무를 베려다가 미끄러지면서 사람을 맞힌 경우'라 했으니 이는 만세의 큰 법이다. (중략) 만일 두 사람이 마주 앉았다가 갑자기 화가 나서 칼로 탁자를 치자 칼이 부러져 튀면서 상대편 이마를 쳐 뼈를 다쳐 피가 나와 즉시 죽게 한 경우에 어떻게 처리할 것인지, 두 사람이 땔나무 더미 밑에서 싸우다가 더미를 향해 떠미는 바람에 눌러놓았던 돌이 흔들려 높은 데서 굴러 떨어지면서 머리뼈를 부수어 즉시 죽게 한 경우 법은 어떻게 처벌할 것인지, 또 나무를 패는 사람이 어떤 사람과 마주앉아 말다툼을 하다가 화가 나서 세차게 도끼를 내리쳤는데 나뭇조각이 튀어나가 상대편의 이마에 맞아 즉시 죽게 한 경우 법은 어떻게 처리할 것인가? 이런 경우들은 무수히 많다. 첫 번째는 '칼에 맞아 죽었다.[刀傷致死]'라고 해야 하고, 두 번째는 '돌에 부딪혀 죽었다.[石觸致死]'라고 해야 하며, 세 번째는 '나무에 부딪혀 죽었다.[木觸致死]'라고 해야 한다. 이 세 사람은 '살인범'이 아니다. 그러니 이수만도 나뭇가지에 부딪혀 죽은 것이다.《무원록》에 적당한 조문이 없으므로 격식에 맞지 않는다고 의심할 필요가 없다. 정조의 판결은 마땅히 밝게 드러내어 법전에 실어야 한다. 이런 혜택은 신덕문 한 사람만이 누리는 것으로 끝나서는 안 되기 때문이다."

다산은 '신덕문이 애초에 죽이려는 마음이 전혀 없었다.'라는 사실을 논리적으로 입증해 목숨을 살려낸 정조의 판결이야말로 유학 경전의 깊은 뜻을 정확하게 이해하고 실제 사건에 적용한 빼어난 결정이라고 칭송했다. 다산은 현명했던 정조 임금을 잊지 못했다. 먼 유배지에서 선왕의 판결문을 읽던 다산은 "아아, 선왕을 잊을 수 없구나."라는 《시경詩經》의 한 구절을 인용하여 자신의 속마음을 드러냈다. 다산의 장탄식이야말로 선왕 정조에 대한 애틋함의 표현이요, 진정한 정치를 바라는 절절한 의지의 발로였다.

제11장 주범과 종범의 구별

　조선시대 살인사건 판결의 특징 가운데 하나는 주범과 종범을 구별하여 처벌한 것이다. 살인은 목숨으로 갚아야 한다는 원칙에 따라 살인범은 반드시 사형에 처해졌는데, 여러 사람이 구타하거나 두 사람 이상이 계획적으로 살인한 경우에도 한 사람만 주범으로 지목해 처벌했다. 죗값을 정확하게 물으려 했기 때문이었다. 그런데 사건 조사과정에서 주범과 종범을 잘못 판단하는 바람에, 죽어야 할 범인이 살아나고 살아야 할 자가 죽는 경우도 있었다.
　1783년 10월 황해도 해주의 옥졸 최악재는 새로 들어온 죄수 박해득이 자신에게 돈을 주지 않자, 죄수 이종봉을 시켜 결박하고 때리게 하여 20여 일 만에 죽게 했다. 이종봉은 살인을 저지르고 잡혀온 자로 당시 죄인장무를 맡고 있었다. 죄인장무란 죄수들 가운데 일종의 반장 역할을 하는 자를 말하는데, 옥졸 최악재는 감옥의 기강을 바로

잡는다는 명분으로 죄수 가운데 한 사람을 사사로이 지목하여 다른 죄수들의 돈을 갈취해 바치도록 했다.

황해도의 죄수 박해득이 사망하다

황해도 관찰사는 해당 사건을 조사한 사또들의 검안檢案·살인사건 보고서을 정리해 중앙에 올려 보냈다. 알려진 바대로, 조선시대에는 살인사건 발생 시 관할 군현의 사또가 초검初檢·1차 조사을 담당하고, 이후 인근 지역의 사또가 복검覆檢·2차 조사을 시행했다. 각각의 검안은 도 관찰사에게 보고되었고, 관찰사는 이를 수합하여 자신의 의견을 첨부해 중앙의 형조에 보고했다. 다음은 당시 황해도 관찰사의 보고 내용이다.

"최악재는 이종봉을 시켜 박해득에게 차꼬죄인의 발목에 채우는 형구를 채우고 나서 새끼줄로 온몸을 묶었는데, 이 때문에 박해득은 곱사등이처럼 몸이 구부러져 움직일 수 없게 되었다. 이에 박해득은 담벼락으로 넘어지면서 형틀에 왼쪽 턱을 부딪혀 살이 터지고 피가 나는 상처를 입었으며, 그 후유증으로 20여 일 만에 사망했다. 최악재는 밖에서 지시하고 이종봉은 안에서 시키는 대로 했으니, 새끼줄로 박해득의 온몸을 묶은 자는 이종봉이었지만 처음부터 지휘한 자는 최악재였다. 죄수의 몸이었던 이종봉은 자신의 목숨이 옥졸 최악재에게 달려 있었으므로, 그 뜻을 어기지 못하고 따라야 했을 것이다. 최악재는 억세고 흉악한 놈으로서 앞뒤를 헤아리지 않고 오직 돈을 우려내려고만 했다. 법에 의하면 위협하고 사주해 사람을 때려죽이거나

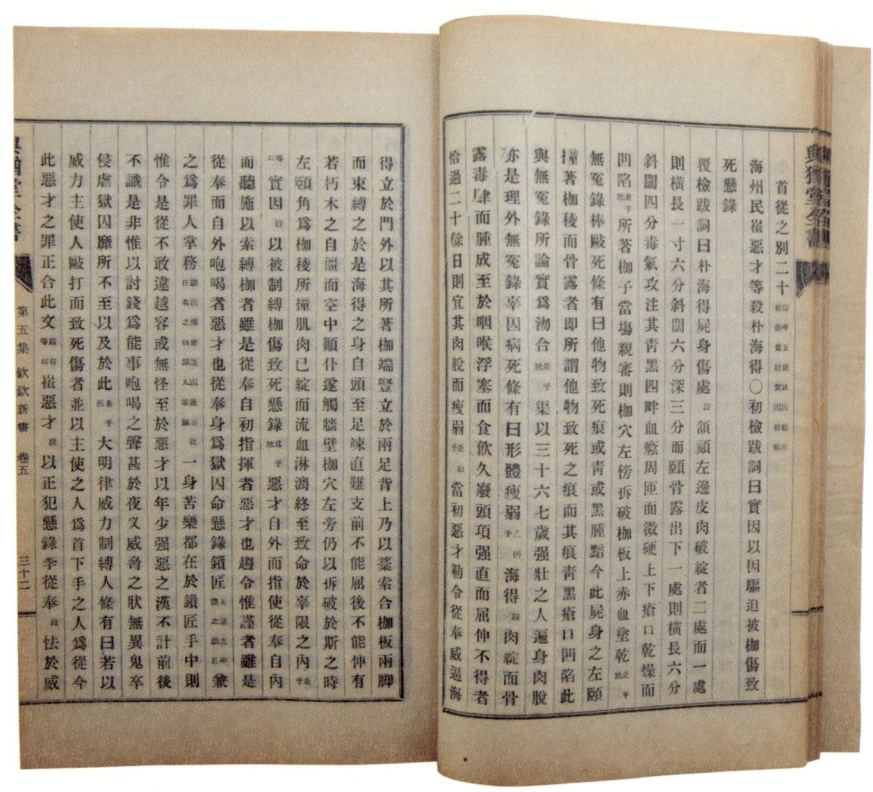

《흠흠신서》권5 상형추의3 수범과 종범의 구별11, '해주백성 최악재 등이 박해득을 살해하다[海州民崔惡才等殺朴海得]'
국립중앙도서관 소장.

다치게 한 경우, 사주한 자를 주범으로 삼고 범행한 자를 종범으로 삼는다고 했으니, 최악재를 주범으로 기록하고 이종봉을 종범으로 보고한다."

황해도 관찰사의 보고서를 받아 본 형조의 관리들은, 왕에게 보고하기 전에 일단 이 사건을 어떻게 판단할지 논의했다. 그리고 황해도 관찰사의 판단은 악행의 원인을 깊이 따진 끝에 나온 결과인 듯하지만, 법의 의미를 잘 헤아려 보면 주범은 범죄를 저지른 자에 해당하므로 주모자가 비록 최악재일지라도 박해득이 목숨을 잃게 된 것은 결국 이종봉 때문이라고 판단했다. 이에 따라 형조는 이종봉을 주범으로 최악재를 종범으로 결정하여 왕에게 보고했다. 최악재를 주범으로 이종봉을 종범으로 보고한 황해도 관찰사의 판단과는 완전히 달랐던 것이다.

정조의 판단

조선시대에 살인 사건의 최종 판단은 왕의 권한이었다. 왕은 범인을 사형에 처할지 감형할지, 아니면 다시 조사할지 여부를 결정하는 마지막 결정자였다. 당시 사건의 경위를 보고받은 정조는 다음과 같이 참담한 심정을 토로했다.

"황해도의 장계는 최악재를 주범으로 삼았고, 형조는 이종봉을 주범이라 했다. 황해도 관찰사는 위협한 자가 주범이라 여겼고, 형조는 실제로 범행한 사람을 주범으로 보았다. 모두 예리한 관찰과 법조문을 세밀하게 조사해 결정했지만, 양자를 비교해 보았을 때 형조의 판단이 조금 나은 듯하다. 하지만 이 옥사를 보고받고 매우 놀랍고 가슴이 아파, 누가 주범인지 종범인지에 관한 문제나 그 죄가 무거운지 가벼운지를 논할 겨를이 없다. 최악재는 옥졸이고 이종봉은 죄수에 불과한데, 죄수가 어찌 같은 죄인을 관리하며 옥졸에 불과한 사람이 어찌 멋대로 지휘권을 행사할 수 있었단 말인가? 그들이 대체 무엇이 길래 새로 들어오는 죄수에게 수십 냥의 재물을 뜯어내고 윽박질러 협박하며, 머리에 형틀을 씌운 뒤 결박하는 등 엄청난 고초와 아픔을 겪게 했는가? 이러하니 두 죄수 모두에게 사형을 내릴 만하다."

다산은《목민심서》에서 '옥獄이야말로 이승의 지옥'이라고 운을 뗀 뒤 감옥에 갇힌 죄수들의 고통을 크게 다섯 가지로 정리한 바 있다. 첫째 형틀의 고통이요, 둘째 토색질돈이나 물건 등을 강제로 요구하는 것당하는 고통이요, 셋째 질병의 고통이요, 넷째 춥고 배고픈 고통이요, 다섯째 오래 갇혀 있는 고통으로, 이 다섯 가지가 줄기가 되어 1,000만 가지 고통이 나오게 된다는 것이다.

다산은 이중에서 토색질로 인한 고통이 가장 크기 때문에, 옥중의 토색질을 잘 살피는 사또야말로 현명한 자라고 강조했다. 다산은 당시 자행되는 수많은 옥중 고문의 실상을 낱낱이 기록했다.

"오늘날 옥중의 토색질 중에 그 혹독·포학한 형벌이 인간세상에서 들지 못한 것이 많다. 학무鶴舞·원괘猿掛·자란搾卵·추뇌椎腦 등 여러 가지 알 수 없는 은어들로 그 뜻을 다 밝힐 수도 없다. 옥졸은 스스로 신장神將이라고 부르고 오래된 죄수는 마왕魔王이라 자칭하여 아귀가 서로 물어뜯듯 연기를 내뱉고 불길을 토하여 이승의 사람으로는 능히 헤아릴 수 없는 일들을 행한다. 죄수들끼리 오래된 순서대로 서열을 매겨 영좌·공원·장무라는 칭호를 나누어 갖는다. 새 죄수를 맞을 때마다 다섯 가지 포학한 형벌을 섞어 사용하는데, 문에 들어서면 문지방 넘어서는 예라며 유문례踰門禮를 행하고, 감방에 들어서면 얼굴 익히기인 지면례知面禮가 기다리고, 칼을 벗으면 몸이 가벼워졌다고 환골례幻骨禮를 치르고 여러 날이 지나면 오래되었으니 새로 인사한다고 면신례免新禮를 행한다. 밥이 들어가면 밥을 빼앗고 옷이 들어가면 옷을 빼앗으며, 깔개에는 깔개 값이 있고, 등유와 땔감에는 추렴이 있어 괴롭고 혹독한 수많은 토색질을 이루 다 적을 수 없을 지경이다."

가볍게 혹은 무겁게 벌하기

정조는 당시 옥졸들이 죄수들을 협박하고 죄수들끼리도 서로 돈을 갈취하는 일이 비일비재하다고 판단하고, 이후 혹시라도 옥졸이 죄수들을 괴롭히거나 돈을 뜯어내다가 발각되면 당사자를 엄중 처벌함은 물론 사또와 관찰사 등 관리들도 모두 무겁게 다스리겠다고 경고했다.

"해주 지방이 이 정도라면, 한양이나 지방의 죄수들도 폭행과 돈 요구에 시달리고 있을 것이 분명하다. 단지 죽거나 다치는 일이 없어 드러나지 않았을 뿐이니, 이런 일을 대수롭지 않게 지나친다면 훗날의 폐단은 이루 다 말할 수 없을 것이다. 이 뒤로 혹시라도 옛 버릇을 되풀이하는 자가 있으면 옥졸은 물론 해당 관원을 중벌로 다스릴 것이며, 조심시키지 않은 관찰사 역시 별도로 논죄하여 벌할 것이다. 그리고 이런 뜻을 공문서로 작성하여 전국에 알리도록 하라. 내가 구중궁궐에 깊숙이 들어 앉아 있으니 세간의 상황을 모른다고 생각하지 말라. 나에게는 암행어사가 있어 다 살필 수가 있다."

나중에 다산은 이 사건의 보고서를 찬찬히 살펴본 뒤 사건 과정을 논리적으로 분석해 주범과 종범을 구별했다.

"박해득이 몸을 부딪힌 것은 차꼬이고, 차꼬에 부딪히게 된 것은 넘어졌기 때문이다. 또 넘어지게 된 것은 차꼬를 몸에 묶었기 때문이며, 차꼬를 몸에 묶은 자는 이종봉이다. 그런데 이종봉이란 자는 최악재의 사주를 받았으므로, 그 근본을 따져 신문하고 조사하다 보면 결국 주범이 최악재이고 종범이 이종봉이라는 사실은 법례로 보아 분명하게 드러난다. 따라서 이종봉보다는 최악재를 주범으로 확정해야 한다."

하지만 다산은 이종봉의 죄 또한 가볍게 보지 않았다.

"높은 지위에 있는 관리나 임금이 감옥 안에서 일어나는 세세한 사건들을 어찌 모두 알 수 있겠는가? 감옥에서 오래 생활한 죄수는 옥졸보다 더 악독한 짓을 저지르는 경우가 많다. 따라서 이종봉이 옥졸의 명을 그저 따르기만 했다고 볼 수는 없다. 최악재는 문 밖에서 명령했고, 이종봉은 위협을 핑계 삼아 혹독한 짓을 했으니 그 본심의 흉악함을 헤아려 보면 최악재가 더 깊지만 이종봉 또한 얕다고 할 수 없다."

일찍이 다산은 법을 도덕 교화의 중요한 수단으로 생각했다. 죄인을 무겁게 처벌할 근거가 있다면 가능한 한 무겁게 처벌하고, 가볍게 처벌할 여지가 있다면 가능한 한 가볍게 처벌해야 도덕의 근본이 선다고 주장했다. 다시 말해서, 정상 참작으로 관용을 베풀 수 있는 경우라면 가능한 한 가볍게 처벌하지만, 이와 반대로 엄하게 처벌해 죗값을 치르게 해야 한다면 최대한 무겁게 처벌해야 법의 기강이 바로 서고 도덕 교화가 이루어진다고 본 것이다. 이에 다산은 최악재를 주범으로 엄하게, 이종봉은 가능한 한 무겁게 처벌해야만 무너진 질서를 다잡는 데 기여할 수 있다고 판단했다.

법의 집행은 범행의 책임을 누구에게 지울 것인가를 확정하는 일이다. 따라서 주범과 종범을 가르고, 자살과 사고사를 구별하는 등 정확한 조사와 엄격한 판단이 중요하다. 물론 이를 통해 궁극적으로는 정의를 구현할 수 있어야 한다는 것, 이것이 다산의 법정신이었다.

제12장 조선 최악의 패륜사건

　정조 9년1785년 4월, 황해도 평산에 사는 과부 최 씨는 당질사촌 형제의 아들로 오촌 관계 조광진과 몰래 간통했다. 며느리 박 씨가 이를 알아채자 소문을 퍼뜨릴까 봐 겁이 난 최 씨는 조광진과 모의해 박 씨를 살해했다. 양반가에서 벌어진 음란한 사건인 데다 시어머니가 며느리를 살해하고, 조광진이 사건을 은폐하려고 군졸과 노비를 사주해 거짓 증언하도록 하는 등 조사과정이 순탄치 않았다. 더욱이 사건을 조사했던 사또와 황해도 관찰사 등이 파직되면서 사건 정황을 명확하게 밝혀내지 못한 채 여러 해가 흘러가 버렸고, 그 사이에 조광진과 동네 사람 이차망 등 중요한 피의자들이 옥사하는 바람에 사건은 더욱 미궁으로 빠져들었다.

　중요한 피의자인 조광진이 범행을 자백한 뒤 처벌을 기다리다가 병사하자, 정조는 조광진이 죽은 데다 풀리지 않은 의혹이 남았다고 판단해 시어머니 최 씨를 사형에 처하지 않고 장 100대에 2,000리 유배형으로 감형했다. 후일 다산은 이런 결론에 대해 불만족스러워했고 사건의 조사·처리 과정을 다시 살펴보게 된다. 그리고 조사가 부실해 시간만 보내다가 죄 없는 이차망은

사형 집행 전에 얼굴에 종이를 바르고 물을 뿌리는 장면
《사법제도연혁도보》에 수록. 서울대학교 중앙도서관 소장.

감옥에서 죽고 참형에 처해져야 할 조광진마저 법대로 처벌하지 못했다고 사또들과 형조 관리들을 비판했다.

'박 씨의 자살'로 결론을 내린 초검관과 복검관

1785년 4월, 당시 평산부사 정경증은 이 사건을 며느리 박 씨의 자살로 결론지었다. 양반댁 과부였던 최 씨가 행실이 아름답지 못해 평판이 나빴지만, 며느리 박 씨는 이를 알면서도 묻어둔 채 시어머니 최 씨를 성심껏 잘 모셨다. 하지만 최 씨가 자신의 부끄러운 행위를 반성하지 않고 도리어 며느리에게 노여운 감정을 품고 날이 갈수록 핍박

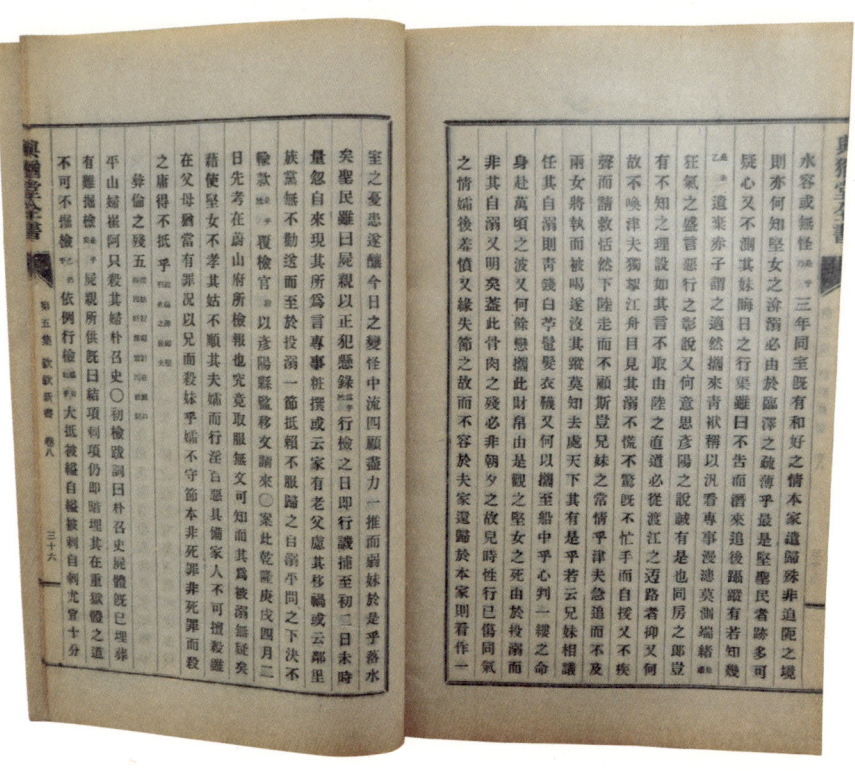

《흠흠신서》 권8 상형추의12 인륜을 해친 경우5, '평산의 최아기가 며느리 박소사를 살해하다.[平山婦崔阿只殺其婦朴召史]'
국립중앙도서관 소장

하자, 이를 원망하던 박 씨는 결국 자살하고 말았다. 이에 다산은 "시어머니 최 씨가 박 씨를 직접 칼로 찌르지는 않았지만 협박해 자살하도록 했으니, 윗사람으로서 아랫사람을 위협한 죄를 물어야 한다."라고 주장했다.

정경증은 죽은 박 씨의 팔에 묶인 흔적이 없고 손으로 칼을 막은

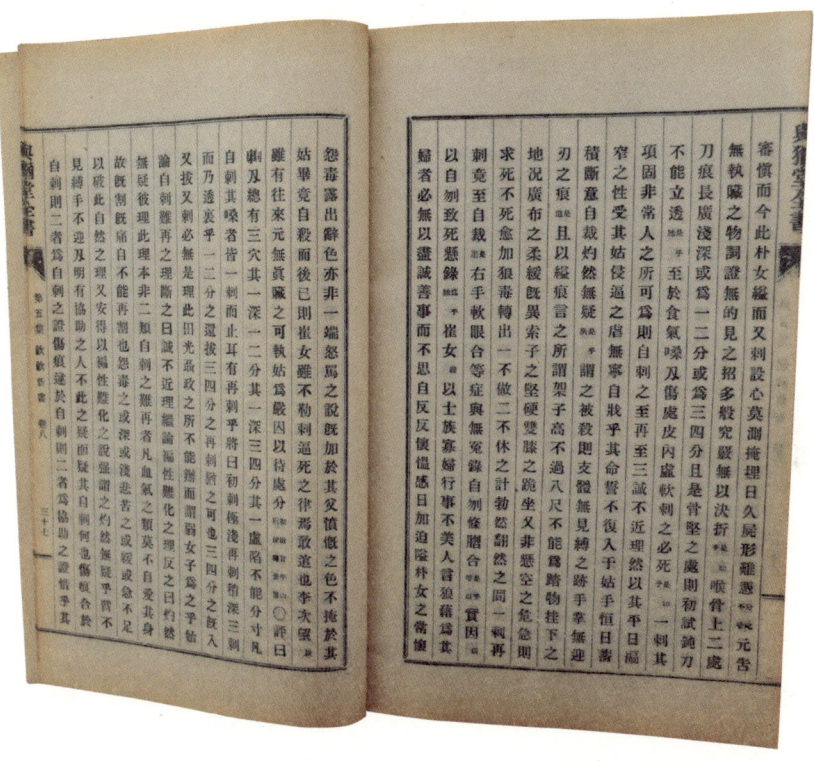

《흠흠신서》 권8 상형추의12 인륜을 해친 경우5, '평산의 최아기가 며느리 박소사를 살해하다.[平山婦崔阿只殺其婦朴召史]'에서 이어짐
국립중앙도서관 소장

자국이 없다는 사실을 근거로 타살이 아닌 자살로 추론했다. 하지만 다산은 시신에 묶인 흔적이 없고 칼을 막은 자국이 없다 하더라도, 이를 자살의 근거로만 볼 게 아니라 공범의 가능성까지 염두에 두고 더욱 상세하게 조사했어야 한다고 정경증을 비판했다.

한편 이 사건을 복검한 배천군수 이서회도, 초검관과 마찬가지로 박 씨가 자살한 것으로 보고했다.

"박 씨의 몸에 난 상처의 깊이가 서로 다르고 칼을 처음 댄 부위와 거둔 곳의 깊이가 다른 것으로 볼 때,《무원록》의 '스스로 목을 찌른 조문'과 일치한다. 이 사건은 자살이 분명하다."

그는 며느리 박 씨가 너무도 부끄럽고 원통해 사는 게 죽느니만 못했으므로 이 지경에 이르렀다고 추정했다.

다산은 이서회가 《무원록》의 "스스로 찔러 다친 경우 칼자국은 한 곳뿐이요, 한 번 다친 뒤에 다시는 스스로 베지 못한다."라는 명백한 구절은 무시하고 별 관련이 없는 문장을 인용해 사건을 은폐했다고 비판했다. 박 씨의 목에 나 있는 네 군데의 칼에 찔린 상처야말로, 박 씨가 스스로 찌르지 않았다는 분명한 증거라고 다산은 생각했다.

신임 황해도 관찰사, "최 씨가 살해"했다고 보고

조사의 미진함은 사또 수준에서 그치지 않았다. 당시 황해도 관찰사 홍병찬은 초검관과 복검관의 보고를 그대로 믿은 채 사건을 제대로 조사하지 않았다. 그는 며느리 박 씨가 시집 와서 시어머니 최 씨의 음행을 알고 부끄러워하다가 변명하는 대신 스스로 목숨을 끊기로 결심한 게 분명하다고 보고했다. 이 때문에 홍병찬은 성실하게 조사하지 않은 죄로 파직되었고, 곧바로 새 관찰사 엄사만이 부임했다.

엄사만은 철저한 조사를 거쳐 이전 판결과는 다른 결론을 내렸다. 그는 이 사건을 시어머니 최 씨의 단독범행으로 보고, 다음과 같은 보고서를 작성했다.

"최 씨는 아들이 어리고 며느리가 시집 온 지 얼마 되지 않아 음란한 행동을 마음 놓고 하다가, 며느리 박 씨에게 간통을 들키자 이를 입막음하려 마음먹고 있었다. 사건 당일 며느리가 두통 때문에 이불을 덮고 누워 있었는데, 음탕한 시어머니가 이 틈을 타 뛰어들어 칼로 한 번 찌르자 죽고 말았는데 다치기만 하고 살아날까 걱정하여 여러 번 계속 찔렀다. 또한 살인 흔적을 지우려고 서둘러 며느리의 시신을 꿇어앉힌 뒤에 그 목을 잡아 매달아, 스스로 목을 매고 칼로 찔러 자살한 것처럼 위장했으니 그 광경을 상상하면 모골이 송연하다."

특히 엄사만은 초검관과 재검관이 조 씨 집안과 친인척 관계일 뿐 아니라 같은 스승에게 배운 동문이었기에, 조사를 제대로 하지 못했다는 사실을 죽은 박 씨의 오빠 박용해로부터 알아냈다. 조광진을 비호하려던 초검 및 복검 사또들이 면직되었음은 물론이다. 사건 조사가 제대로 방향을 잡아갈 무렵 신임 황해도 관찰사 엄사만은 관련자들을 심문하던 중 심하게 주리를 틀어 파직되고 말았다.

암행어사를 파견하라

황해도 관찰사 엄사만의 고문수사를 알게 된 정조는 규장각 각신 이곤수를 암행어사로 파견했다. 이곤수는 자질이 매우 뛰어나 평소 정조의 무한한 신뢰를 받던 인물이었다. 1787년 2월 정조는 하교를 내렸다.

"이번에 평산에서 일어난 사건은 그 정황이 명확히 드러나지 않았고 간통 문제도 연루되어 있어서 애매하고 추잡하며, 간계와 속임수가 복합적으로 얽혀 있는 탓에 해를 넘기고 있다. 자세히 살펴보고도 아직 판결을 내리지 못하고 있다. 죄의 유무를 판결하기 어려운 사건으로 결정된다면 최 여인을 사형에 처할 수 없지만, 간통 사건으로 명확하게 판결이 나면 박 여인의 원통함을 빨리 씻어 주어야 할 것이다. 옳고 그름이 명확히 밝혀져야 하지만, 멀리서 사건을 판단하자니 직접 보고 살피는 것과 다르다. 더구나 전임 관찰사와 후임 관찰사의 보고서가 전혀 달라, 한 쪽을 선택하고 한 쪽을 무시하려 해도 사건 정황이 아직 명백히 드러나지 않았기에 여전히 의심스럽기도 하고 간통이 분명한 것 같기도 하니 어찌하겠는가. 당일로 하직 인사를 하고 조사관과 함께 관련자들의 공초供招·죄인의 범죄 사실 진술를 받아오라."

4월 이곤수는 두 달여의 암행 결과를 임금에게 올렸다.

"신이 평산부에 달려가서 재령군수, 배천군수 등과 함께 관련자들을 모두 잡아다가 조사했습니다. 그때 조광진은 '상황이 이렇게 되었으니, 어찌 고문을 받고서야 바른대로 답하겠습니까. 박 씨를 죽이게 된 과정을 말씀드리자면, 저와 최 씨가 함께 박 씨를 묶고 목을 졸랐습니다. 또 저와 최 씨가 매우 가까운 친족이고 최 씨의 아들 조광선이 나이가 어려 그 아이가 간통 장면을 본다 해도 신경이 쓰이지 않았기 때문에, 간통하다가 이렇게 용서받기 어려운 죄를 범했습니다. 그런데 며느리 박 씨가 시집온 뒤에, 저와 최 씨가 간통하는 정황을 알게 되었습니다. 이에 1785년 4월 15일 최 씨가 우리의 일을 며느리가 알고 있으니, 죽여 입을 막지 않는다면 앞으로 큰 문제가 생길 것이라고 했습니다. 20일 아침에 아들 조광선이 안장을 빌리러 마을로 출타하고 집안의 노복들이 나물을 캐러 나간 틈을 타, 저와 최 씨가 힘을 합쳐

박 씨의 목숨을 해쳤습니다. 목을 조른 것은 제가 먼저였고, 목에 칼을 댄 것은 최 씨가 먼저였습니다.'라고 털어놓았습니다. 또한 신이 몰래 마을을 왕래하며 오가는 이야기를 들어보니 모두 한결같이 '박 씨의 원통함을 씻어 주어야 하고, 조광진은 죽어도 애석할 것이 없다.'라고 했습니다. 이에 다시 피의자들을 엄히 심문하니, 조광진이 최 씨와 간통한 시기 및 박 씨를 찌르고 목 조른 과정을 낱낱이 자백했습니다. 이렇게 볼 때, 조광진과 최 씨가 간통한 것과, 두 사람이 박 씨를 죽인 것은 의심할 여지가 없습니다. 이 옥사는 살인사건인 동시에 간통사건입니다. 죽일 마음을 먹고 계획을 세우거나 죽이는 데 협조한 것은 본래 차이가 없습니다. 하지만, 억지로 주범과 종범을 구분한다면 최 여인은 음란한 아낙네이자 사나운 시어미로 그 소행을 따져 보건대 무슨 짓인들 못하겠습니까마는, 여자가 백주에 살인을 저지른 사례는 찾아볼 수 없습니다. 조광진이 박 씨를 묶어 놓고 목을 졸랐으며 찌르고 또 찔렀다고 남김없이 진술했으니, 그를 주범으로 단정하는 데 의심의 여지가 없을 듯합니다. 안으로는 간사한 계집종을 위협하고 밖으로는 교활한 장교와 결탁해 이차망을 끌어들여 죄를 덮어씌우는 등, 그가 한 짓은 구구절절이 음흉하고 끔찍합니다. 죄인 최 씨와 조광진, 그리고 이차망은 일체 형구를 채워 엄히 가두어 두고 처분을 기다립니다."

암행어사 이곤수는 조광진을 주범으로, 최 씨를 종범으로 보고했다.

다산, 주범과 종범 바꿔 보고한 형조 비판

형조에서는 이곤수의 암행보고서를 읽은 뒤 비로소 의문이 사라졌

조선 후기의 교수형
《사법제도연혁도보》에 수록. 서울대학교 중앙도서관 소장.

역적 등 큰 악행을 저지른 범인에게 가해진 참형
《사법제도연혁도보》에 수록. 서울대학교 중앙도서관 소장.

다고 높이 평가하면서, 공식적인 형조의 심리 의견을 정조에게 올렸다. 그런데 어찌된 영문인지 형조가 올린 보고서의 주범과 종범은 이곤수가 밝힌 것과는 달랐다.

"가까운 친족 사이의 간음은 윤리·도덕과 밀접하게 연관되어 있습니다. 특히 형률에 주모자는 참형이요 공범자는 교수형이라고 했으니, 비밀을 아는 사람을 죽이려고 계책을 세운 사람은 최 씨이고 힘을 합쳐 범행을 저지른 사람은 조광진입니다. 최 씨는 조광진과 가까운 친척으로서 양반 씨족의 여인이니, 《속대전》의 '양반 부녀로서 정욕을 채우려고 풍속을 어지럽힌 자는 간통한 사내와 더불어 교수형에 처한다.'라는 조항을 적용해야 합니다."

암행어사 이곤수의 판단과 달리 형조는 최 씨를 주범으로, 조광진을 종범으로 주장했다.

나중에 다산은 형조의 이러한 판결이 매우 잘못되었다고 비판했다. "조광진은 집안 숙모와 간통하여 죽을죄를 저지르게 했으니 이는 첫 번째 살인이요, 사생아를 낳아 몰래 죽여 묻었으니 두 번째 살인이요, 칼을 들고 박 씨를 살해했으니 세 번째 살인이요, 이차망을 허위로 고발하여 죽음으로 몰아넣었으니 네 번째 살인이다. 이런데도 참형을 내리지 않는다면 나라에 어찌 법이 있다고 할 것인가! 형조가 심리를 잘못하여 조광진에게 주범이 받을 참형이 아닌 교수형을 판결하여, 이로 인해 법률가들의 의견이 혼란스럽게 나뉘어졌으니 안타까운 일이다."

다산은 형조가 주범 조광진을 참형으로 즉시 처형하도록 임금에게 아뢰지 않았고, 그 결과 바로 사형에 처해지지 않은 채 교수형을 기다리던 조광진이 감옥에서 병사함으로써 죗값을 치르지 않은 채 죽게 두었다고 비판했다.

다산은 성실하고 엄격한 조사에 근거한 정확한 판결이야말로 죄인을 공정하게 처벌할 수 있는 유일한 길임을 강조하고 또 강조했다.

제13장 법이란 정확하고 또 정확해야 한다

    법을 정확하게 집행해야 처벌을 받아야 할 자가 처벌받고 처벌을 받지 말아야 할 자가 처벌받지 않는다. 진리는 이처럼 단순하고도 명쾌하지만 현실은 이와 반대이다. 조선시대에는 남에게 죄를 덮어씌워 처벌 받게 하려는 도뢰圖賴가 성행했다. 남을 무고하거나, 심지어 시신을 훔쳐다가 복수하고 싶은 원수의 집 앞에 가져다두고 살해되었다며 고발하는 경우도 많았다.

정확한 법 적용과 처벌을 강조한 다산

    다산은 죄 없는 사람에게 죄를 덮어씌우려고 무고하거나 살인사건을 조작하는 도뢰에 대해서는, 절대 용서하지 말고 엄히 처벌해야 한다고 주장했다. 무고에 대한 처벌 규정은 《대명률》에 자세히 나와 있다.

    여기에는 "허위로 고발한 경우에는 고발당한 사람이 받은 죄보다

2등급이나 3등급을 높여 가중처벌하고, 고발당한 사람이 사형에 처해져 이미 죽게 된 경우에는 무고한 자도 사형에 처한다. 판결이 나지 않은 경우에는 형장 100대를 치고 3,000리 유배형을 보낸 뒤 3년 동안 노역을 시킨다."라고 명시되어 있다.

《대명률》의 입법취지는 무고의 죄질이 매우 나쁘기 때문에 흉악한 마음을 처벌하기 위해 등급을 높여 가중처벌한 것이다. 그러나 조선의 판관들은 이를 정확하게 집행하지 않았고, 이 때문에 남에게 죄를 덮어씌우려는 사람들을 제대로 처벌하지 못했다.

다산은 자신이 죄를 저지르고도 남에게 덮어씌우려는 자들을 '악을 쓰는 사람들', 즉 '억지'를 부리는 경우로 정의했다. 그는 당시 사람들이 많이 사용한 '생억지'라는 말이 바로 이에 해당하는 용어라고 설명했다. 하지만 조선에서는 이러한 허위 고발자를 처벌하는 기준이 명확하지 않았기 때문에, 죄를 덮어씌우려고 고발장을 제출한 사람을 처벌하지 않은 채 사건을 종결하는 경우가 많았다. 이 때문에 다산은 허위로 고발한 경우, 고발한 사람에게 반드시 '무고죄'를 적용해 처벌해야 한다고 주장했다.

상당수의 사대부 관료들은 '재판이 없는 것'을 선정善政의 증거로 생각해, 사건이 허위로 밝혀질 경우 고발자를 훈계하고 돌려보내는 것으로 매듭짓는 경우가 많았다. 다산은 재판이 번거롭긴 하지만 '징계'가 반드시 뒤따라야 나쁜 풍속을 교정할 수 있다고 보고, 목민관에게 법을 정확하게 집행할 것을 요구했다. 다산은 무고죄의 경우, 죄질이 나쁘기 때문에 관용과 훈계만이 능사가 아니라, '정확한 법 적용과 처

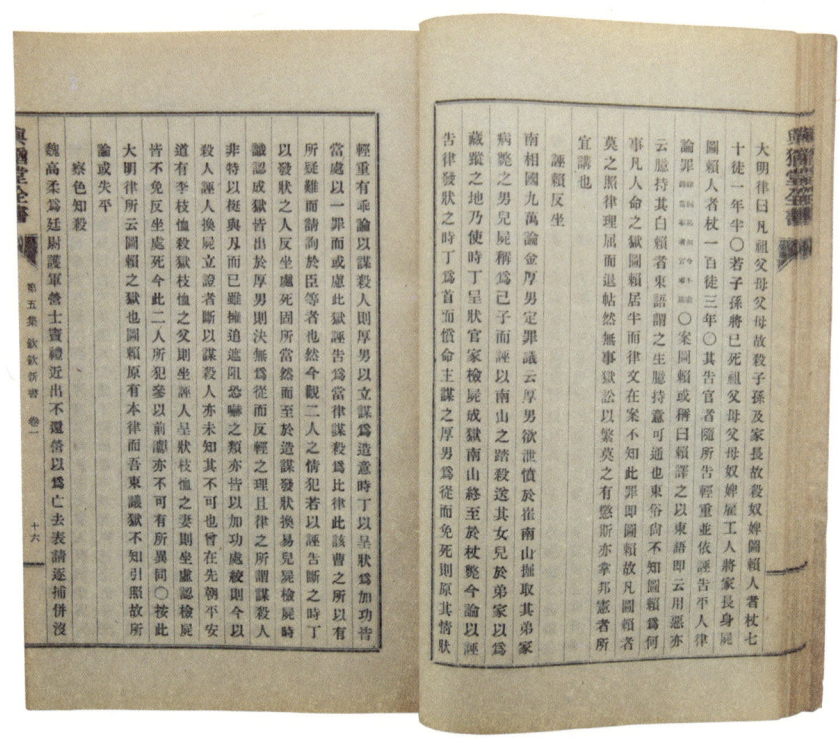

《흠흠신서》 권1 경사요의2, '무고는 반좌율로 처벌한다.[誣賴反坐]'
국립중앙도서관 소장

벌'이 반드시 뒤따라야 한다고 주장한 것이다.

숙종 대 김후남 사건 : 무고죄 vs. 모살죄

숙종 대에 일어난 사건이다. 김후남이란 자가 최남산에게 복수할 작정으로 병들어 죽은 조카의 시신을 자기 아들이라고 속인 뒤에 최남산이 짓밟아 죽였다며 무고했다. 자기 아들은 어디론가 보내어 종적을 감추게 한 뒤, 조카 김시정으로 하여금 관가에 소장을 올리도록

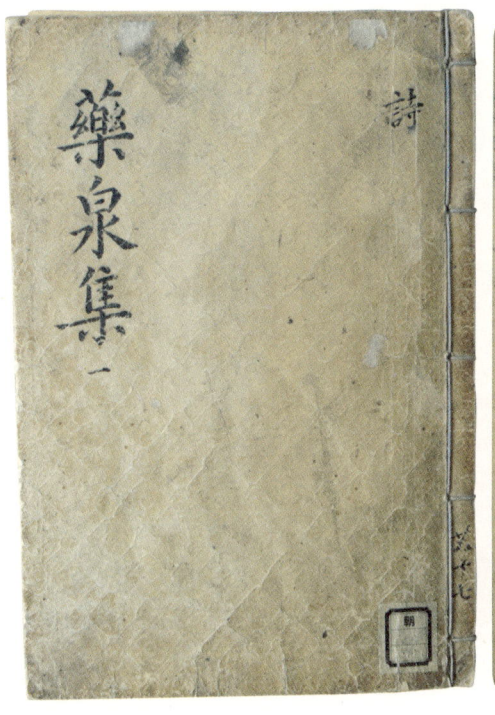
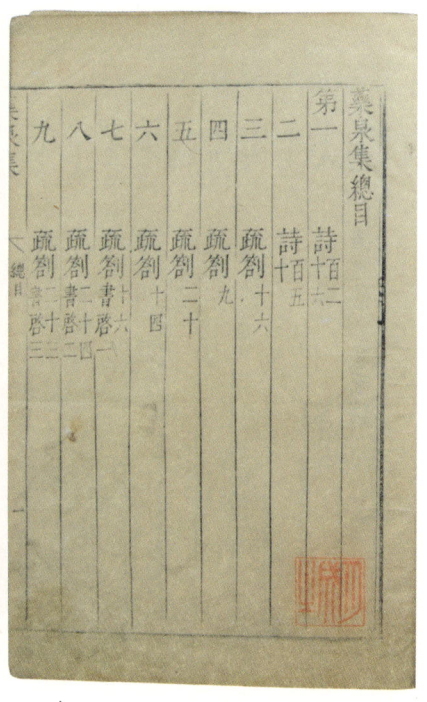

| 《약천집》 표지와 목차①
국립중앙도서관 소장

한 것이다. 결국 관청에서는 이 사건을 조사했고, 시신을 검안한 뒤 최남산이 때려죽인 것으로 결론지었다. 결국 최남산은 억울하게도 곤장을 맞고 죽게 되었다. 하지만 시간이 흘러 이 사건이 김후남의 조작으로 드러나면서, 김후남의 처벌을 둘러싸고 어떤 법조항을 적용할지 논란이 벌어졌다.

당시 일부 관리들은 '무고죄'를 적용하자고 주장했다. 하지만 무고죄를 적용할 경우, 이 사건을 관가에 고발한 김시정이 주범으로 사형

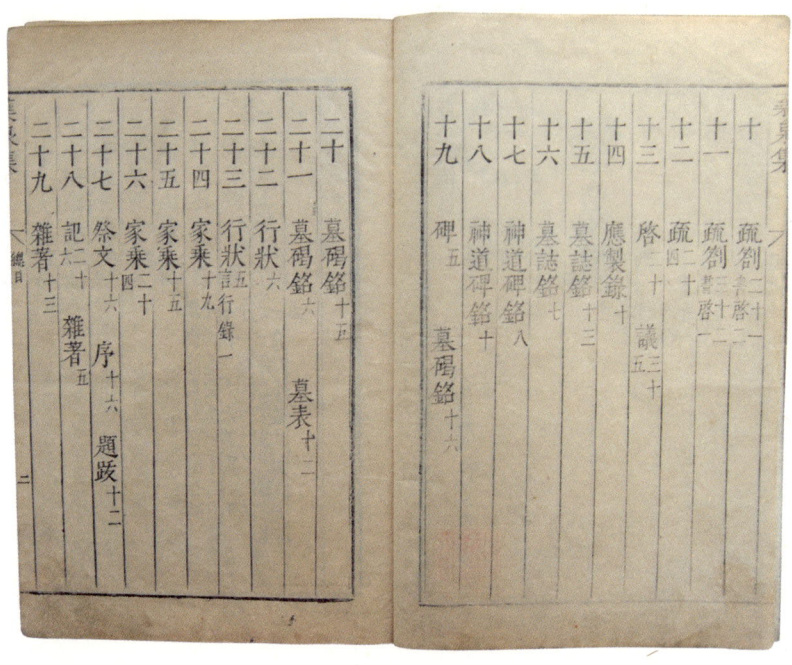

《약천집》 목차②
국립중앙도서관 소장

에 처해질 뿐, 뒤에서 일을 꾸민 진짜 주모자 김후남은 종범으로 분류되어 사형을 면하게 될 상황이었다. 그러자 살인을 계획한 김후남에게 모살죄를 적용하자는 의견이 나왔다. 두 사람이 살인을 꾸몄다고 간주할 경우, 김후남이 모의를 계획하고 주도했으므로 주범이 되고 김시정은 관가에 고발했으므로 종범이 된다. 그리고 모살은 죄질이 나쁜 경우이므로, 두 사람 모두 사형에 처할 수 있다는 주장이었다.

하지만 숙종 대에 대부분의 형조 관리들은 이 사건에 '모살죄'보다는 '무고죄'를 적용하는 것이 합리적이라고 판단했다. 김후남을 사형

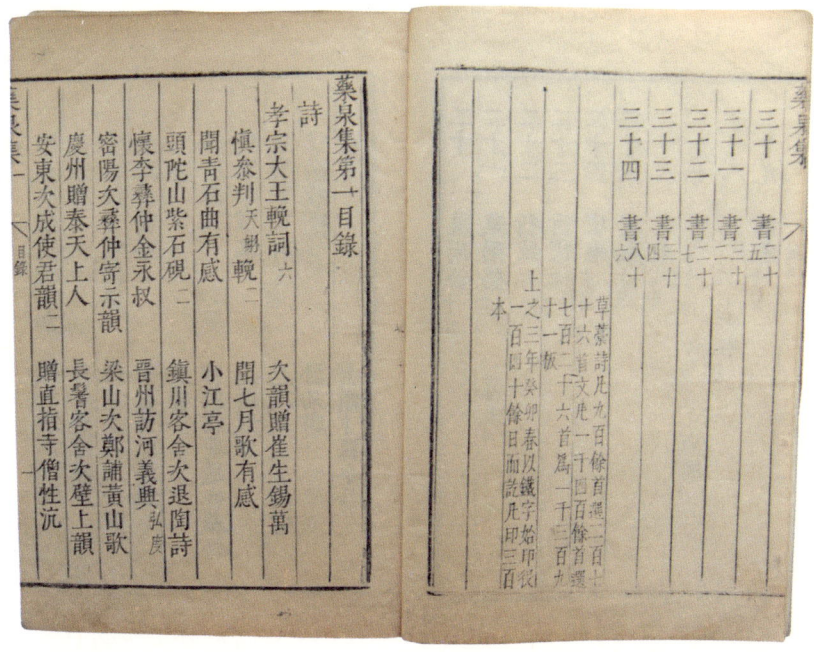

《약천집》 목차③
국립중앙도서관 소장

으로 엄벌하지 못하는 게 문제였지만, 법을 정확하게 집행하자면 '무고'가 옳다고 본 것이다. 논의 끝에 형조 관리들은 당시 법률에 밝았던 남구만南九萬·1629~1711년에게 조언을 구했다. 남구만은 법을 엄격하게 집행해 가중처벌하기로 유명했다.

남구만은 죄질을 볼 때 두 사람 모두 사형에 처해야 마땅한 자들이니, 그들에게 적용할 죄명이 무고든 모살이든 상관없다고 보았다.

첫째, '무고죄'를 적용할 경우 관가에 고발한 김시정은 당연히 반좌율反坐律·무고 피해자가 받은 처벌 그대로 가해자를 처벌한 조문에 해당되어 사형에 처해지고, 김후남 또한 사건을 꾸민 죄가 크기 때문에 가볍게 처벌할 수 없다고 주장했다. 따라서 두 사람 모두 사형에 처할 수 있다는 것이다.

둘째, 몽둥이와 칼로 죽인 것뿐만 아니라 길을 가로막으며 공갈하고 협박해 죽인 경우에도 모두 교수형에 처할 수 있는데, 증거를 조작해 사람을 죽였다고 모함했으니 이를 모살로 규정해 사형시켜도 문제가 없다는 것이다. 이처럼 남구만은 법조문을 적용하기 앞서 두 사람의 마음이 너무도 흉악하므로, '무고'든 '모살'이든 상관없이 모두 엄히 처벌해야 한다고 주장했다.

무리한 엄벌이나 아녀자의 용서 모두가 문제

나중에 이 사건의 보고서를 읽고 저간의 사정을 알게 된 다산은 다른 의견을 내놓았다. 간악한 마음과 행위만 놓고 보자면, '무고'든 '모살'이든 두 사람 모두 사형감이다. 하지만 다산은 사형에 처하더라도 법조문을 적확하게 적용해야 한다고 보았으며, 이 사건의 경우에는 '무고' 조항으로 처벌해야 옳다고 주장했다. 다산은 죄인이 사형에 처해질 만한 죄를 지었으니 무고든 모살이든 사형에 처하면 된다는 남구만 식 주장은 매우 위험하다고 보았다. 법을 집행할 때 감정이나 인정의 지나친 개입을 철저히 막아야 하기 때문이다. 이에 다산은 허위로 고발한 경우라면, 반드시 '무고죄'를 적용해 처벌하는 것이 원칙이라고 강조했다.

다산은 수령을 위한 지침서인《목민심서》에서도 허위로 남을 고발하는 자들을 엄격하게 처벌할 것을 당부했다.

"스스로 물에 빠져 죽었는데 타살이라 주장하고, 스스로 목을 매 죽었는데도 목 졸려 죽었다고 하며, 자살했는데도 남이 찔렀다고 하며, 병사했는데도 구타를 당해 속이 상했다고 하는 경우가 너무도 많다. 이런 사건들은 《무원록》 등 법의학서를 참고하면 시신의 형태와 상처가 각각 다르니 판별하기 어렵지 않다. 하지만 수령들은 이런 사건들을 판결한 뒤에는 마음이 풀어져서, 악을 징계하려는 생각은 하지 않고 대충 곤장을 치는 것으로 석방해 버리니 어느 누가 두려워하겠는가? 무고를 당한 자가 사형에 처해졌다면 무고한 사람도 사형을 당해야 마땅한데, 비록 그렇게 하지는 못한다 하더라도 유배조차 보내지 않으니 법 집행이 어찌 이렇게 소홀하단 말인가. 이것은 악을 미워하는 마음이 절실하지 않기 때문이다. 마땅히 상부에 보고해 반드시 죄를 물어야 할 것이다."

다산은 주희의 말을 인용해 엄격한 법 집행을 다시 한 번 강조했다.

"옥사는 인명과 관련이 있으니 최선을 다해 판결해야 할 것이다. 최근에 덕을 베풀어야 한다는 이야기에 미혹되어, 다들 죄 있는 자를 풀어주는 등 천박한 풍습에 사로잡혀 있다. 이런 사람들은 자신들의 그릇된 판결 때문에 선량한 자들이 원통함을 품게 된 것은 생각하지 않으니 이는 가장 나쁜 일로서 경계하지 않을 수 없다. 물론 사람을 불쌍히 여겨 그냥 넘어가야 하는 경우도 있지만, 용서할 수 없는 죄를 저지른 경우라면 마땅히 의로써 판결해야 한다. 악을 보고도 미워할 줄 모르는 것은 아녀자의 사랑[仁]에 불과하다."

제14장 죄를 뒤집어씌우려는 자는 엄히 처벌하라

　조선시대에는 풍속 교화를 위해 향약鄕約을 시행했다. 향약의 덕목 가운데 잘못을 서로 질책하여 교정하는 '과실상규'가 있는데, 술주정, 도박, 싸움과 송사 등이 대표적인 잘못된 행동들이었다. 조선 후기에 바둑, 장기, 쌍륙雙陸·두 사람이나 두 편이 두 개의 주사위로 하는 놀이, 투전, 마작, 윷놀이 등이 도박으로 유행했다. 《대명률》에 "재물을 걸고 도박하는 경우 모두 장 80에 처하고 노름판의 재물은 관에 귀속시킨다."라고 명시되어 있었지만, 도박은 조선시대 내내 해결되지 않았던 골칫거리였다. 때문에 다산은 이렇게 한탄하기도 했다.

　"조선에 도박을 금하는 명령이 있지만 지패나 골패, 장기와 쌍륙을 저잣거리에 걸어두고 일상적으로 팔고 있으니, 그 근원을 열어놓고 폐단을 막으려는 격이다. 그러니 도박을 어찌 금할 수 있겠는가? 재상이나 명사들 그리고 승지 및 옥당 관원들도 도박으로 소일하니 다른 사람들이야 말해 무엇하겠는가? 소나 돼지 치는 자들의 놀이가 조정에 까지 밀려 올라왔으니 역시 한심한 일이다."

도박 끝의 살인

정조 6년1782년 12월 추운 겨울밤, 평안도 구성에 사는 최수진과 최능통이 도박판에 놀러갔다. 추수가 끝난 겨울밤 대부분의 사람들이 노름을 즐기는 게 조선 후기의 풍속이었다. 친척사이였던 둘은 돈내기 노름을 하였다. 조금씩 돈을 잃던 최능통이 가진 돈 모두를 한 번에 걸었다가 최수진에게 전부 잃게 되었지만 돈을 주지 않았다. 이에 화가 난 최수진은 돈을 갚지 않는다며 최능통을 구타했고 얻어맞은 최능통이 죽고 말았다. 당시 주변의 청년들도 몰려들어 싸움을 말리거나 구타에 합세했는데, 이 때문에 누가 정범인지 확실치 않게 되었다. 최수진이 최능통과 함께 노름한 사실이 분명하므로 정범으로 지목되었지만, 최수진의 아비 최태규는 도박장에 함께 있던 금동을 범인으로 지목했다.

당시 평안도 관찰사는 "도박에 지고 돈을 내어주기 아까워하자, 술에 취한 최수진이 등잔대를 휘둘러 최능통을 때린 것이다. 비록 죽일 마음은 아니었더라도 함께 도박한 이들의 증언이 일치한다."라고 보고했고, 형조는 당연히 구타 살인으로 최수진을 처벌해야 한다고 주장했다. 그러나 정조는 이 사건을 신중히 처리하기로 마음먹고 이듬해 1783년 8월 재조사를 지시했다. 도박장에서 최수진이 최능통을 구타하는 장면을 목격했다는 증언이 이어졌고, 이 때문에 최수진이 살인

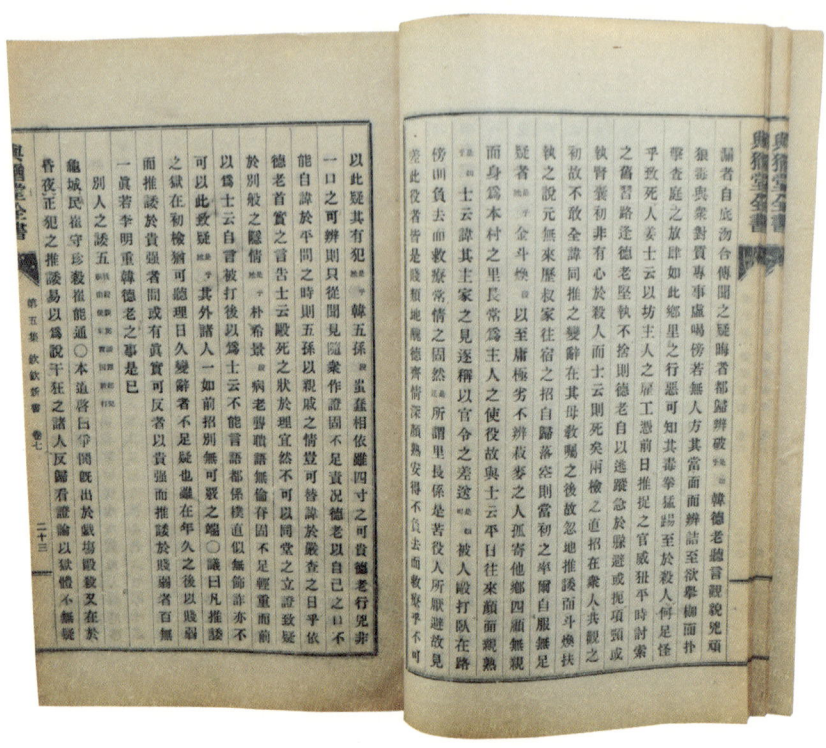

《흠흠신서》 권7 상형추의8 다른 이에게 범행을 떠넘기는 경우5, '구성 백성 최수진이 최능통을 살해하다.[龜城民崔守珍殺崔能通]'
국립중앙도서관 소장

범이라는 사실은 명백해 보였다.

이듬해 윤3월 정조는 또 한 번의 수사를 명했다.

"형조에서 사형을 청했고, 살인의 변고가 도박장에서 벌어진 데다 최수진은 최능통과 삼종제三從弟 사이인데 의도적으로 구타·살해했으니, 이런 범죄사실만 가지고도 사형에 처해 마땅하다. 하지만 원래의 문안이 너무 간략한 데다 사건의 간범干犯·해당 사건에 관련된 범죄자들을

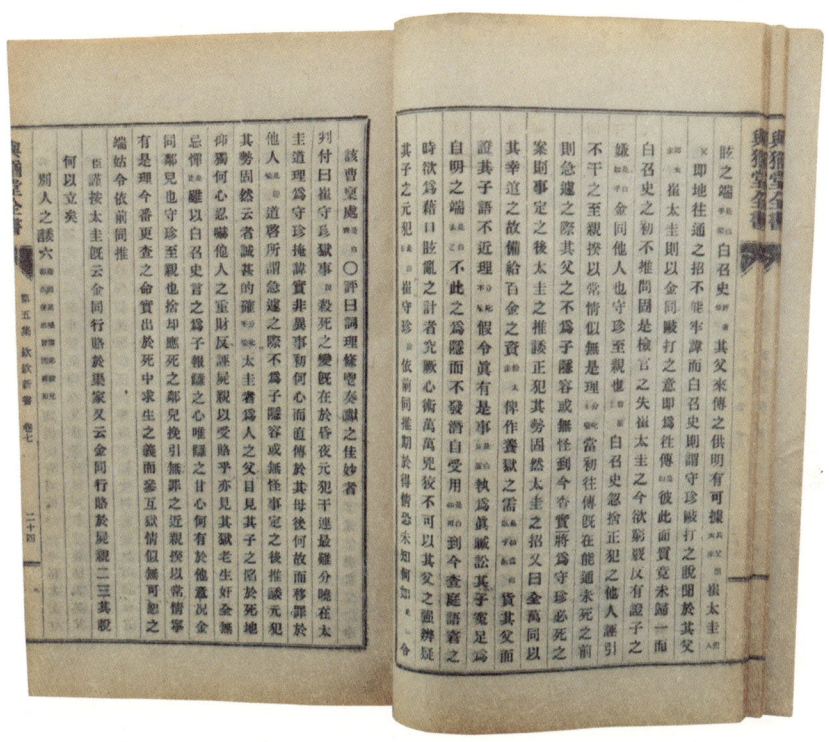

《흠흠신서》 권7 상형추의8 다른 이에게 범행을 떠넘기는 경우5, '구성 백성 최수진이 최능통을 살해하다. [龜城民崔守珍殺崔能通]'에서 이어짐
국립중앙도서관 소장

증인으로 삼는 등 사건 조사 과정에서 잘못된 점들이 많다. 또한 백씨는 바로 최능통의 어미인데, 최수진의 아비 최태규가 와서 아들이 구타한 상황을 그녀에게 말해 주었다고 진술하고 있다. 그렇다면 당초 옥사가 이루어졌을 때에 어찌하여 어미 백씨를 심문하지 않은 것인가? 유혈이 낭자하고 증언이 분명하다는 이유만으로 갑자기 사형에 처할 수는 없다. 백씨를 다시 세밀하게 조사해 장계를 올리도록 하라."

최태규의 간교한 술수에 속지 말라

1784년 5월 평안도 관찰사는 재조사 결과를 보고했다. 그는 범인[최수진]의 아버지 최태규가 아들을 보호하려고 금동을 범인으로 지목하는 등 허위 증언을 일삼는다며 흉악한 최태규의 계략에 말려들어서는 안 된다고 강조했다.

"싸움이 한밤중에 노름판에서 벌어졌으니 다른 사람에게 범행을 떠넘기려는 말이 쉽게 나올 수 있습니다. 또한 사건에 관련된 자들이 도리어 간증干證·사건의 목격자 등으로 사건을 증언하는 사람이 되었으니, 옥체로 보자면 의심이 들고 미혹할만한 단서가 없지 않습니다. 백씨죽은 최능통의 어미는 최수진의 아비최태규가 와서 아들의 사망 소식을 전했다고 공초했으니 믿을 만하고, 최태규 역시 곧바로 가서 알렸다고 진술했으니 이 또한 분명한 사실입니다. 백씨는 최수진이 구타했다는 말을 최태규로부터 들었다고 진술했고, 최태규는 금동이 구타했다고 전했다고 하므로 두 사람을 대질심문했으나 하나로 귀결되지 않았습니다. 백씨를 초검에서 심문하지 않은 것은 실로 검관의 실수입니다. 지금 최태규를 엄히 조사하려고 하지만 아들의 죄를 아버지로 하여금 증언하도록 압박하는 것이니 문제가 있어 보입니다. 금동은 백씨의 친척이 아니고 최수진은 가까운 친척인데, 인지상정으로 볼 때 백씨가 금동을 주범이라 하지 않고 사건과 무관한 친척을 허위로 끌어들인다는 것은 있을 수 없는 일입니다. 뿐만 아니라 최태규가 처음에 소식을 전할 때는 최능통이 죽기 전이고 급박한 상황인지라 미처 아들을 숨기려는 생각을 하지 못할 수 있지만, 재조사할 때 아들[최수진]이 사형당하는 것을 막으려고 다른 사람을 주범으로 지목한 것도 정황 상 그럴 수 있습니다. 그밖에 최태규가 범죄사실을 진술한 것을 보면, 금동이 도망치면서 돈을 자신에게 주고는 최수진의 옥바라지 비용으로 쓰라고 했다는데 도대체 이치에 맞지 않는 말입니다. 만일 금동이 그랬다면 처음부터 이를 증거로 아들 최수진의 억울함을 호소했으면 될 터인데, 지금 재조사 과정에서 말이 궁핍해지자 여러 가지 핑계를 대어 옥사를 어지럽히려는 계책을 쓰니 마음이 너무도 흉악하고 교활합니다. 최태규의 말도 안 되는 변명에 현혹되어 최수진이 주범이라는 사실을 의심해서는 안 될 것이니, 최수진을 재차 조사하여 범죄 사실을 추궁해야 합니다."

다산은 다른 사람에게 죄를 덮어씌우려고 무고하거나 허위진술로 엉뚱한 사람을 범인으로 만드는 자들에 대해서는 엄하게 처벌해야 한다고 누누이 강조했다. 때문에 이 사건에 대한 평안도 관찰사의 보고서를 읽은 뒤 그 내용이 너무도 정확하여 검안의 표본과도 같다고 칭송했다. 용서할만한 자라야 감형할 수 있지, 용서할 수 없는 자들은 반드시 처벌해야 한다는 게 다산의 근본적인 생각이었다.

용서하기 어렵다

1784년 5월, 정조 역시 평안도 관찰사와 형조의 보고를 연이어 받고 최수진을 용서할 수 없다고 판단했다.

"싸우던 중 사람을 죽이는 변고가 한밤중에 일어났으니 주범과 관련인을 분간하기 매우 어렵게 되었다. 아버지 최태규가 인정상 아들을 구하려고 사실을 덮고 숨긴 것은 이상한 일이 아니다. 하지만 처음에는 무슨 마음으로 피살자의 어미에게 곧장 사실을 전해 주었다가, 나중에는 또 무슨 까닭으로 죄를 다른 사람에게 떠넘겼는가? 평안도의 계사에서 이른바 '급하고 정신없는 와중에 아들을 위해 사실을 숨기지 못한 일은 이상할 게 없고, 사건이 정해진 뒤에 주범을 남에게 미룬 것도 정황 상 당연하다.'라고 한 것은 참으로 정확하게 본 것이다. 뿐만 아니라 최태규는 아비 된 자로 아들이 죽을 위기에 처한 것을 직접 보았으니 어떤 마음이었겠는가. 그런데 살인사건이 마무리되지 않고 오랫동안 이어지자 시친屍親·죽은 자의 친·인척, 여기서는 백씨이 뇌물을 받았다고 무고하는 등 간사한 계교를 부린 것이다. 또한 백씨의 입장에서 보자면, 금동과 최수진 가운데 누가 진범이든 아들을 죽인 자에게 복수하려는 마음에는 차이가 없을 것이다. 더구나 금동은 이웃에 사는 아이이고 최수진은 가까운 친척이다. 마땅히 죽어야 할 이웃에 사는 아이를 내버려두고 죄 없는 친척을 범인으로 지목한다는 것은 인지상정으로 보건대 그럴 수가 없는 일이다. 이번에 재조사를 명한 이유는 사형에 처할 상황에서 살려 줄 길을 찾으려는 뜻에서 나온 것이지만 살인사건의 실정을 이리저리 고려해 보아도 참으로 용서할 만한 단서가 없는 듯하다."

정조 역시 최수진의 아비 최태규가 간교를 부리고 있다는 사실을 직시하고, 최수진이 진범임을 의심하지 않았다. 그럼에도 사형에 처하기 전에 살려줄 방도를 다시 한 번 살피는 게 정조가 생각한 어진 정치였다.

1785년 정조의 최종 판결

이후 한 번 더 합동 조사가 실시되었고 1년여가 그렇게 지나갔다. 1785년 7월 사건이 발생한 지 무려 3년이 지난 뒤 정조는 마지막 판결을 내렸다. 정조는 오랫동안 조사했음에도 불구하고 이 사건의 증언과 증거들이 믿기 어려우므로 일단 의심스러우면 가볍게 처벌한다는 '죄의유경罪疑惟輕'의 원칙을 적용하기로 했다. 최수진을 사형 대신 유배형에 처한 것이다.

"이번 살인사건에 대한 전후의 논의는 모두 최태규가 달려가서 사망 소식을 전해주었다는 말과 금동 등이 구타 현장에 있었다는 증언을 사건 판결의 근거로 삼았다. 하지만 아비로서 아들을 위해 사실을 숨기지 않고 전했다는 것은 인지상정에 비추어 이해하기 어렵고, 사건 관련자들의 증언을 증거로 삼는 것은 살인사건을 처리하는 올바른 태도가 아니다. 더욱이 금동은 최수진을 도울 생각이 조금도 없는 자인데 당시 최수진의 구타가 단지 몇 차례에 불과했다고 진술했다. 그렇다면 죽은 최능통의 뒤통수에 난 구멍과 출혈, 좌우 척추의 피멍과 벗겨진 살갗, 팔꿈치의 딱딱한 상처, 엉덩이와 넓적다리의 검푸른 멍 등 허다한 상처가 어찌 한 사람의 손으로 몇 차례 때린 것으로 가능하겠는가? 평안도 관찰사가 올린 보고서는 중요한 대목들을 잘 파악했다고 할 만하다. 더구나 소년배들이 이웃의 싸움에 칼을 빼드는 일은 늘 벌어지는 일이요, 도박판에서 서로 득실을 따지다 보면 어두운 방에서 칼을 쓴 자가 누구인지도 알 수 없는 게 정상이다. 이러한 정황을 헤아려 보면 이미 여러 소년배들이 장난치고 희롱하다가 벌어진 일이요, 결국 명백한 증거를 찾지도 못했다. 이로 보나 저로 보나 살려주는 쪽으로 논의함이 유경惟輕·피의자를 가볍게 처벌하는 일의 정신에 해롭지 않을 것이다. 최수진을 특별히 참작해 유배를 보내라."

결국 정조는 최수진이 홀로 범행한 것이라기보다는 도박장에 드나드는 불량 소년배들이 최수진과 최능통의 싸움에 끼어들어 간섭하다가 벌어진 사고사로 파악하고, 정황을 참작해 최수진을 사형에 처하는 대신 유배로 감형했다. 최수진은 평안도로부터 멀리 경상남도 초계군지금의 합천으로 유배되었다. 그 뒤에 여러 해가 지난 1789년 합천으로 유배된 죄수가 열 명이 넘어서자 다시 경기도로 이배되었다. 조선 후기에는 한 마을에 너무 많은 죄수가 함께 몰려있는 것을 방지하기 위해 열 명이 넘어가면 다른 지역으로 죄수들을 옮기곤 했는데 이런 전례를 따른 것이었다.

다산의 불만

어찌된 일인지 다산은 《흠흠신서》에서 평안도 관찰사의 보고서와 정조의 1784년 하교만을 수록한 채 유배형을 결정한 1785년 정조의 마지막 판결을 누락시켰다. 앞에서 언급한 것처럼 1784년 정조의 판결은 '용서할 수 없다'라는 것이었지만 마지막 하교는 유배로 감형한 처분이었다. 추론해 보건대, 다산이 정조의 최종 판결에 불만을 품었으나 이를 직접 비판하는 대신 1784년에 내린 엄형의 하교만을 수록해 우회적으로 비판한 것으로 보인다.

다산의 생각은 남에게 혐의를 뒤집어씌우려 한 최태규의 거짓증언과 간계를 절대 믿을 수 없다고 한 마지막 평론에 잘 녹아 있다.

"최태규가 진술하기를 금동이가 도망치면서 최태규 자신에게 뇌물을 주고 아들 최수진의 옥바라지를 잘하라고 했다거나, 금동이가 최능통의 유족에게도 뇌물을 주었다고 하는데 이런 그의 진술은 전혀 믿을 수 없다."

최태규의 거짓증언과 다른 사람에게 죄를 전가하려는 흉악한 간계를 분명히 알면서도 사건이 의심스럽다고 감형한다면 결국 최태규의 의도대로 된 것이 아닌가? 이런 판결이 과연 법의 정의를 제대로 구현했다고 할 수 있을까? 다산은 절대 아니라고 말하고 싶었을 것이다. 최태규를 절대 믿을 수 없는 만큼 말이다.

제15장 어디까지 책임을 물어야 하는가

나 때문이다

18세기 중국 청나라 복건성에서 일어난 일이다. 마을사람 장행은 같은 동네의 양약, 양용 두 사람을 못마땅하게 생각하던 중 이들을 때려주기로 계획했다. 양약의 집은 강의 남쪽에 있었고, 그의 전답은 강의 북쪽에 있어서 일을 하다가 귀가하려면 반드시 강을 건너야 했다. 사건 당일 장행 무리가 양약을 때리려고 쫓아왔고 이에 놀란 양약은 급하게 강을 건너 집으로 도망쳤다. 양약을 뒤쫓던 장행은 양약과의 거리가 상당히 멀어지자 아무리 빨리 쫓아도 추격하기 어렵다고 판단해 중도에 추격을 그만두었다. 이 사실을 몰랐던 양약은 강으로 뛰어들어 계속 도망치다가 물살에 휩쓸려 그만 죽고 말았다. 사실 뒤쫓던 장행이 흉기를 가지고 있었던 것도 아니었고, 추격하다가 중도에 그만두었으므로 양약이 급하게 도망칠 필요도 없었다. 강을 건너지 않았다면 죽을 일이 없었으니, 양약이 죽은 것은 잘못된 판단으로 인한 사고사라는 말이다. 한편으로 생각해 보면, 장행이 양약을 쫓아가 때리려 했을지라도, 양약이 죽은 데 대한 책임을 장행에게 묻기 어렵지만, 다른 한편으로 양약의 '사망 원인'을 생각해 보면 구타를 계획하고 뒤쫓은 장행에게 책임이 전혀 없다고 말할 수도 없었다.

이렇게 직접 사람을 때리거나 흉기로 찔러 죽음의 직접적인 원인[近因]을 제공하지는 않았지만, 죽음에 대한 간접적인 원인을 제공한 사람을 어떻게 처벌해야 할까? 중국에는 "백인이 나로 말미암아 죽었다."라는 고사에서 볼 수 있듯이, 죽음에 대해 간접적인 원인을 제공했을 경우라도 그 책임을 물었던 유아지율由我之律이라는 독특한 형률적용의 원칙이 있었다. 직접 죽이지 않았다 해도 죽음에 대한 책임[由我]을 면키 어렵다는 뜻이다. 《진서晉書》〈주의열전周顗列傳〉을 통해 이야기의 전말을 들여다보자.

삼국시대 진晉나라에 주백인이라는 사람이 있었는데, 본명이 주의周顗이고 자가 백인伯仁이라 주백인으로 불렸다. 백인은 생전에 왕돈王敦 등이 반란을 일으키면서 친인척이었던 왕도를 죽이려 하자 그의 목숨을 구하기 위해 왕도의 결백을 변호해 준 적이 있었다. 하지만 백인의 변호로 목숨을 부지한 사실을 전혀 몰랐던 왕도는, 나중에 백인의 목숨을 변호해야 하는 상황에서 백인을 변호하지 않았고 이 때문에 백인이 죽게 되었다. 시간이 한참 흐른 뒤에 저간의 사정을 알게 된 왕도는 자신이 적극적으로 변호하지 않아 백인이 죽게 되었음을 알고 "내가 비록 백인을 죽이지는 않았지만 백인이 나 때문에 죽었다."라고 후회했다. 과연 왕도가 백인의 죽음에 책임이 있다고 볼 수 있을까? '자신으로 인해 일어난 결과'에 대해 어디까지 책임져야 할까? 이는 죄와 벌을 둘러싼 철학적 질문을 불러일으킨다. 왜 책임을 져야 하는지, 책임의 한계는 어디까지인지, 그리고 책임져야 할 경우 어떤 처벌이 적당한지 등과 연관되어 있기 때문이다. 이 고사에서 볼 수 있듯이, 당시에는 인과관계로 얽혔을 경우 현재보다 좀 더 넓은 범위에서 행위의 책임을 지우는 문화가 자리 잡고 있었다.

다시 장행의 사건으로 돌아가 보자. 장행이 양약을 때리려고 뒤쫓았다는 사실이 확인된다면 양약의 죽음에 대해 조금이라도 책임져야 할 것이다. 하지만 청나라 법전에는 이 사건에 정확히 부합하는 조문이 없었다. 때문에 판관은 사건에 적용할 만한 가장 유사한 법조문을 인용해 재량껏 판단해야 했다. 당시 청나라 복건성의 순무巡撫·지방관는 투살율鬪殺律을 인용하면서, 장행이 양약을 직접 구타하지는 않았으므로 사형 대신에 유배형을 내리는 게 맞다고 결론 지었다. 순무의 보고를 접한 중앙의 형부刑部는 다음과 같이 논의했다.

"장행은 양약이 이미 멀리 도망치는 것을 보고는 추격하지 않았으니 사납게 위협해 죽이려는 마음이 없었음을 알 수 있다. 그러므로 유배형은 지나치게 무거운 듯하다. 사람을 핍박했을 때 적용하는 조문[위핍치사율]을 참고해 도형徒刑·노역형으로 감형한다."

사람을 때려죽였을 때 적용한 투살율을 인용해 유배형에 처한 지방관의 판결에 대해, 형부는 '죽이려는 의도'가 없었으므로 유배형에서 감하여 도형으로 낮추었던 것이다.

166

이와 유사한 사건이 18세기 청나라 광동에서도 벌어졌다. 광동사람 정복진은 바다에서 새우를 잡아 생계를 꾸렸다. 함께 일하던 진아오와 진아이 두 사람은 정복진과 사이가 나빴는데 이 때문에 진씨 형제는 정복진을 구타해 분풀이를 하려고 마음먹었다. 진아이가 물에 들어가 정복진을 붙들고 있으면 진아오가 합세해 구타하기로 한 것이다. 하지만 계획을 실행하려던 날 갑자기 밀물이 밀어닥쳤고, 진아오는 급히 피해 목숨을 건졌지만 함께 일하던 정복진은 그만 익사하고 말았다. 사건의 내막을 조사해 본 결과 바다에 들어가 정복진을 붙들기로 한 진아이는 정복진의 근처에 가기도 전에 파도가 밀어닥쳐 물 밖으로 피신했고, 진아오는 아예 물에 뛰어들지도 않았다는 사실이 드러났다. 정복진은 진씨 형제의 구타 모의와는 상관없이 혼자 바다에서 일하다가 봉변을 당한 것이었다.

이 사건에 대해 청나라 형부刑部는 진아오에게 사람을 '핍박하여 죽게 한 죄'를 적용하되 직접 죽이지 않았으므로 한 단계를 감하여 삼천리 밖 먼 곳으로의 귀양을 결정했다. 그리고 동일한 죄목에 해당하지만 하수인이었던 종범 진아이에게는 3년간 중노동을 하도록 판결했다.

앞의 두 사건처럼 직접 사람을 죽이지는 않았지만 '죽음의 원인'을 제공했다고 판단한 경우, 중국과 조선 모두 원인 제공자들에게 피해자의 죽음에 대해 일정한 '책임'을 물었다. 이것이 바로 '유아지율由我之律'이다. 문제는 이를 오용하거나 남용할 경우 억울하게 혹은 필요 이상으로 과도하게 책임질 사람이 생겨날 가능성이 있다는 사실이다.

앞의 사건들을 보면, 가해자들이 피해자를 때릴 생각이 있었지만 직접 때리지는 않았으며 죽음의 원인 또한 구타 때문이 아니었다. 그렇다면 피해자들의 죽음을 사고사로 처리하고 죽음의 원인을 피해자 본인들의 불운이나 실수로 돌리는 것이 정의로운 판결일까? 아니면 가해자의 위협이 없었다면 일어나지 않을 일이었으므로, 가해자에게 어느 정도 책임을 지우는 것이 옳은 처사일까?

당시 가해자에게 책임을 묻자는 의견에 대해, '위협'이 죽음과 직접적인 인과관계가 있다고 보기 어려우므로, 가해자를 원인 제공자로 간주하는 것은 지나치다는 주장이 지배적이었지만 청나라 형부刑部는 유배를 보내거나 노역에 처하는 중형重刑으로 의견을 수렴했다. 이는 죽음의 먼 원인을 제공한 측에도 책임을 물으려는 '처벌 의지' 때문이었다.

우연히 벌어진 사건에 대해서는 책임질 수 없다

다산은 앞서 두 사건에 대한 청나라 형부의 판결을 특별히 언급하지는 않았다. 그렇다고 해서 그가 청나라 형부의 결정을 지지했다고 결론 내린다면 성급하다는 지적을 면키 어렵다. 다산이 청나라 형부의 '처벌에 대한 강력한 의지와 이에 근거한 판결'에 대해 매우 비판적이었기 때문이다. 양약을 직접 살해하지 않았던 장행, 그리고 정복진을 물에 빠뜨리지 않았던 진씨 형제에게 피해자들의 목숨값을 받아 내는 게 과연 정당한가? 다산의 대답은 '아니다'였다.

조선 후기 영조 치세에도 청나라 때의 사례와 비슷한 일이 벌어졌다. 영조 52년1776년 순천부의 조이중은 사촌형 조계중이 이양택에게 얻어맞은 일에 격분하여 조계중, 김세강 등과 힘을 합쳐 이양택을 구타했다. 매를 맞던 이양택이 몸을 피해 도주하던 중 그만 물에 빠져 죽고 말았다. 1776년에 초검관은 이양택이 물에 떠밀려 익사했다고 보고했고, 복검관은 이양택이 맞아죽은 뒤 물에 던져진 것이라고 보고했다. 문제는 이양택을 물에 빠뜨린 것은 김세강이었고, 심하게 구타한 것은 조계중이라는 사실이었다. 이양택을 죽음에 이르게 한 주요 원인이 익사라면 김세강이 주범이 될 것이고, 구타가 주요 원인이라면 조계중이 주범이 될 것이다.

이렇게 여러 해를 끌면서 주범을 확정하지 못하자, 정조 6년1782년 4월 이양택의 부인 허씨와 아들이 억울하다는 유언을 남기고 자살하고 말았다. 그리고 이양택의 노비 쾌손이 주인의 복수를 위해 임금에게 글을 올렸고, 이를 계기로 조사가 재개되었다. 하지만 재조사에도 불구하고 사건의 주범은 확정되지 않았고, 또다시 몇 년이 지나갔다. 주범을 확정하지 못하게 되면, 이 사건은 의옥疑獄·죄의 유무를 판단하기 힘든 사건으로 굳어질 가능성이 높았다. 조선시대 의옥은 죄의유경罪疑惟輕·죄가 의심스러우면 가볍게 처벌한다의 원칙에 따라 석방하는 게 보통이었다. 하지만 당시 형조는 세 사람이양택과 처와 아들이 목숨을 잃은 사건이므로, 피의자를 가볍게 처리하거나 석방할 수 없다고 주장했다. 이런 형조의 판단에는 세 명이 목숨을 잃은 데 대해 누군가는 책임져야 한다는 생각이 깔려 있었다.

결국 사건이 발생한 지 무려 24년이 지난 정조 14년1790년이 되어서

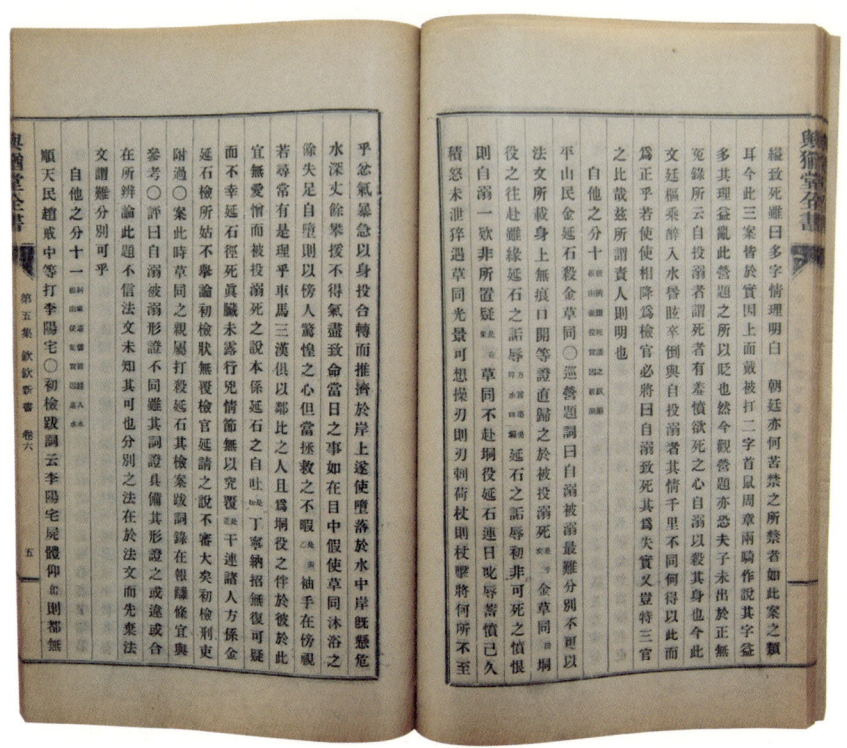

《흠흠신서》 권6 상형추의4, 자살과 타살의 구분11, '순천 백성 조계중 등이 이양택을 타살하다[順天民趙戒中等打李陽宅]'
국립중앙도서관 소장

야 사건은 마무리되었다. 정조는 당시 유배 중이었던 조계중을 세 차례 엄히 처벌한 뒤 석방하도록 하고, 전라도 관찰사에게 하교하여 이양택의 부인 허씨에게 정문旌門을 내리고 표창하도록 했다.

"변방의 시골 여인이 지아비를 위해 복수하려고 칼로 스스로 목을 찌르는 것도 부족해 끝내 식음을 전폐하고 죽었으니, 아마도 이와 같은 정절은 옛날 열부烈婦에 견주어 보아도 부끄러움이 없다."

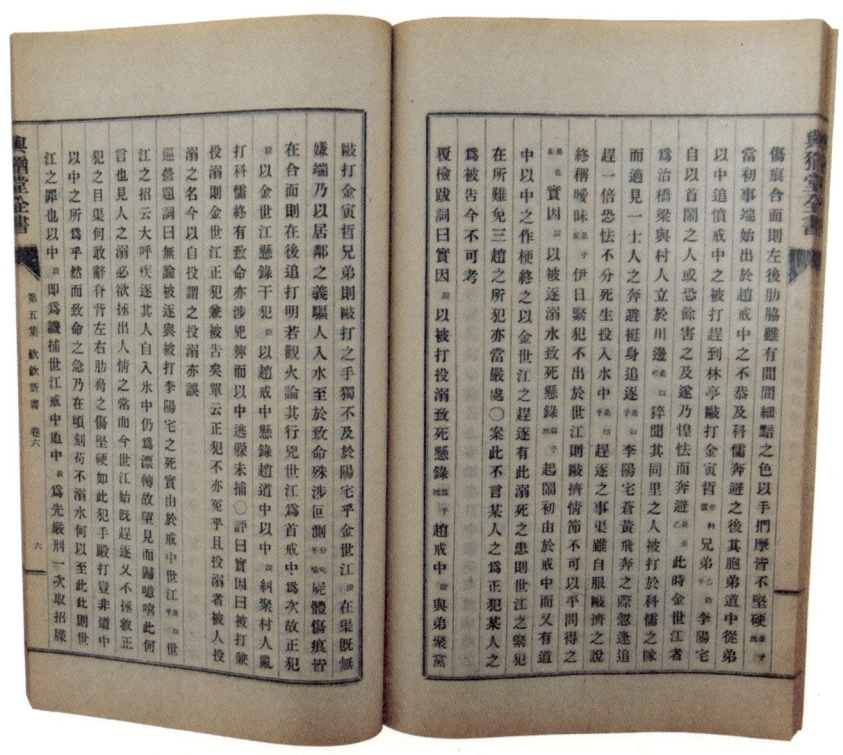

「《흠흠신서》 권6 상형추의4, 자살과 타살의 구분11, '순천 백성 조계중 등이 이양택을 타살하다[順天民趙戒中等打李陽宅]'에서 이어짐. 국립중앙도서관 소장.

　이 사건에 대해 다산은 처음부터 조사가 허술해 수십 년을 낭비했으며 그 와중에 애꿎은 사람들이 자살했다고 통렬하게 비판했다. 이어서 그는 사건의 진실은 이양택이 물에 빠져 죽은 것으로, 단지 사고사에 불과하기 때문에 죽음의 책임을 조계중이나 김세강에게 지울 수 없다고 강조했다.

　《무원록》의 '스스로 물에 빠져 죽은 조문[自溺死條·자익사조]'을 살펴보면, 싸움이 끝나고 각각 흩어졌다가 물에 빠져 죽은 경우 비록 그 시체에 맞아서 생긴 상처가 있다 해도 이를 사망 원인으로 간주해서는 안 된다. 다만 물에 빠져 죽게 된 것[落水致死·낙수치사]으로 간주해야 한다. 맞은 상처가 급소이고 기한 이내(구타당한 뒤 20일 안에 죽은 경우로 구타살[毆打殺]을 적용할 수 있는 기한)에 죽을지라도, 이미 물에 떨어져 죽었다면 (구타사가 아니라) 다른 이유 즉 물에 빠져 죽은 것으로 간주해야 한다. 지금 이양택의 시신에서 갈비뼈가 부러지고 머리가 깨지는 등 급사急死의 상처가 있다 하더라도, 그가 목숨이 끊어지기 전에 물에 빠졌다면 죽은 원인은 단지 물에 빠져 죽은 것[낙수치사]으로 기록해야지 구타당한 것[被打·피타]이라는 문자를 사용해서는 안 된다. 하물며 그 상처가 좌우 갈비뼈 옆에 작고 희미하게 난 정도라면 더욱 구타사가 아니다. (중략) 이양택이 죽은 결정적 원인은 '스스로 물에 빠진 것[自溺]'이다. 물론 구타의 상처가 매우 심하고 반드시 죽을 수밖에 없는 급소였다면, 범인의 죄를 논하면서 사형이나 유배형에 처할 수도 있을 것이다. 그러나 범인에게 어떤 죄를 물어야 할지만 골몰할 뿐, 피해자가 혹시 다른 원인 때문에 죽은 것은 아닌지는 왜 생각하지 못하는가?"

다산은 범인을 처벌할 생각만 할 뿐 죽음의 원인을 다양하고 세밀하게 확인하지 못한 세태를 비판했다. 가해자를 처벌할 생각에 구타에만 초점을 맞추었을 뿐 사고사의 가능성은 제대로 고려하지 않은 관리들을 질타한 것이다.

다산은 정확한 사망 원인을 찾는 것이 사건 판결에서 가장 중요하다고 보았다. 구타가 있었더라도 치명상이 아니라면, 그리고 구타를 당한 뒤 기한 이내에 죽었더라도 물에 몸을 던져 죽었다면 죽은 원인은 구타가 아니라 익사溺死 혹은 물에 빠져 죽은 것으로 봐야 한다. 다산은 "누군가에게 책임을 물어야 한다는" 생각 때문에 죽은 원인을 깊이 따지지 않은 채 책임질 사람만을 색출하려 했던 당시의 법관행을 비판했다. 그리고 죽음의 원인을 결정할 때도 직접적인 원인에 초점을 맞추었다. 죽음의 원인을 직접적인 원인이 아니라 멀리서 찾게 되면, 책임지지 않아도 될 사람에게 책임을 지울 수도 있기 때문이다. 하지만 인과관계를 어디까지로 제한해야 하는지 결정하기란 쉽지 않은 일이다.

정작 다산 본인도 자신의 주장을 강화하기 위해 직접적으로 인과관계가 없는 '먼 원인'을 활용했다. 다산은 이양택이 조씨 일가에게 쫓기게 된 이유가 바로 이양택이 조계중을 먼저 구타했기 때문이라고 보았다. 이양택이 조씨 일가에게 쫓기다가 죽은 것이라고 확정하려면, 먼저 조씨 일가가 이양택을 구타하고 추격한 이유를 추궁해야 한다는 것이다. 그렇다면 조계중을 먼저 구타한 이양택에게 도리어 책임의 '먼 원인'이 있는 것은 아닐까? 다산의 추론은 계속되었다.

"사실 먼저 조계중을 때린 사람은 이양택이다. 상황이 이렇다 보니 이양택은 조계중에게 맞을까 봐 겁을 잔뜩 먹었고, 그 때문에 빨리 도망친 것이다. 빨리 달리는 사슴은 숲을 가릴 겨를이 없고 겁을 먹은 사람은 하찮은 일에도 놀라는 법이니, 김세강의 외마디 큰 소리에 넋이 나간 조계중은 불이면 불로 물이면 물로 뛰어든 것이다. 원래는 헤엄을 쳐서 건너려고 했지만 몸이 느려져 물에 빠지고 말았으니 그야말로 쫓기는 자에게서나 볼 수 있는 상황이다. 이는 위협을 당해 슬픔과 원통함이 가득 차올라 밤낮 생각하다가 물에 뛰어든 경우와는 전혀 다르다."

다산의 논리대로라면 이양택은 죽음을 자초한 꼴이 된다. 이에 다산은 "위협에 의한 살인죄[威逼殺人之罪]를 김세강에게 더한다면 사실과 부합하지 않는다."라고 결론지었다. 김세강에게 목숨으로 보상하도록 할 법이 없다고 단언한 것이다. 다산은 이양택이 조씨 일가에게 붙들렸어도 목숨을 부지할 수 있었지만, 죽을 수도 있는 물속으로 뛰어든 것은 그의 선택이었다고 보았다. 붙들리지 않으려고 물에 뛰어든 이양택의 선택을 김세강이 헤아릴 수는 없는 일이며, 물에 뛰어들어 죽는 일은 더욱 예측 불가능한 일인데 이런 '우연'한 결과마저 책임질 수 없다는 것이다. 요컨대 이양택이 도주하다가 스스로 물에 빠져 죽은 책임을 제3자에게 물으려 한다면 잘못이라는 게 다산의 결론이었다.

처벌에 앞서 정확한 사인규명이 우선이다

다산이 이런 주장을 하게 된 이유는 무엇일까? 그는 당시 '유아지율'이 남용 혹은 오용되면서 사건의 인과관계가 모호해지고, 이 때문에 책임지지 않아도 될 사람들이 가해자가 되어 처벌받는 일이 늘어나고 있다고 생각했다. 부정확한 법집행의 부작용으로 뜻밖의 피해자가 생겨나고 있었던 것이다.

정조 11년1787년 황해도 황주에서 벌어진 사건을 보자. 김성백과 문정추는 계모임에서 술을 마시다가 다투었고 김성백이 몽둥이로 문정추의 정강이 등을 때렸다. 매를 맞은 데 화가 난 문정추는 집으로 돌아가던 중 술기운에 그만 냇물에 넘어졌다가 일어나지 못하고 얼어 죽게 되었다. 이 사건의 초검과 재검을 담당한 사또들은 문정추의 사망 원인을 다음과 같이 보고했다.

"얻어맞고 물을 건너다가 어지럽고 취한 데다 차가운 냉기가 닥쳐 아찔해서 죽었다."

하지만 관련 자료를 확인한 다산은 1차 검안기록과 2차 검안기록의 오류를 지적했다.

"얻어맞은 자라면 물을 건널 리 없고, 물을 건너려는 자라면 어지러울 정도로 취할 리 없고, 어지러울 정도로 취한 자라면 냉기가 몰려온 것을 알 리 없고, 추위를 느낀 자라면 아찔할 리가 없다."

다산은 문정추가 구타당해 죽을 지경이었다면 물을 건너 귀가할 생각조차 하지 않았을 것이지만, 물을 건너려고 한 것을 보면 어지러워 쓰러질 정도는 아니었다고 보았다. 하지만 너무 취했다면 냉기를 느낄 수조차 없을 것이니, 결국 얻어맞은 후유증으로 물을 건너다가 죽은 것이 아니라 술에 흠뻑 취한 상태로 물을 건너다가 넘어져 얼어 죽은 것이라고 추정했다.

다산은 이 사건이 사고사임을 분명히 했다.

"문정추는 어두운 밤에 혼자 길을 가다가 자기 의지대로 바지를 걷고 물을 건너려 했으니 그 다친 것이 대단치 않았음을 알 수 있다. 그런데도 굳이 문정추가 얻어맞았다는 사실을 부각시키려는 이유가 무엇인가? 이 사건은 구타사도 아니고 스스로 물에 몸을 던진 '자익自溺'도 아니다. 단지 사고사인 낙수치사落水致死이므로, 그 책임을 김성백에게 지울 수 없다."

1780년 8월, 정조는 이 사건에 대해 다음과 같은 유지를 내렸다.

"당초 두 사람이 싸운 것은 그 흔적이 남아 알 수 있지만, 마지막에 물에 떠밀었다는 것은 참고할 만한 증거가 하나도 없다. 상처가 심했는지의 여부와 물에 빠진 곳이 깊은지의 여부는 따지지 않고, 문정추가 죽었다고 해서 김성백의 목숨을 빼앗는 것으로 마무리하면 안 된다. (중략) 이제 다시 조사해 진실을 확인했으니, 어찌 가벼운 법을 적용하지 않을 수 있겠는가. 김성백을 특별히 석방하라."

정조는 최종 판결에서 김성백이 문정추를 때린 뒤 물에 떠밀었는지 여부가 불확실하다는 점을 강조하고, 죄의 유무를 판단하기 힘든 사건은 가볍게 처벌한다는 죄의유경의 원칙을 적용했다.

이에 대해 다산은 죄의유경이 아니라 우연히 일어난 문정추의 죽음에 대한 책임을 김성백에게 지울 수 없다는 논리를 펼쳤다. 문정추는 김성백에게 모욕을 당한 뒤 울화가 치밀어 올라 스스로 물에 뛰어든 게 아니기 때문이었다. 이에 다산은 "부끄러움을 당한 사람이 분해서 죽으려고 스스로 빠져 죽는 경우를 자익사自溺死라 한다. 하지만 문정추는 술에 취해 물에 들어갔다가 현기증으로 갑자기 정신을 잃고 쓰러졌으니, 스스로 몸을 던진 경우와는 전혀 다르다."라고 강변했다.

다산은 기본적으로 유아지율의 필요성을 인정하고 있었지만, 유아

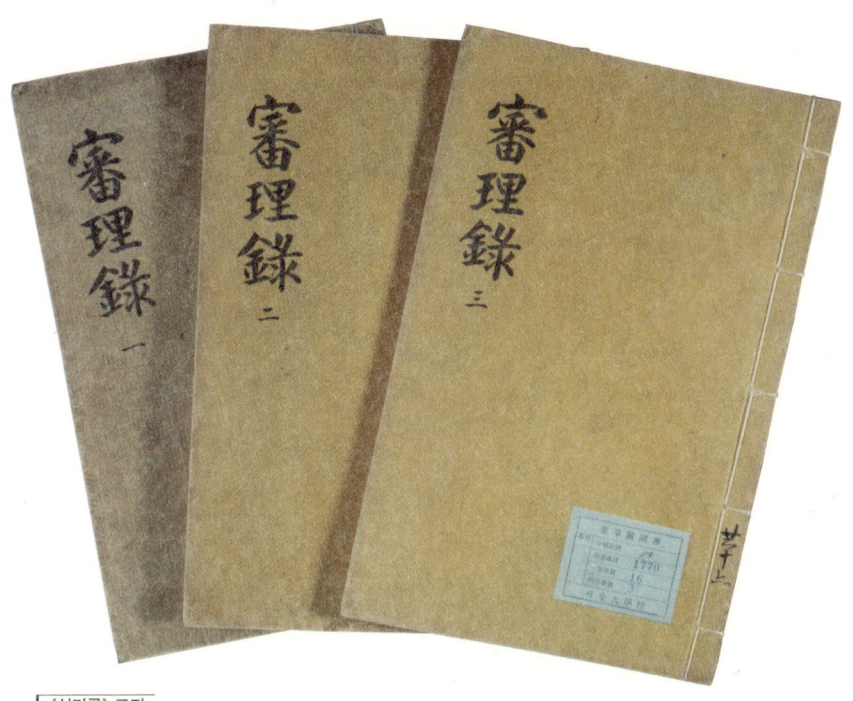

《심리록》 표지
서울대학교 규장각한국학연구원 소장

지율의 남용이나 오용의 피해사례를 묵과하지 않았다. 누군가에게 책임을 지우려는 '의지'가 과해지면 결국 엉뚱한 피해자를 만들어낼 수밖에 없기 때문이다. 범인을 처벌하겠다는 마음이 강할수록, 먼저 정확한 사인을 밝혀야 한다는 게 다산의 생각이었다. 그렇다면 사건의 인과관계를 어디까지 소급적용해야 할까? 오늘날에도 여전히 어려운 숙제가 아닐 수 없다.

제16장 다산의 후회

1807년 다산이 46세 때의 일이다. 당시 그는 전라도 강진에 유배 중이었다. 그런데 그해 9월 강진현에 사는 과부 정 씨가 자살하는 사건이 발생했다. 강진현 사또는 다산을 모셔다가 검안보고서를 작성하는 데 도움을 받으려 했다. 다산은 사건과 무관한 데다 심지어 조사할 지위에 있지 않은 유배객 신세였지만, 워낙 형사 사건의 심리에 뛰어나다는 평이 자자했기에 사또가 부탁한 것이었다. 나중에 다산은 형법서刑法書인 《흠흠신서欽欽新書》를 저술하면서 1807년 자신이 참여해 작성한 과부 정 씨 사건 보고서를 다시 읽어보게 되었다. 그리고 당시의 보고서가 매우 잘못되었음을 비판하고 크게 반성했다. 도대체 무슨 일이 있었던 것일까?

다산이 전라남도 강진의 유배지에서 거처하던 곳 ① : 사의재(위)와 보은산방(아래)

다산이 전라남도 강진의 유배지에서 거처하던 곳 ② : 이학래집터(위)와 보은산방(아래)

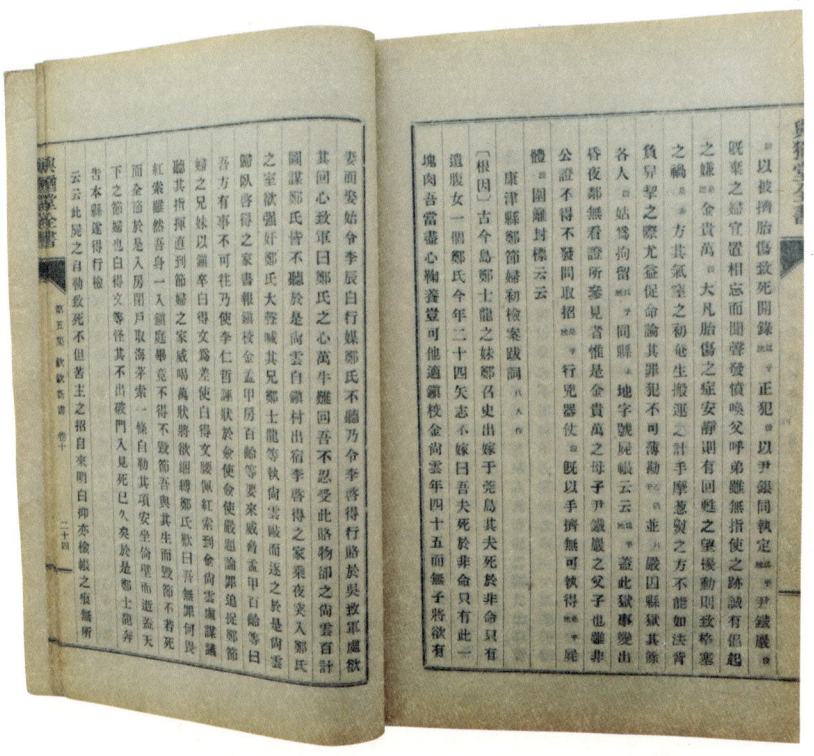

「《흠흠신서》 권10 전발무사2 '강진현 절부 정씨의 초검 발사-대신 작성하다[康津縣鄭節婦初檢案跋詞-代人作]'」
국립중앙도서관 소장

죽음으로 절개를 지킨 정 씨 부인

고금도에 살던 정 씨는 완도로 시집을 왔다가 남편이 비명에 죽고 어린 딸 하나를 키우며 살고 있었다. 나이 스물넷이니 아직도 젊고 고왔지만, 절개를 지키며 아이를 키우기로 결심했다. 당시 진영鎭營의 장교 김상운은 나이가 45세로 자식이 없었다. 그는 정 씨를 첩으로 들여 대를 이으려고, 중매쟁이를 붙여 재가를 권유했지만 정 씨의 뜻을 돌리지 못했다. 이에 김상운은 오치군이라는 자에게 돈을 주며 과부

정 씨의 마음을 바꾸도록 부탁했다. 하지만 오치군은 "정 씨의 마음은 수백 마리 소로 끌어도 돌리기 어려우니 차라리 뇌물을 돌려주겠다."라고 하며 그만두었다.

백방으로 모색하고 여러 가지 계획을 꾸몄는데도 정 씨가 듣지 않자, 김상운은 결국 사단을 벌이고 말았다. 야음을 틈타 과부 정 씨의 집에 강제로 침입해 정 씨를 강간하려 했던 것이다. 놀란 정 씨가 소리를 지르고 가족들이 몰려나와 김상운을 쫓아낸 뒤에야 소란은 잠잠해졌다.

하지만 김상운은 포기하지 않았다. 도리어 자신과 함께 일하는 장교를 꼬여 정 씨와 가족을 허위로 관아에 고발하도록 한 것이다. 마침내 전라도 수영을 관리하던 첨사는 군졸 백득문에게 정 씨를 잡아들이도록 명령하였다. 백득문은 오라를 허리춤에 차고 정 씨의 집에 도착해 그녀를 공갈하고 결박하려고 했다. 정 씨는 "내가 죄가 없는데 어찌 오랏줄을 두려워하리오. 다만 이 한 몸이 붙들려 가면 필경 정절을 잃고 말 것이다. 살아 정절을 잃느니 차라리 죽어 정절을 온전히 하느니만 못하다."라고 한 뒤에 방으로 들어가 새끼줄로 목을 매 자진하고 말았다. 여러 사람이 문을 부수고 들어갔지만 정 씨는 이미 죽은 뒤였다. 정 씨의 오빠 정사룡이 강진현에 달려가 고발했고 조사가 시작되었다.

사정을 참작하여 용서하는 게 과연 옳은가?

다산은 정 씨가 죽은 원인을 자살로 판단했다.

"이 시체를 보니 스스로 목을 매 죽은 것이 분명하다. 유족들의 진술과 시신의 상처를 보면 의심할 바가 없다. 목을 맨 흔적이 턱 밑에서 머리 뒤까지 둥글게 한 줄을 이루었으니, 검은 자줏빛으로 너비는 5푼 정도였다. 대들보 등에 줄을 매단 흔적이 없는 것으로 보아 목을 매달지는 않은 것으로 보인다. 다만 목숨이 끊어진 뒤 6일이 지나 시신의 여러 부위가 부패하여 목을 맨 상처가 분명하지는 않았다. 하지만 진술과 증거가 이미 하나로 귀결되고 상처가 《무원록》과 일치하니 스스로 목을 맨 것으로 결론짓는다. 그러나 자진했다고 한다면 범인이 없다는 말인데, 그렇다면 김상운을 사형에 처할 수 없다는 것인가? 평범한 부인이 정절을 지키려는데 한 미친 사내가 무례하게 남의 집에 들어가 강간을 일삼고 그것도 부족해 다른 이의 도움을 받아 부인을 협박하다가 티 없는 구슬이 스스로 깨져버리도록 했으니, 김상운이 이런저런 말로 해명한다 한들 어찌 죽음을 면하겠는가? 또한 《대명률》에 강간하려다가 부녀자를 위협하여 죽게 한 경우 사형에 처한다고 분명히 실려 있다. 그런데 단지 스스로 목을 맸다고 한다면, 김상운의 죄가 명확하게 드러나지 않을 것이다."

다산은 김상운을 처벌하고자 했다. 여기까지는 전혀 문제가 없었다.

그런데 어찌된 영문인지 검안보고서의 말미에서 다산의 태도가 바뀌었다. 김상운이 핍박한 게 분명하지만 그가 직접 죽이지는 않았으니 범인으로 확정하는 데 문제가 있다는 것이다. 실제로 정 씨를 협박한 사람은 김상운이 아니라 현장에 출동한 군졸 백득문이므로 그가 범인이라는 주장이었다.

"백득문이 정 씨를 핍박한 것은 모두 김상운 때문이지만, 실제로 협박한 사람은 백득문이다. 특히 도둑을 잡는 것도 아닌데 대낮에 붉은 오랏줄을 들고 협박하여 한 순간에 자진하게 했으니, 핍박하여 죽게 한 죄는 백득문이 받아야 마땅하다."

나아가 다산은 자식이 없어 대를 이어보려는 재취는 단순한 정욕과 다르다고 김상운을 두둔하기도 했다. 김상운이 중매쟁이를 보내 양가에서 많은 이야기가 오가는 중이었으므로, 정 씨 부인이 재취할 뜻이 없었지만 재취 이야기에 익숙했을 것이라고도 적었다. 이 때문에 다산은 나중에 크게 후회할 반성의 빌미를 이 사건 보고서에 남기고 말았다.

"이상의 사정을 감안해 보면 사건 처결에 도움이 될 것이다. 물론 저녁 무렵 문득 한 여인을 자진하게 한 변고를 생각하면 김상운을 사형에 처해도 안타까울 게 없다. 하지만 정 씨는 자기 몸이 더럽혀지지 않았으므로 김상운을 그렇게 원망할 필요가 없었는데, 문득 백득문의 붉은 오랏줄과 공갈 협박에 갑자기 억울한 마음이 들어 목을 맨 것이었다. 김상운은 정 씨를 재취로 들이려는 마음뿐이었지, 죽이려는 마음은 없었을 것이다. 그런데도 처음부터 정 씨를 죽이려고 생각했다면서 모살죄를 적용해 김상운을 사형에 처한다면, 인정을 살피지 않았다는 질타를 받을 것이다."

다산은 남을 대신하여 작성한 문서에 김상운의 고의 없음을 절절히 변호하고 말았다. 김상운은 사형에 처해지지 않고 유배형과 약간의 돈을 내는 처벌에 그쳤다.

판결은 조심하고 또 조심할 일

나중에 다산은 당시의 검안 보고서를 검토하고 자신의 잘못을 통렬히 반성했다. 조선 사람들은 범인의 '범犯'자를 직접 범행한 자에게만 적용하는 줄 알고 있지만 그렇지 않다는 것이다.

다산은 '범'이란 죄를 저질렀다는 의미이고 법률을 어겼다는 말이니, '범'의 조건을 손수 범행한 경우로만 한정해서는 안 된다고 보았다. 만일 어떤 사람이 어두운 방에서 계획을 짜고 자객을 보내 사람을 죽였다면, 그가 죽이지 않았다고 하여 범인이 아니라고 할 수 없다는 것이다. 또한 어떤 양반이 마루에 앉은 채 사내종을 시켜 몽둥이로 다른 이를 때려죽이게 했을 때 양반이 범인이 되는 것은 불문가지라는 것이다. 다산은 김상운이 정 씨 부인을 핍박해 죽음으로 몰고 간 '김상운-정 씨 부인 사건'의 경우에서도, 이와 동일한 이유로 김상운을 범인으로 처벌해야 했다고 자신의 판단을 바꾸었다. 특히 정절을 지키려는 과부를 욕보이려다가 죽게 했으니 김상운을 사형에 처하는 것이 당연하다고 보았다. 이전의 판결문대로 김상운이 애초에 정 씨를 죽이려고 했던 게 아니므로 용서하게 된다면, 강간하려다가 죽이거나 피해자가 자살한 경우 처음부터 죽이려던 게 아니었으니 용서해야 하지 않느냐는 황당한 주장도 가능해질 것이기 때문이다.

다산은 부녀자를 강간하고 협박해 마침내 죽게 한 김상운을 사형에 처해야 했는데, 검안보고서의 말미에 고의가 없었으니 정상 참작을 해야 한다고 서술함으로써 김상운을 제대로 처벌하지 못한 데 대해 마음속 깊이 반성하고 또 반성했다. 그리고 정 씨 같은 열녀를 조정에 알려 표창하도록 해야 했지만, 살인사건 조사를 제대로 못했다는 질책을 받을까 두려워 그냥 덮어버리고 말았으니 이 또한 부끄럽고 애석한 일이라고 후회했다.

사실 이런 다산의 생각은 중국의《대명률》과《대청률》의 처벌규정과 정확히 일치한다. 중국의 법률은 강간 미수未遂·이루어지지 않음와 이수已遂·이미 이루어짐를 막론하고 피해자가 자살한 경우 가해자를 사형에 처했기 때문이다.《대명률》에는 "강간으로 인해 피해자가 죽은 경우 가해자를 사형에 처할 수 있다."라는 조문이 있고 "강간 이·미수를 막론하고 피해자가 자살하면 가해자를 사형에 처한다."라는 설명이 붙어있다. 이처럼 '강간위핍조'는 가해자의 협박으로 야기된 죽음에 대해 광범위한 책임을 지우려는 취지에서 만들어진 조문이었다. 때문에 강간 이·미수 여부보다는 피해자의 '죽음'에 대한 죄책에 무게중심이 실려 있었다.

하지만 조선에서는 강간 피해자가 자살한 경우 중국과 다른 처벌이 이루어졌다. 먼저 강간 이수범은 사형에 처했다. 그리고 강간 미수범은 곤장을 친 뒤 유배형에 처했다. 문제는 정씨 사건처럼 강간 미수 후 피해자가 자살한 경우이다. 쟁점은 강간 미수범은 장류형인데 피해자가 자살한 경우 사형에 처한다면 강간 이수범의 처벌과 다르지 않다는 사실이었다. 때문에 강간 미수에 그친 뒤 피해자가 자살한 경우, 가해자 처벌을 두고 논란이 불가피했다. 강간 이·미수를 막론하고 가해자를 사형에 처한 중국과 달리, 조선에서는 강간 미수 사건의 경우 피해자를 자살로 몰고 간 가해자를 '강간 이수범보다는 약하게, 강간 미수범보다는 엄하게' 처벌했다. 사죄에서 감형하되 먼 섬이나 오지로

경기도 남양주의 다산 생가(위)와 내부 전경(아래)

다산의 묘소(위)와 생가에 복원된 다산 정약용 선생 상(아래)

| 경기도 남양주의 다산 생가에 있는 여유당 현판

유배 보내거나 죽을 때까지 유배에 처한 것이다. 당시 조선에서는 이렇게 하는 편이 더욱 합리적이라고 생각했다.

아마 다산이 1807년 장교 김상운을 사형에 처할 수 없다고 두둔한 것도, 당시 강간 미수 사건 이후에 벌어진 피해자의 자살사건에 대해서는 피의자를 사형에 처하지 않았던 조선의 법관행과 무관하지 않아 보인다. 하지만 수십여 년이 흐른 뒤 죄와 벌의 관계, 다시 말해 죄책罪責의 조건을 고민하게 된 다산은 정씨 부인을 죽음으로 몰아넣은 김상운에게 그 책임을 묻지 않을 수 없다고 결론지었다. 그래야 '범犯'의 의미가 정확하게 적용되었다고 본 것이다.

이러한 숙고의 과정들을 통해 다산은 '조심하고 또 조심한다'라는 의미의 당호[與猶堂]를 취하게 되었다. 그리고 사건의 판결은 조심하고 또 조심해야 하며 판결했다고 좋아할 일이 아니라는 뜻에서, 조심할 '흠欽'자를 겹쳐놓은 《흠흠신서》의 제목을 떠올리게 되었다.

다산은 중국 명말청초의 대학자 고염무(顧炎武)가 지은 〈생원(生員)에 관한 논설〉을 끌어와 조선의 양반사회를 비판한 적이 있다.

"중국에 생원이 있다면 조선에는 양반이 있다. 고염무가 온 천하 사람이 모두 생원이 될까 걱정하였다지만 나는 조선 사람 모두 양반이 될까 걱정한다. 사실 조선 양반의 폐단은 더욱 심하다. (중략) 그럼에도 내가 한 가지 바라는 바가 있으니, 이 나라 전체가 모두 양반이 되는 것이다. 온 나라 사람이 모두 양반이 되면 결국 양반이 없어지기 때문이다. 젊은이가 있기에 나이든 자가 드러나는 것이요, 천한 자가 있기에 귀한 자도 나타나는 법이다. 만일 모두가 존귀하게 되면 존귀한 자가 아무도 없는 것이나 마찬가지다. 관자가 말하였다. '온 나라 사람이 모두 존귀할 수는 없는 법이다. 모두 존귀해지면 되는 일이 없으며 나라에 결코 이롭지 않다.'"

이 글에 담겨 있는 다산의 진의는 무엇인가? 정말 조선의 모든 이들이 양반이 되기를 바란 것일까? 그렇지 않다. 다산은 양반답지 않은 자들의 양반 행세를 미워했다. 때문에 차라리 모두 양반이 되는 게 낫겠다고 썼을 뿐이다. 양반 사회를 비판했다고 해서 그가 양반 자체를 부정한 것은 아니었다. 다산은 진정한 군자와 그렇지 않은 사이비 군자를 구별하고 진짜 양반과 가짜 양반들을 갈라내고 싶어 했다. 성리학에서는 모든 이들이 타고난 덕성으로 인해 군자가 될 수 있다고 보았다. 하지만 현실에서는 모든 사람들이 전부 군자가 되는 것은 아니었다. 다산은 사이비들, 겉으로는 군자나 양반인 척하지만 실제로는 양심도 없고 도덕적 책임도 다하지 못하는 이들을 걸러내어 진정한 군자와 양반들의 세상을 만들고자 했다.

다산은 군자의 의로운 염치(廉恥)와 그렇지 않은 편협한 분노를 구별하고, 진정한 충효에서 이름뿐인 가짜를 제거하고, 여사(女士·학덕이 높고 어진 여인)의 드높은 절의와 아녀자의 인(仁)을 구분했다. 진정한 것들의 가치가 가짜들에 의해 오염되거나 희석되어버리는 현실을 좌시할 수 없었기 때문이다.

제3부

넘치는 폭력과 다산의 우려

제 17 장 복수의 조건

    정조 12년1788년 11월, 충청도 연산의 계모임에서 살인 사건이 일어났다. 최옥함과 석초득이 다투다가 취중에 최옥함이 석초득의 손가락을 물었는데, 그만 뼈가 부서지고 엄지와 새끼손가락이 썩으면서 독기가 온몸에 퍼져 석초득이 죽게 된 것이다. 물론 손가락을 문 정도가 아니라 무릎으로 가슴을 가격하는 등 구타가 있었다는 증언이 있었지만 확실치 않았다. 당시 충청도 관찰사는 사건 정황을 볼 때 손가락을 물린 정도가 그다지 심하지 않았고, 법에 비추어 봐도 최옥함이 사형에 처할 만한 죄를 지은 것은 아니라고 보고했다.

복수로 가득 찬 조선

    이듬해 1789년 8월, 정조는 충청도 관찰사와 형조의 의견을 인정하는 판결을 내렸다.

"'손가락의 독기가 어떻게 배와 어깨까지 침투할 수 있겠습니까?', '흘러나온 고름이 어떻게 배로 들어갈 수 있는지 모르겠습니다.'라는 경들의 논리는 매우 분명하다. 뿐만 아니라 '시장屍帳·시신의 검시 내역의 상처'와 석초득의 친인척이 진술한 내용이 서로 일치하지 않고 살인 사건의 정황에도 맞지 않다. 둘 중 하나만 어긋나도 살려주어야 하는데, 두 가지 모두 문제가 있으니 어찌 사형을 내리겠는가. 최옥함을 특별히 석방하도록 관찰사에게 분부하라."

정조는 시신의 증거와 관련자의 증언을 믿을 수 없다고 보았으며, 사건 보고서를 읽어봐도 최옥함을 사형에 처할 만한 어떤 근거도 발견하지 못하자 최옥함을 풀어 주었다. 죽은 석초득의 아들 석치규는 분을 참지 못했다. 아버지를 때려 죽음으로 몰아넣은 최옥함이 살인죄가 아닌 단순 폭행 정도의 처벌만을 받고 풀려났기 때문이다.

1년이 지난 1790년 8월에 사단이 일어나고 말았다. 석치규가 최옥함을 칼로 찔러 그 자리에서 살해한 것이다. 최옥함의 시신을 조사한 결과 어깨뼈와 늑골, 그리고 옆구리에 칼자국이 선명했다. 심지어 내장이 다 드러날 정도였다. 당시 사건을 조사한 충청도 관찰사가 정조에게 올린 글을 보자.

"부모의 원수를 갚겠다는 생각을 잠시도 잊지 않고 있다가 칼로 찔렀으니, 원수를 갚은 행위는 용서할 만합니다. 또한 멋대로 살인한 죄도 적용하기가 어려울 듯합니다."

충청도 관찰사는 부모의 원수를 갚은 복수 행위는 물론이거니와 '제멋대로 살해한 경우 처벌한다는 조문[擅殺之律]'도 적용하기 어렵다

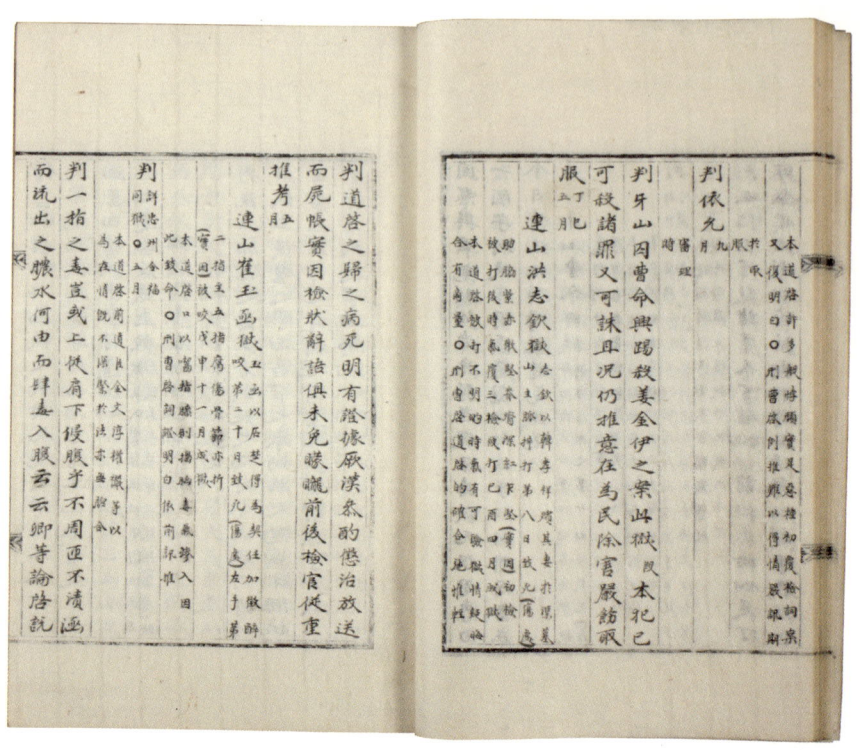

《심리록》 연산 최옥함 사건
서울대학교 규장각한국학연구원 소장

고 보았다. 아버지의 원수 최옥함을 살해한 석치규의 살인을 '의로운 복수'로 인정해 처벌할 수 없다고 본 것이다.

그해 9월, 정조 또한 관찰사의 의견과 같은 하교를 내렸다.

"(최옥함의) 죄를 감하려 했던 이유는 그가 석초득을 살해했다고 보기 힘든 단서가 나왔기 때문인데, 이제 석치규의 복수 사건이 벌어졌다. 그런데 관아에 나와 신고한 석치규의 행위나 죄인의 범죄사실 진술서를

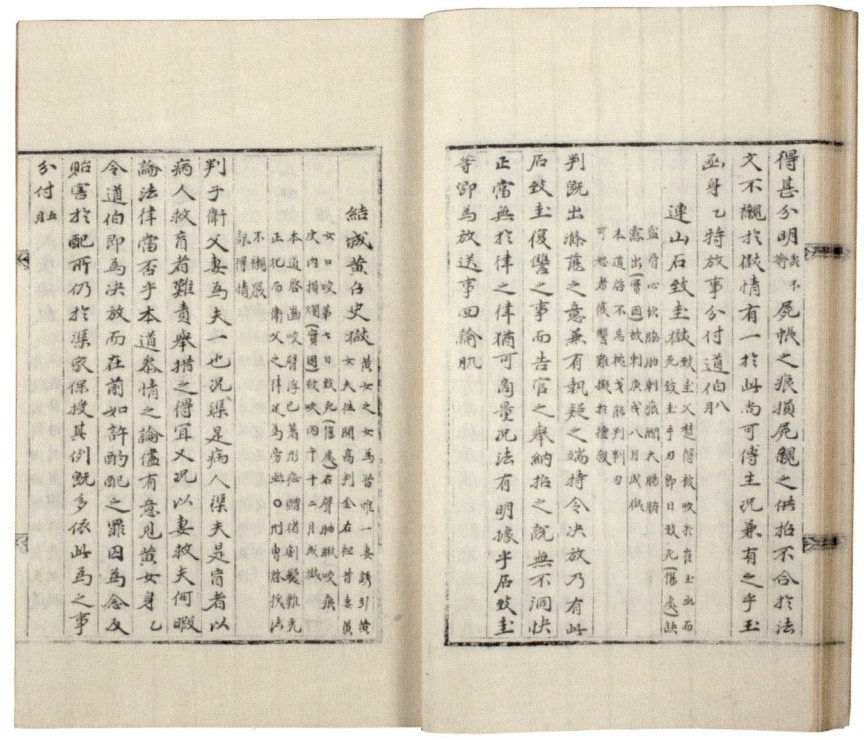

《심리록》 연산 석치규 사건
서울대학교 규장각한국학연구원 소장

보면 사실관계가 명확하고 정당한 것뿐이었다. 재판할 때는 구체적인 법조문이 없다 해도 참작해 판결할 수 있는데, 이렇게 법조문에 명백한 근거가 있으니 말해 무엇하겠는가. 석치규를 즉시 풀어주도록 하라."

정조는 아버지를 죽인 최옥함이 풀려나자 그를 복수·살해한 아들의 의리를 높이 샀다. 이런 식으로 사적 복수가 허용되고, 폭력이 넘쳐나게 되자 조선 후기의 많은 지식인들이 이를 우려하였다.

정조의 판결을 비판한 성해응

당시 성해응1760~1839년이라는 학자는 〈복수를 논함[復讐議]〉이라는 글을 지어 판결의 부당함을 통렬히 비판했다. 그는 살인자 석치규가 아비의 원수를 갚았으므로 용서할 수 있다고 본 충청도 관찰사의 견해를 문제 삼았다. 물론 이러한 비판은 정조의 판결에 대한 지적으로 이어졌다. 법적인 절차를 밟지 않고 사적으로 폭력을 휘두른 석치규의 만행이 용납되어서는 안 된다고 보았기 때문이다.

"우리 정조 임금께서 덕이 많고 인자하시어, 중죄인을 심리할 때마다 수라를 거르시며 밤에는 촛불을 밝히시어 여러 차례 따져 보셨다. 또 범죄와 관련된 모든 상황을 살펴 책임 소재를 면밀히 확인하셨으며 남은 흔적을 살펴보신 뒤에 올바로 판결하셨다. 이로 인해, 죽은 사람의 원한을 풀어주셨고 살아있는 사람이 억울한 일을 당하지 않게 하셨다. 최옥함을 석방한 것은 그가 석초득을 살해했다고 보기 힘든 단서가 나왔기 때문이며, 석치규를 용서한 것은 그의 효심을 높이 산 때문이었다. 하지만 이는 임금께서 가지신 큰 권한을 행사한 것이므로, 관리들이 판결에 참고해서는 안 된다. 대개 살인 사건을 정리해서 보고하면 이를 토대로 임금께서 판결하는 것인데, 조금이라도 살려 줄만한 여지가 있었기에 살려 준 것이다. 그런데도 석치규는 옥함이 깨물었기 때문에 아비가 죽었다고 생각해 경솔히 살해했으니, 담당 관리들의 논의를 거친 후 임금이 내린 최종 판결을 수긍하지 않은 것이다. 누구나 이렇게 행동한다면 이 나라에 어찌 법이 있다고 하겠는가!"

성해응은 정조가 죄의유경罪疑惟輕·죄상이 분명하지 않아 가볍게 처벌함을 근거로 최옥함을 용서한 것인데, 이를 무시하고 마음대로 최옥함을 살해한 석치규를 마땅히 처벌해야 한다고 주장했다. 담당관들의 논의와 왕의 결정을 무시한 채 사적으로 복수해서는 안 된다고 생각했기 때문이다.

그런데 정조는 석치규의 행위를 용서했다. 물론 왕은 이번 사건처럼 특수한 상황에서 임시로 정당성을 부여할 수 있는 지위이다. 하지만 공적 절차를 무시한 채 사적으로 복수한 석치규의 행위를 왕이 인정하는 바람에, 백성들이 법을 지키기보다는 사적 폭력을 휘두를 위험성이 커져버렸다.

이에 성해응은 억울하다면 법에 호소해 공적인 처벌을 요구해야지 자기 멋대로 사람을 죽여서는 안 된다고 주장했다.

"마음에 쌓인 원한 때문에 원수의 가슴을 찌른 서원경徐元慶·측천무후가 다스리던 시절, 서원경은 아버지를 죽인 지방관에게 복수한 뒤 자수했다 양열梁悅·당나라 말 양열이 아버지의 원수인 진고를 죽인 뒤 자수하자, 관에서 정상을 참작해 사형을 면하고 장 100대를 친 뒤 먼 곳에 유배를 보냈다 같은 이의 행위라면, 후대에도 판결에 참고할 만하다. 하지만 석치규가 복수한 것처럼 어버이의 죽음에 대해 최옥함의 자녀가 복수하려고 나선다면, 그 혼란을 어떻게 막을 수 있겠는가? 만일 석치규가 진정 복수하고 싶었다면, 조정에 억울함을 호소하여 고한辜限·상해를 입은 뒤 사망한 사건에 대해 책임을 물리는 기한. 상해를 입은 날짜에서 죽은 날짜까지의 기간을 계산해 보고하는 일을 고한을 갖춘다고 함, 실인實因·사망 원인, 상흔 등의 사유를 갖춰 아뢰어야 했다. 이 가운데 최옥함의 죄를 입증할 명확한 증거가 한 가지라도 나온다면, 담당관이 최옥함이 저지른 죄의 경중을 가려 처리할 것이다. 만일 이 세 가지를 살펴본 뒤에 전혀 의심할 만한 게 없는데도 자기 아버지의 원수를 갚을 일만 생각해 살인했다면 법이 과연 어떻게 하겠는가?"

만일 공적 절차를 무시한 채 정당하지 않은 폭력을 휘둘렀다면, 살인죄를 적용해 사형시켜야 한다는 게 성해응의 생각이었다. 혹 100번 양보해 복수할 수 있다 해도, 그는 다음 조건을 갖추어야 한다고 보았다.

"《주례周禮》에는 '복수하려는 자가 먼저 관청에 알리면 무죄이다.'라고 했다. 그러나 한유韓愈는 '만약 외롭고 힘없는 이가 작은 뜻을 품고 원수의 틈을 노리는 경우, 관아에 고하면 복수할 수 없을까 우려하였다.' 즉 약자가 관에 복수를 알린 뒤에는 (원수가 이 사실을 알고 먼저 죽일 수 있기에) 원수에게 복수할 수 없게 되므로, 약자의 경우에는 관에 보고하지 않고 복수할 수 있도록 예외를 인정한 것이다. 그렇다면 과연 석치규가 이런 '약자'에 해당하는가? 전혀 그렇지 않다."

"복수하려는 자가 비록 외롭고 힘이 없다 해도 무기를 들고 기다린다면, 원수를 갚으려고 마음을 다해 떨쳐 일어난 큰 사내일 터이다. 사실상 적에 맞설 수 있는 장부라 할 것이다. 하물며 석치규처럼 덩치가 큰 자는 오죽하겠는가."

성해응은 석치규를 절대 용서할 수 없다고 보았다. 석치규가 최옥함을 관아에 고발해 공적 절차를 밟지 않았을 뿐 아니라, 복수의 예외조건인 '약자'에 해당되지도 않는다고 보았기 때문이다. 결국 성해응은 석치규가 복수한 행위는 '법을 어긴 살인 행위'일 뿐이라고 결론짓고, 자신의 뜻을 분명히 밝혔다.

"나는 법을 집행하는 자들이 이런 판결을 일반적인 경우에 모두 적용할까 두렵다. 때문에 이 글을 써서 그렇게 해서는 안 된다는 뜻을 밝힌다."

'정의로운 폭력'의 허용

복수에 대한 성해응의 기본 입장은, 사적인 보복 행위를 엄격히 금지하고 공적 절차를 담당한 국가에게 독점적 처벌권을 위임하는 것이었다. 이렇게 함으로써, 그는 개인 간의 무차별적인 살인과 폭력 행위를 막을 수 있다고 보았다. 다산 정약용 역시 사적인 폭력 대신 국가의 공적 처벌을 우선시했다. 문제는 국가의 공권력이 올바로 집행되지 않는다고 느끼거나, 집행 과정이 말끔히 마무리되지 않아 개인적인 원한이 풀리지 않은 경우에 그 억울함을 어떻게 해소할 것인가 하는 점이었다.

성해응과 다산 정약용은 모두 "국가가 제대로 그 기능을 다하여 국민의 원통함이 없도록 해야 한다."라는 대원칙에 동의했다. 또한 다산은 성해응과 마찬가지로 사적인 복수 행위를 용납하지 않았다. 그러나 다산은 "아버지가 고을의 수령에게 죽은 경우, 법을 어겨 당연히 죽어야 하는 경우였다면 원수를 갚아서는 안 된다. 하지만 법에 비추어 볼 때 죽여서는 안 되는데도 수령이 사사로이 화를 내 죽였다면, 아들이 수령을 죽여 원수를 갚을 수 있다."라고 주장했다.

다산은 무조건 복수를 금지하지는 않았다. 대신, 복수의 조건을 엄격하게 제한해야 한다고 주장했다. 예를 들어, 갑이 을의 아버지를 죽였다면, 을은 갑을 죽일 수 있을 뿐 갑의 아버지를 복수·살해할 수 없다는 것이다.

그렇다면 다산은 석치규 사건을 어떻게 보았을까? 현재 이 사건에 대한 다산의 심리 해석은 남아 있지 않기 때문에, 그의 입장을 정확하게 알 수는 없다. 다만 다산의 판례 분석을 토대로 그의 입장을 유추해 볼 수는 있다.

결론적으로 다산은 성해응처럼 석치규의 복수·살인을 허용하지 않았을 것으로 보인다. 그 근거는 석초득을 살해한 최옥함이 사죄에 처해질 만한 죄를 저지르지 않았기 때문이다. 손가락을 깨문 정도로는 살인죄를 묻기 어렵다고 판단하고 감형한 정조의 판결에 다산 또한 동의했을 것이다. 하지만 최옥함이 석초득을 살해한 게 분명하다면, 다산은 석치규의 사적인 복수·살해를 용납했을 것이다. 기본적으로 다산은 부모의 원수를 갚을 수 있다고 생각했기 때문이다.

다산이 석치규의 복수가 부당하다고 생각한 이유는, 공적인 절차를 밟지 않아서라기보다 최옥함이 석초득을 죽였다고 볼 만한 증거가 미약했기 때문이다. 성해응이 석치규가 법적으로 '약자'가 아니었음을 강조하여 복수할 수 없다고 주장한 데 비해, 다산은 최옥함이 죽을죄가 아니었다는 사실을 들어 석치규의 복수를 인정하지 않았을 것으로 보인다.

사실 조선 후기에 사적인 복수의 범람을 누구보다 우려한 이가 바로 다산 정약용이었다. 그는 사적인 복수 대신 국가의 공적 처벌을 누누이 강조했다. 그렇다고 해서 다산이 국가의 공적 처벌만을 인정하고, 모든 사적 복수를 금지했다고 오해해서는 안 된다. 다산은 복수의 조건을 갖춘 경우라면 이를 허용함으로써 유교사회의 윤리와 도덕의 근거가 훼손되지 않도록 해야 한다고 강조했다. 지나친 사적 폭력은 사회를 위태롭게 하지만 정의로운 폭력은 사회를 건강하게 만들 수 있다는 게 그의 생각이었다. 제멋대로 남을 죽여서는 안 되지만, 아버지의 원수를 갚는 일처럼 정의로운 폭력[殺而義]이라면 문제될 게 없다고 본 것이다. 이것이 바로 다산의 복수론의 핵심이다.

사실 다산의 복수론은 중국 당나라의 학자이자 정치가였던 유종원의 복수론에 토대한 것이다. 다산은 원칙을 강조했지만 그렇다고 상황을 전혀 무시한 것은 아니며, 상황을 유연하게 헤아려야 하지만 원칙을 훼손해서는 안 된다고 강조했다. 결국 다산에게 올바른 판단이란 경經·원칙과 권權·상황에 따른 융통성을 고려하는 것, 즉 시중을 잃지 않는 것이었다.

제18장 다산 정약용의 복수론

복수를 허용해야 하는가?

복수는 인간의 사회적 행위 가운데 손에 꼽을 만큼 오래된 것이다. 가령 부모의 원수를 갚으려는 자식의 입장에서는, 수백 번 복수해도 충분하지 않을 것이다. 상황이 이렇다 보니 효심 때문에 복수할 경우 무조건 용서하고 인정할 것인지, 아니면 일체의 사적 복수를 막고 공권력으로 복수를 대신할 것인지 고민하게 된다. 만일 공권력의 조처에 대해 피해자가 불만을 품고 사적으로 복수하려 한다면 어찌할 것인가? 가족 윤리의 토대인 친친親親의 도리와 일종의 사회윤리 즉 공적 윤리인 존존尊尊 사이에 마찰이 불가피했던 유교 국가의 딜레마는, 이러한 논의의 본질을 잘 드러내 준다. 한국을 비롯해 중국과 일본 등 동아시아 국가에 고대부터 복수의 허용 여부를 둘러싸고 논의가 분분했던 것도 모두 이런 이유 때문이다. 당나라의 학자이며 정치가였던 유종원柳宗元·773~819년과 한유韓愈·768~824년의 글은 동아시아 역사에서 복수에 관해 언급한 대표적인 논설이다. 수백 년이 흐른 뒤인 18세기 말, 다산 정약용은 복수에 대한 이 두 선학의 글을 읽고 '복수의 조건'을 정의했다.

먼저 유종원의 글을 살펴보자. 그는 예부에 근무하던 관료 진자앙陳子昻·661~702년이 올린 복수 논의를 비판하기 위해 〈박복수의駁復讐議·복수 논의를 반박한다〉를 지었다. 측천무후가 다스리던 때에, 서원경이란 자가 아버지를 죽인 관리를 살해한 뒤 자수한 일이 있었다. 진자앙은 부친의 원수를 살해한 서원경의 죄를 물어 사형에 처하는 동시에 정문旌門을 세워 표창하도록 건의했다. 관리를 죽인 죄로 사형에 처해야 하지만, 다른 한편으로 아버지의 원수를 갚은 효심을 인정해 표창하자는 주장이었다. 이에 대해 유종원은 죽을죄를 지었으면 사형시키는 것으로 끝내고 표창할 만한 일을 했다면 상만 주어야지, 사형에 처하는 동시에 상을 준다면 결국 법과 예禮를 모두 훼손할 뿐이라고 비판했다.

'원칙'을 강조한 유종원의 〈박복수의〉

유종원의 글이 조금 길지만 글의 중요성을 고려해 찬찬히 살펴보자.

"측천무후 시절 동주 하규 지역 사람 서원경이 있었는데 아버지 서상이 현리縣吏 조사온에게 살해되자 친히 부친의 원수를 찌르고 자수했습니다. 당시에 간관諫官이었던 진자앙은 그를 사형에 처하고 마을 입구에 정문旌門을 세워 표창할 것을 건의했고, 또 그 일을 법령에 포함시켜 영원히 국전國典·나라의 법으로 삼자고 청했습니다. 하지만 신은

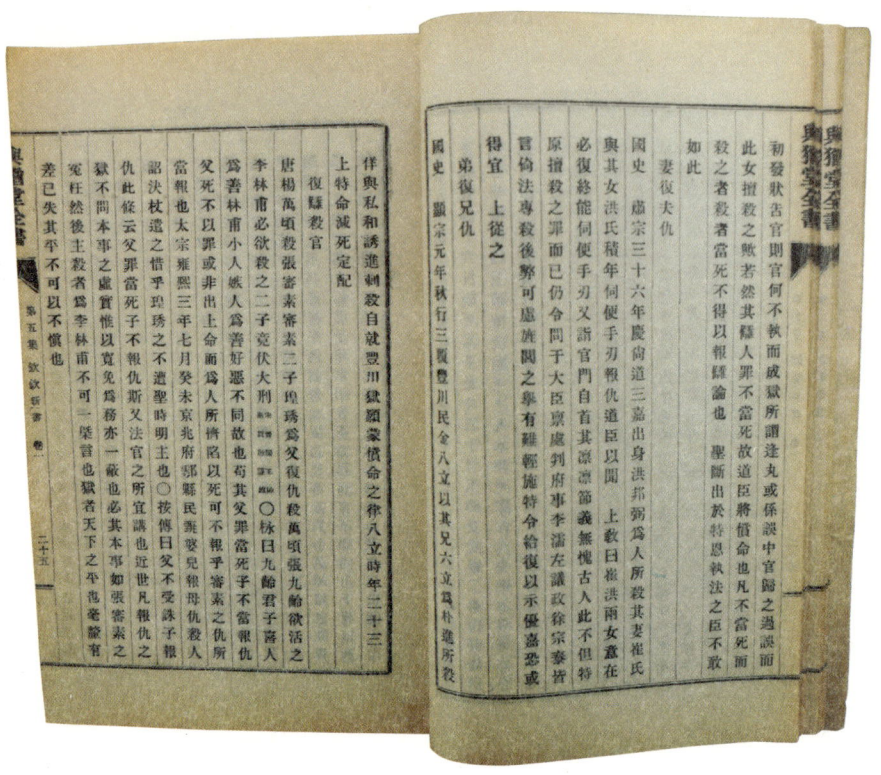

《흠흠신서》 권1 경사요의2 '관리를 복수살해하다.[復讎殺官]'
국립중앙도서관 소장

그렇게 하는 것은 말이 안 된다고 생각합니다. 신이 듣기로, 예의 근본은 난을 방지하는 것입니다. 가령 적을 함부로 죽이지 말라는 것은, 아들이라 해도 사람을 죽인다면 용서하지 않겠다는 뜻입니다. 벌을 내리는 근본적인 이유도 질서가 어지러워지는 일을 방지하는 것입니다. 적을 함부로 죽이지 말라는 것은, 자기 입장에서 합당한 근거를 내세우더라도 살인했다면 용서하지 않겠다는 뜻입니다. 예와 형의 근

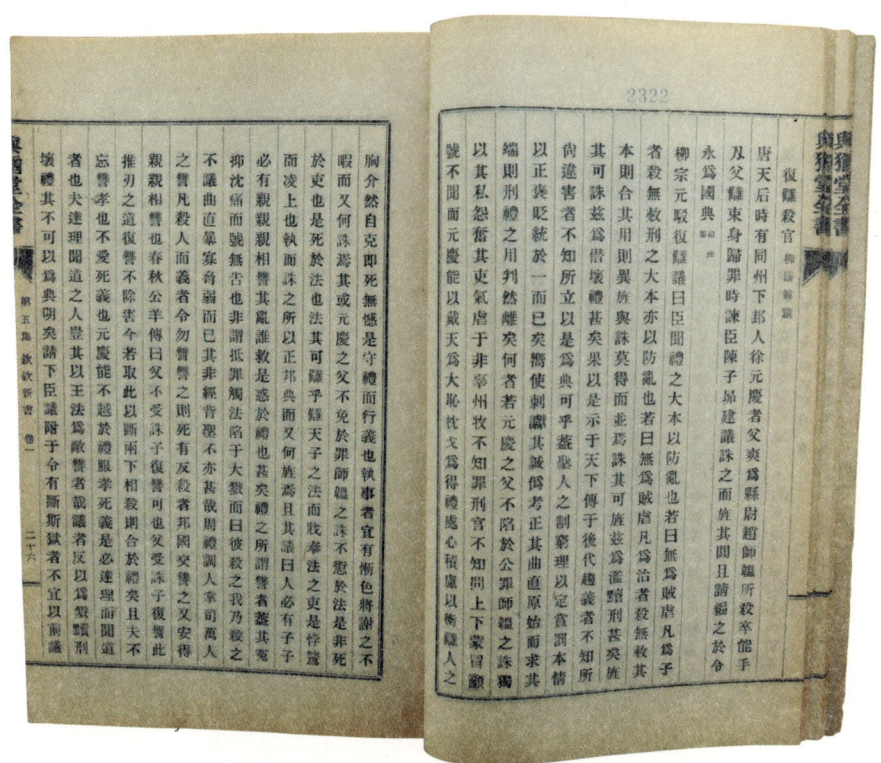

《흠흠신서》 권1 경사요의2 '관리를 복수살해하다.[復讎殺官]'에서 이어짐
국립중앙도서관 소장

본은 같지만 그 쓰임새는 다르니, 정문을 세워 표창하는 일과 복주伏誅·사형에 처함를 함께 시행할 수는 없습니다. 표창할만한 이를 사형에 처한다면 이는 법을 남용한 것으로, 형법을 심하게 손상시키는 것입니다. 반대로 사형시켜야 할 자를 표창한다면 이는 예를 크게 어기는 것입니다. 만일 이런 판결을 천하에 알리고 후대에 전한다면, 의義를 추구하는 사람들이 향할 바를 모를 것이며 해害를 피하려는 사람들도

제3부 넘치는 폭력과 다산의 우려   205

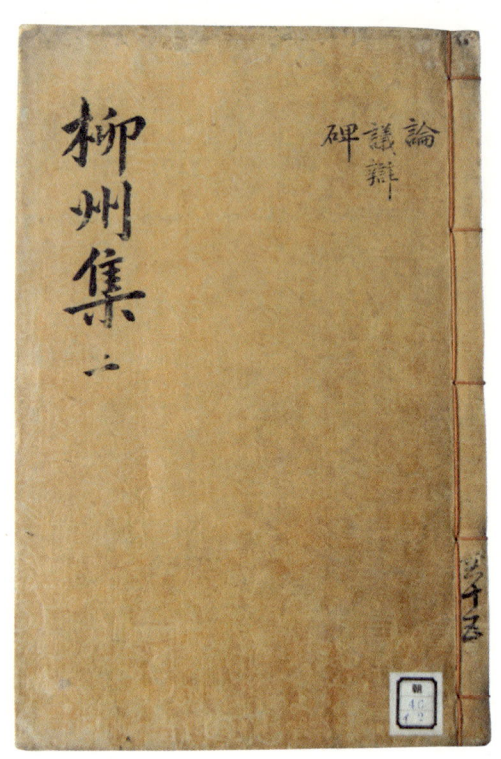

《당류선생집》 표지. 유종원의 문집.
국립중앙도서관 소장

어디로 가야할지 모를 것입니다. 그러니 진자앙의 주장을 모범으로 삼아서야 되겠습니까?

성인이 정한 규범은 지켜야 할 도리道理를 따르고 있느냐에 따라 상벌을 정하고, 보통 사람의 마음[人情]에 근거해 옳은지 그른지를 결정한 뒤, 이 두 기준을 하나로 일치시켜야 합니다. 가령 사건의 진위를 자세히 따지고 사리에 맞는지 여부를 확인해 바로잡으며 일이 발생한 원인을 따져 결과를 헤아려 본다면, 형벌을 내릴 것인지 아니면 상을 줄 것인지를 명확하게 결정할 수 있습니다. 왜 그럴까요?

만약 서원경의 부친이 나라에 죄를 범하지 않았고 조사온이 단지 사적인 원한 때문에 자신의 지위를 이용해 무고한 사람을 잔혹하게 죽였는데도, 주목州牧·주 장관이 죄를 묻지 않고 형벌을 맡은 관리가 심문하지 않았으며 상하 관리들이 어리석어 서원경의 호소와 외침을 들어주지 않았다면 어땠을까요? 그래서 서원경이 원수와 같은 하늘 아래 사는 것을 수치로 여겨 창을 베개 삼고 복수하는 것이 예에 합당하다고 확신해 궁리 끝에 원수의 가슴을 찌른 뒤 죽음도 두려워하지 않았다면, 이는 예를 지키고 의를 행한 것입니다. 담당 관리는 마땅히 부끄러워하는 기색을 보여야 할 것이며 사죄하기에도 바빠야 할 터인데, 어찌 서원경을 사형에 처한단 말입니까?

하지만 서원경의 부친이 죄를 면키 어렵고 조사온이 그를 사형에 처한 일이 법에 위배되지 않았다면, 이는 관리에게 죽은 것이 아니라 법의 심판을 받은 것입니다. 그러니 어찌 법에 복수할 수 있겠습니까? 천자가 정한 법에 복수하려고 법을 받드는 관리를 살해했다면, 이는 성격이 모나고 사나워 군주에게 덤빈 것입니다. 그렇다면 서원경을 잡아 처형하는 것이야말로 국법을 바로잡는 길인데 어찌 표창할 수 있겠습니까?"

유종원의 주장은 명백하다. 복수할 수 있는 경우와 그렇지 않은 경우를 분명히 구분해야 한다는 것이다. 복수하는 게 맞는데 처벌하거나 복수해서는 안 되는 경우인데 상을 준다면 형과 예가 모두 무너진다는 주장이다. 유종원이 진자앙을 비판한 첫 번째 이유는, 판단 기준을 명확하게 정하지 않은 채 벌과 상을 동시에 내린 것이다. 때문에 판단의 '기준'은 더욱 모호해져 버렸다. 부모가 국법을 어겨 사형을 당했다면 처벌한 관리에게 복수할 수 없지만, 국법을 어기지 않았는데도 관리의 사적인 감정 때문에 처형당했다면 자식이 복수할 수 있다는 게 유종원의 주장이다. 이는 복수할 수 있는 경우와 복수할 수 없는 경우를 분명히 밝힘으로써 국법을 집행하는 관리라 해도 자식이 복수할 수 있으며, 아무리 효의 도리를 강조한다 해도 복수할 수 없는 경우가 있음을 분명히 한 것이다.

한유(韓愈)의 〈복수장(復讎狀)〉

당나라 때의 또 다른 문장가이자 정치가였던 한유도 복수에 대한 논의를 피력한 바 있다. 811년 부평현의 평민 양열이 아버지의 원수 진고를 죽인 뒤 자수하자, 관에서는 정상을 참작해 사형을 면하고 장 100대를 친 뒤 머나먼 순주로 유배를 보냈다. 한유는 이 사건에 대한 자신의 견해를 다음과 같이 황제에게 올렸다.

"아들이 아버지를 위해 복수한 사례는 《춘추》, 《예기》, 그리고 《서경》의 〈주관周官〉과 여러 경전 및 사서에 셀 수 없을 만큼 많지만 그것을 죄로 다스리지 않았습니다. 그런데 이런 사례에 대한 판결 기준이 가장 자세히 설명되어 있어야 할 법률에 해당 법조문이 없는데, 이렇게 된 것은 법을 만드는 사람이 빠뜨린 게 아닙니다. 복수를 허용하지 않을 경우 효자의 마음을 아프게 하고 선왕의 가르침에 어긋나며, 복수를 허용하면 법을 근거로 마음대로 복수할까봐 우려했기 때문입니다. 무릇 법률은 성인聖人의 가르침에 근본하고 있지만, 법을 집행하는 것은 관리들입니다. 그렇기 때문에 경전에 관리를 어떻게 규제해야 하는지 자세히 밝혔습니다. 이미 경전에서 그 뜻을 깊이 밝혔지만 법조문이 누락된 이유는 법리法吏·법을 집행하는 관리로 하여금 기본적으로 법에 따라 판단하지만, 경전에 밝은 학자들이 경전을 인용해 해당 사건에 대해 논의하기를 바랐기 때문입니다. 〈주관〉에 '무릇 사람을 죽였으되 그 죽인 행위가 의로운 경우에는 복수할 수 없으며, 복수하면 처형한다.'라고 했는데, 여기서 의롭다 함은 '마땅한[宜·이치에 맞음]' 것이니 사람을 죽였으되 이치에 맞지 않으면 자식이 복수할 수 있다는 것입니다. 이것은 바로 백성들이 서로 복수할 수 있게 한 것입니다.《춘추공양전》에 아버지가 죽을죄가 아닌데 처형되었다면 자식이 복수할 수 있다고 했으니, 죽을죄가 아니라 함[不受誅]은 죄가 죽을 만한 경우가 아닌 것입니다. '주誅·벌을 내려 사형에 처함'란 위에서 아랫사람에게 시행한다는 말이지 백성들이 서로 죽이는 것이 아닙니다. 또 〈주관〉에서 이르기를 '복수하려는 자가 관리에게 문서로 알리면 죽여도 무죄이다.'라고 했습니다. 복수하려고 할 때 사전에 관청에 알리면 무죄라는 말입니다.

지금 폐하께서 국가의 제도를 바로 세우려고 법제를 만들면서 담당관의 직무를 안타까워하고 효자의 마음을 동정하시어 독단적으로 처리하지 않으려고 여러 신하에게 논의하라고 했습니다. 신의 어리석은 생각으로는 '복수'라는 이름은 같지만 '사안'은 각각 다르다고 봅니다. 가령 백성 사이에 서로 복수할 수 있으니, 〈주관〉에서 말한 것처럼 지금도 논의할 만합니다. 또한 관리에게 사형을 당하는 경우도 있는데, 〈공양전〉에서 말한 것은 지금 시행해서는 안 되는 복수입니다. 그리고 〈주관〉에서 말한 것처럼, 복수하려 할 때 먼저 관리에게 알려 무죄가 되는 수도 있습니다. 만일 어린 고아나 약자가 복수할 마음으로 적을 처치하기 좋은 시기를 기다리는 경우라면 아마 스스로 관청에 알릴 수 없을 것이니, 지금으로서는 그 복수가 유죄인지 무죄인지를 판단할 수 없습니다. 이렇다 보니 죽일 것인지 사면할 것인지를 일률적으로 정할 수는 없고, 다음과 같이 법제를 정해야 합니다.

'아버지의 복수를 한 사람은 복수한 즉시 그 사실을 자세히 정리해 상서성에 신고하고, 상서성에서는 논의하여 보고한다.'

그러고 나서 복수가 타당한지를 검토해 처리한다면, 경서나 법률의 본의에 어긋남이 없을 것입니다. 삼가 의견을 간추려 올립니다."

기본적으로 한유는 복수가 허용될 수도 그렇지 않을 수도 있는데, 사적으로 복수할 수 있는 경우는 '이치에 합당[宜]'할 때뿐이었다. 물론 어느 경우가 이치에 합당한 복수인지 구체적으로 밝히지는 않았다. 이는 형을 집행하는 관리가 사건의 전후 맥락과 사정을 고려해 판단하면 된다고 본 것이다. 다만 옳은 판단이 어렵기에 형을 집행하기 전에 경전에 밝은 학자들로 하여금 논의한 뒤에 결정하도록 한다면 문제가 없을 것이라고 주장했다. 그러나 한유는 관에서 이미 결정한 사안이라면 개인이 사적으로 복수할 수 없다고 주장했다. 개인들끼리의 복수는 가능할 수 있지만 국가나 관을 상대로 한 복수는 엄금한 것이다.

요컨대 한유에게 사적인 복수는 상황에 따라 정당할 수도 있지만 공권력에 대한 도전은 허용되지 않았다. 유종원은 이와 달랐다. 그에게는 '복수의 조건에 합당한가?'라는 문제만이 중요했다. 유종원은 판단의 기준과 원칙을 분명히 함으로써 사건을 둘러싼 여러 가지 해석이나 이견들의 대립을 막을 수 있다고 보았다. 그에게 복수의 조건은 사안이 공적이냐 사적이냐에 따라 달라지지 않았다.

복수의 조건을 분명히 하라

다산은 한유보다 유종원의 의견이 더 낫다고 생각했다. 개인들끼리는 복수할 수 있지만 국가나 관을 상대로 복수할 수는 없다는 한유의 주장은 문제가 있다고 본 것이다. 즉 복수할 수 있는 경우와 그렇지 못한 경우를 '원칙'으로 제시할 뿐이지, 개인 사이에는 허용되고 공권력에 도전하는 일은 애초에 허용되지 않는다면 이는 정의롭지 않은 것이다.

다산의 주장은 다음과 같다.

"한유의 주장은 유종원에 크게 미치지 못한다. 비록 백성들이 서로 죽일 수 있다 해도 아버지의 죽음이 의롭지 못할 경우《주례》는 복수할 수 없다고 했다.[가령 도둑질하다가 죽거나 음란한 일로 아버지가 죽은 경우, 자식은 아버지의 죽음에 대해 복수할 수 없다.] 그리고 비록 법관이 죽였다 해도 아버지가 매우 원통하게 죽었다면《춘추》에서는 복수를 허용했다.(《춘추공양전》에는 오자서의 일을 논했다.) 무릇 복수 사건을 다루는 자는 사건의 근본을 추구해 복수의 단서가 복수할만한 경우였다면 복수를 의롭게 여기고, 복수의 단서가 복수할만한 경우가 아니었다면 복수를 범죄로 여길 뿐이다. 그러니 유종원의 논의가 매우 명확하다."

다산은 사건의 '근본'을 헤아려 복수할 수 있는 경우라면 허용하고 그렇지 않으면 금지해야 한다고 보았다. 유종원이 말한 복수 허용의 기준이 바로 그것이다. 가령 부모가 죽임을 당한 경우, 그 사유가 의롭지 못했다면 자식이 복수할 수 없다. 도둑질하다가 상대방에게 죽임을 당했거나 간통하다가 여자의 가족들에게 맞아 죽었다면 복수할 수 없다는 것이다. 하지만 사형에 처해졌는데 국가가 정의롭지 못했다면 복수할 수 있다는 게 다산의 생각이다. 다산은 수령이 사적인 감정으로 사람을 죽였다면, 그 사람의 자식은 부모를 위해 수령에게 복수할 수 있다고 보았다. 다산은 복수할 수 있는 경우와 그렇지 않은 경우는 사건의 본질과 깊이 관련되어 있다고 보고, 맥락을 고려하지만 사건의 근본을 깊이 파고들어야 한다고 주장했다. 다산이 꼽은 복수할만한 대표적 사례가 오자서 이야기다. 초왕의 모함으로 아버지가 죽자 망명길에 오른 오자서는 아버지의 원수를 갚기 위해 초나라를 공격했다. 다산은 오자서가 초왕의 신하였지만, 아버지가 억울하게 죽었으므로 초왕에게 복수할 수 있다고 보았다. 한유라면 허용하지 않았을 오자서의 복수를 다산은 인정한 것이다. 이처럼 다산은 복수 자체를 부정하지 않았다.

하지만 다음 사건은 정의로운 복수가 아니다. 명나라 때 어느 장교가 이웃 부녀와 간통했다. 하루는 그 장교가 간통한 여자의 남편이 나

가길 기다렸다가 침상에 올랐는데, 남편이 다시 돌아오자 몸을 숨기고 기다렸다. 돌아온 이유를 묻는 부인에게 남편은 날씨가 추워 이불을 잘 덮어주려고 돌아왔다고 대답했고, 이 말을 들은 장교는 남편의 사랑을 배반한 부인을 칼로 찔러 죽였다. 남편을 위해 복수한 것이다. 그 뒤 채소장수가 채소를 팔러 그 집에 들어갔다가 살인범으로 몰려 사형을 당하게 되었다. 이때 장교는 사실은 자신이 범인이라고 자수해 채소장수의 목숨을 살리게 되었다. 이에 명 황제는 한 명의 불의不義한 여자를 죽이고 또 한 명의 무고한 장사치를 살렸다며 장교를 용서하라고 명을 내렸다.

다산은 이 사건을 분석하며, 장교가 자신과 간통한 여자를 죽인 것은 그 여자의 남편을 위해 복수한 게 아니라고 강조했다. 그가 보기에 장교는 여인을 유혹해 함께 정을 통하며 간음의 범죄를 저지른 자이다. 그런데 그런 그가 자신과 간통한 여인이 의롭지 못하다며 남편의 원수를 대신 갚는다는 것 자체가 말이 안 되니, 절대 의인義人으로 인정할 수 없다는 것이다. 다산은 명 황제의 사면령은 본받을만한 판결이 아니라고 비판했다. 자신과 간통한 여인을 남편의 원수라며 살해할 자격이 장교에게 있는가? 다산의 대답은 '없다'였다. 다산은 사건의 본질을 헤아려보고 살인을 인정할만한 경우에만 복수를 허용할 수 있다고 강조함으로써, 무분별한 해석과 이에 따른 복수의 남용을 막으려 했다. 복수의 조건과 복수할 자격이 일치할 경우 복수는 인정되지만, 그렇지 않은 경우에는 반드시 처벌해야 한다는 게 유종원과 다산의 생각이었다.

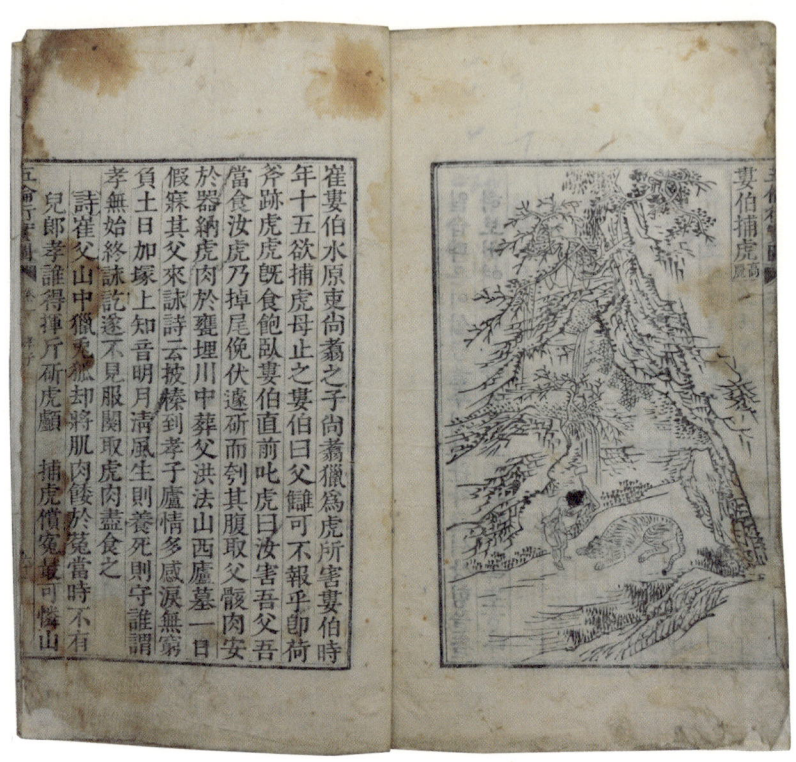

정조 대에 충·효·열 등 조선시대의 유교 가치를 전파하기 위해 간행된 《오륜행실도》
〈누백포호(婁伯捕虎)〉: 고려시대에 최누백이 자기 아버지를 잡아먹은 호랑이한테 복수하는 장면으로, 호랑이를 찾아 도끼로 죽이고 아버지를 장사 지낸 이야기." 국립중앙도서관 소장.

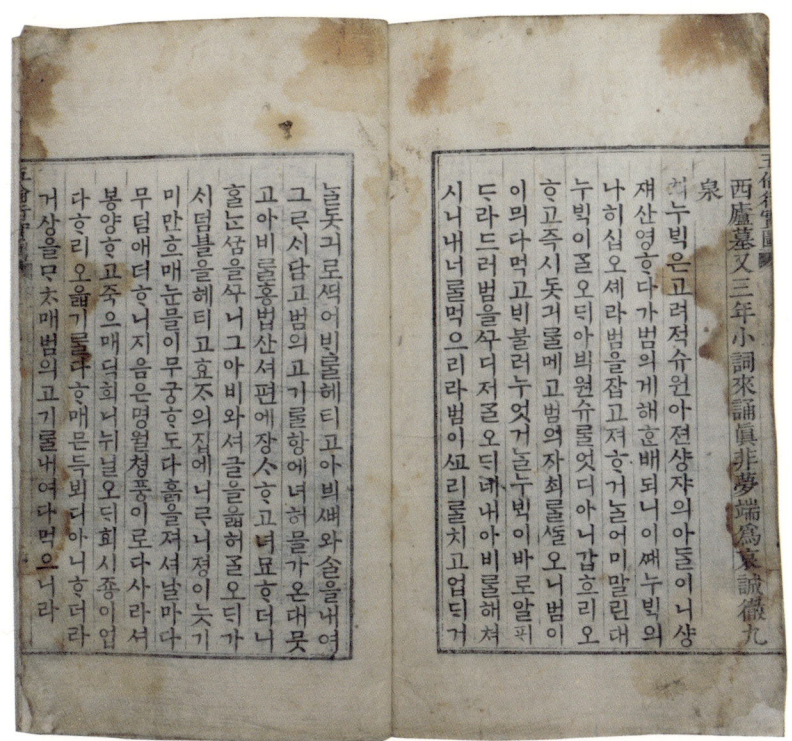

《오륜행실도》의 〈누백포호(婁伯捕虎)〉를 한글로 언해한 부분
국립중앙도서관 소장

제19장 모욕과 복수

정조 11년1787년 황해도 평산에서 김초동이란 자가 마을의 둑을 쌓는 노역에 동원되면서 같은 마을의 김연석에게 모욕을 당한 적이 있었다. 분을 이기지 못한 김초동이 김연석에게 달려들어 다투다가 도리어 물에 빠져 죽었다. 그러자 이 광경을 지켜보던 김초동의 일가붙이가 복수한다며 김연석을 때려죽였다.

치욕을 참지 못하고 죽다

사건 조사과정에서 여러 가지 문제가 복잡하게 얽혀 있다는 사실이 드러났다. 첫째, 김초동이 김연석과 다투다가 화가 나 물에 뛰어들어 자살한 것인지 아니면 김연석이 김초동을 물에 밀어 넣어 죽였는지가 분명하지 않았다. 말하자면 자살인지 타살인지가 명백하지 않았다. 타살일 경우 김연석은 사형에 처해질 게 분명했지만 그렇지 않다면 정상 참작될 것이었다.

둘째, 김초동의 가족들이 김연석을 때려죽일 때 여럿이 달려들어 구타한지라 주범과 종범을 구별하기 어려웠다는 점이다. 당시 시신을 처음으로 검사한 초검관과 두 번째로 검사한 복검관 모두 김초동의 동생 김큰놈을 주범으로 지목했지만 정황과 증거가 확실치 않았다. 심지어 몇 번의 조사 결과, 김초동의 부인이 김연석을 물어뜯어 죽게 되었다는 결과가 나오기도 했다.

마지막으로 '김초동의 가족들이 김연석을 때려죽인 일이 정당한가?' 하는 문제이다. 만일 김초동이 살해된 것이라면, 그의 동생 김큰놈의 복수는 정상 참작되어 사형에 처해지지 않을 것이다. 다만《대명률》에 "죽을죄를 지은 죄인을 사사로이 죽였을 경우 장 일백에 처한다."라는 조문에 따라 처벌되었을 것이다.

그렇지만 김초동이 자살한 것이라면 김연석을 죽인 김큰놈은 살인죄로 사형에 처해질 수 있었다. 물론 여기에는 한 가지 민감한 문제가 내재해 있다. 가령 김초동이 자살한 것이라 해도 김연석의 모욕이 자살의 중요한 원인이라면 김초동의 가족들이 '김연석에게 복수할 수 있지 않는가.'라는 점이다. 조선 후기에는 욕설이나 다른 요인 등으로 명예를 훼손당한 경우, 수치를 참지 못한 자가 상대를 살해하거나 자살하는 경우가 종종 발생했고 이에 대해 피해자 가족들이 복수하는 일이 잦았다.

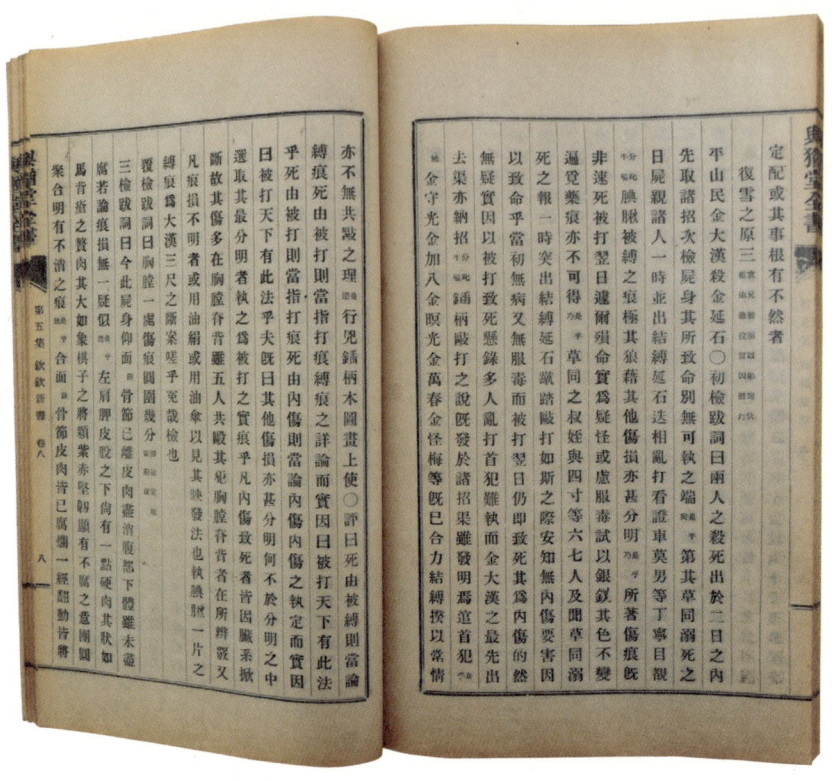

《흠흠신서》권8 상형추의10, 복수를 용서함3, '평산 백성 김대한이 김연석을 살해하다.[平山民金大漢殺金延石]'
국립중앙도서관 소장

사면령을 내린 정조

사건의 복잡한 조사과정을 지켜본 정조는 다음과 같이 최종 판결했다.

"살인사건을 조사할 때 중요한 것은 첫째 실인이요 둘째 주범이다. 사람을 살리느냐 죽이느냐 하는 문제는 이 두 가지에 달려 있다. 이번 사건은 사망 원인이 매우 복잡하고 주범이 분명하지 않아, 네 차례나 조사했는데도 그때마다 결과가 달라지고 의혹만 늘어났다.

사망 원인은 구타로 인한 것인데, 3차 조사에서는 구타가 물린 것으로 바뀌어 기록되기도 했다. 물린 것이나 구타당한 것이나 그 때문에 목숨을 잃었다는 결과는 동일하지만, 구타당했다고도 하고 물렸다고도 하니 사건의 정황은 혼란스럽기만 하다. 뿐만 아니라 가슴 부위가 흑색이고 딱딱하게 된 것은 사람을 죽일 정도로 깊은 상처임을 증명하는 것인데, 초검에서는 보이지 않다가 재검에서 갑자기 나타나고 삼검과 사검에서는 또다시 없어졌으니, 검사할 때마다 그 결과가 다르게 나타나고 증거가 나타났다가 사라졌다.

그리고 주범을 어떻게 결정할지도 모르겠다. 김연석이 한 사람에게만 맞은 게 아니고, 이 사람 저 사람에게 맞아 왼쪽으로 넘어지고 오른쪽으로 끌려간 것이다. 한데 모여 주먹과 발길질을 했으니, 다섯 사람 가운데 누가 주범인지 알아내기 힘들다. 김큰놈은 김초동의 친동생으로서 고발장에 거론되어 이번 사건의 주범으로 지목되었으나 믿기 어렵다. 설사 김큰놈이 주범이라 하더라도, 김초동이 물에 빠져 죽은 게 분명하고 김연석이 범행을 자수했으니 김초동을 죽인 자는 김연석이 확실하다. 김큰놈은 형의 시체가 물속에 있는 것을 목격하고, 원수가 면전에 있었으니 분한 김에 뒷일은 돌아보지도 않고 구타했을 것이니, 법이 있고 없고는 생각할 겨를이 없었을 것이다. 따라서 본 죄안罪案·범죄 사실을 조사한 보고서으로 미루어 볼 때 김큰놈에게 가벼운 죄를 주어야 마땅하며, 이는 인정이나 사리에 따라 보아도 실로 용서할 만하다. 물론 황해도 관찰사나 형조 관리 일부는 김큰놈을 처벌해야 한다고 주장하고 있지만, 이런 경우에는 일상적인 법칙만을 고집할 필요가 없다. 《대명률》 또한 참고할만하니 김큰놈을 석방하라."

'단순 모욕'은 복수할 수 없다

나중에 다산은 이 판결을 읽고 기본적으로 정조의 생각에 동의했다. 그는 김연석이 김초동을 물에 빠뜨려 살해한 것이라면, 김초동의 동생 김큰놈이 복수하든 김초동의 아내 한씨가 복수하든 상관없다고 보았다. 때문에 다산은 형이나 남편을 살해한 자에게 복수하는 일은 아무런 문제가 없다고 보았다. 심지어 살인사건으로 성립이 되는지조차 의문스러워했다.

"김초동의 사망이 실로 떠밀려 죽은 것이라면 김연석은 당연히 죽어야 할 사람이다. 원한을 품은 가족들이 당연히 죽어야 할 사람을 죽였는데 이를 법에 따라 살인사건으로 간주해 조사했으니 합당한 일인지 모르겠다."

하지만 김연석에게 모욕을 당한 김초동이 수치를 참지 못하고 물에 뛰어들었다면, 즉 자살이라면 어찌할 것인가? 이럴 경우 다산은 "김초동의 가족들은 복수할 수 없다."라고 잘라 말했다. 다산은 아버지의 살인범을 자식이나 아내 혹은 동생이 복수할 수 있다고 인정했지만, 단순한 모욕으로 인한 자살마저 복수할 수 있다고 생각하지는 않았다.

사실 '모욕'은 복수를 불러일으키는 가장 원초적인 감정이며, 고대 중국의 경전 《주례周禮》에도 이와 연관된 정당한 살인을 언급한 바 있다. 이후 과연 정당한 살인이 무엇인지 설명하려는 시도들이 뒤따랐다. 후한의 정현은 '부모나 형제 혹은 사장社長·스승이나 지역공동체의 장을 모욕한 자를 복수·살해한 행위'야말로 정당한 살인이라고 보았다. 그 뒤 당나라의 가공언賈公彦 은 "고대에는 사람들이 매우 순박해 수치를 안겨준 상대를 죽일 수 있었다."라고 해석했다. 마음이 순수했던 고대인들에게는 '모욕'이 매우 큰 상처가 되었기 때문에 모욕한 자를 살해할 수 있다고 본 것이다. 조선시대 사람들 역시 '모욕한 자'를 복수·살해할 수 있다고 생각했다.

하지만 '모욕'을 주었다고 해서 살해당할 수 있다면 얼마나 위험한 사회인가? 단지 부모를 욕했다고 해서 '효'를 이유로 상대를 죽인다면 사회질서가 어떻게 유지되겠는가? 다산은 정현과 가공언의 해석을 정면으로 비판했다. 그리고 모욕이나 수치는 상대를 죽일 수 있는 '정당한 살인'의 조건에 들지 않는다고 강조했다.

다산은 복수 행위를 제한하고자 했다. 복수에 해당하지 않는데도 복수한다는 명목으로 사람을 죽인 뒤 자신의 행위가 정당하다고 주장하는 자들을 처벌함으로써, 모든 폭력 행위를 '정당화'하려는 시도를 저지했다. 그렇다고 다산이 모욕을 인내하고 굴종을 강요한 것은 아니었다. 그는 '정의로운 살인'의 가능성을 부정하지 않았다. 진정한 정의에 기초한 '살인'은 가능하지만, 그렇지 않은 경우라면 그 어떤 형태의 폭력도 정당화될 수 없다는 것이 다산의 법정신이었다. 이는 진정한 분노와 편협한 울분을 구별하려는 의지와 무관하지 않았다. 다산의 이러한 생각은 다음 최 여인 사건에서 분명하게 드러난다.

제20장 편협한 울분

　정조 2년1778년 8월 황해도 재령의 최 여인은 친척 이경휘의 전답에서 이삭을 주워 생계를 이어나가고 있었다. 그런데 오촌 숙부 이경휘가 이 사실을 알고 쌀을 훔쳤다며 최 여인을 도둑으로 몰아세우자, 최 여인은 자신의 처지를 비관해 자식, 조카들과 함께 물에 몸을 던져 죽고 말았다. 무려 7명이 죽은 이 사건에 대해 황해도 관찰사는 이렇게 보고했다.
　"최 여인이 이삭을 주운 일 때문에 숙부 이경휘가 그녀를 도둑으로 몰아 조카와 숙부 사이에 있어서는 안 되는 일이 벌어지고 말았습니다. 친척이라면 당연히 관계가 가깝고 돈독하며 정이 깊어야 하는데, 이런 모습을 찾아볼 수 없으니 큰 문제라 할 수 있습니다. 최 여인이 자식과 조카들에게 물에 뛰어들라고 하는 바람에 노인부터 아이까지 모두 죽었으니, 이 때문에 이경휘의 죄가 크다고 생각하는 사람도 있

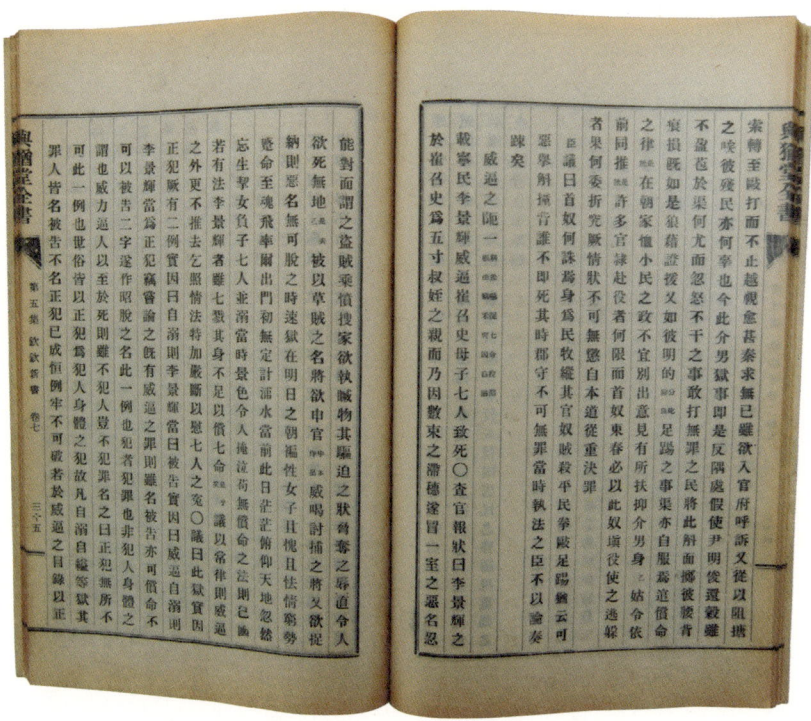

《흠흠신서》권7, 상형추의9, 위협과 핍박의 재앙1, '재령 백성 이경휘가 최소사 모자 7인을 핍박하여 죽게 하다.[載寧民李景輝威逼崔召史母子七人致死]'

국립중앙도서관 소장

《대명률》〈위핍조〉

어떤 일로 말미암아[因事] 사람을 핍박해 죽게 한 자는 장백(杖百)이다. 만일 관리나 공사인(公使人)이 공무가 아닌데 평민을 협박해 죽게 한 경우 죄가 동일하다. 아울러 매장은(埋葬銀) 10량을 징수한다. 만일 친존장(親尊長)을 협박하여 죽게 한 자는 교형(絞刑)에 처한다. 대공(大功) 이하는 형을 1등씩 감한다. 만일 강간하거나 도둑질을 하다가 사람을 위협하여 죽게 한 자는 참형(斬刑)에 처한다.

고 그다지 크지 않다고 생각하는 사람도 있는 등 의견이 분분합니다. 하지만 지금은 법을 벗어나 상황에 맞게 새로운 법안을 만들어 적용하기란 쉽지 않습니다."

나아가 황해도 관찰사는 가볍게 처벌하면 위핍률威逼律·위협이나 협박을 가해 죽게 한 죄을 적용해 곤장 100대를 쳐야 하고, 무겁게 처벌한다 해도 사형시킬 만한 죄는 아니라고 덧붙였다.

정조의 괘씸죄 적용

이에 대해 정조는 1778년 8월 다음과 같이 판결했다.

"살인 사건의 유형은 정해진 게 없다고 하지만, 이 옥사처럼 참혹하고 악독한 경우는 없을 것이다. 아녀자 한 명이 원한을 품어도 가정의 화목한 분위기가 쉽게 깨어지는데, 일곱 명이나 목숨을 버렸으니 이 무슨 변괴인가. (중략) 상황이 이런데도 사형에 처하지 않는다면 원통한 영혼을 어찌 위로할 수 있겠으며 혼백의 억울함을 누가 풀어 줄 수 있겠는가. 범인 이경휘는 최 여인의 숙부로서 이웃에서 같이 살았으니 인간적인 정을 베풀 수도 있었다. 하지만 최 여인이 이삭을 주운 일을 가혹하게 들춰내어 범행할 마음을 가슴속에 꽉 채워 두고 있었다. 그러니, 비록 두 사람 사이에 별다른 싸움이나 말다툼이 없었다 하더라도, 최 여인을 추궁해 일곱 명이나 죽음으로 몰아넣은 자는 바로 이경휘이니 원인 제공자로서 당연히 벌을 받아야 한다. 더구나 조카인 최 여인에게 도둑이라는 오명을 덮어씌우고, 토포패장討捕神將·각 도의 도적 체포를 담당한 관리을 종용해서 조카를 공갈하고 위협하는 등 못하는 짓이 없었으니, 그 죄상을 따져 보면 칼을 뽑아 사람을 직접 찔러 죽인 죄보다 심하다. 저 한 사람을 비록 국법으로 사형에 처한다고 하더라도 일곱 명의 목숨을 갚기에 부족한데, 몇 년 동안 계속 몽둥이로 정강이를 매질하며 캐물어도 지금까지 실토하지 않고 있다. 관찰사는 마땅히 매질을 해서 자백을 받아내야 하는데도, 이 죄수를 매질하지 않고 갑자기 옥에 가두었으니 너무도 뜻밖이다. 뿐만 아니라 나에게 올라온 황해도 관찰사의 보고서를 살펴보니, '가벼운 쪽으로 처벌하면 곤장 100대에 이르지 않고, 무거운 쪽으로 처벌하더라도 사형시킬 수 없다.'라고 사건을 판결했으니 해당 관찰사의 죄를 무겁게 묻도록 하라."

정조는 진노했다. 그는 친족 간에 사소한 이익을 다투다가 일곱이나 목숨을 잃을 정도로 미풍양속이 붕괴된 것에 화를 참지 못해, 이경휘에게 괘씸죄를 추가했고 죄를 가볍게 처벌하자는 황해도 관찰사마저 엄하게 꾸짖었다. 정조의 의지 때문인지 이후 형조는 이경휘를 중벌에 처하는 쪽으로 가닥을 잡았다.

사건 발생 후 여러 해가 지난 정조 8년1784년 윤3월, 마침내 정조는 이 사건에 대해 최종 판결을 내렸다.

"비록 범인 이경휘가 직접 칼로 찔러 죽이지는 않았지만, 조카 최여인에게 곡식을 훔쳤다는 누명을 억지로 씌우고 심하게 공갈·협박해 마침내 많은 이들을 한꺼번에 죽음으로 몰아넣었으니 그가 어찌 협박한 죄에서 벗어날 수 있겠는가. 하물며 친척끼리 싸우는 변고가 벌어졌으니, 미풍양속을 교화하려는 조정의 입장에서 어찌 그냥 넘길 수 있겠는가. 이경휘는 기필코 법의 심판을 받도록 형조에 엄히 알리라."

정조는 이삭 몇 줌을 주워 먹은 친척을 도둑으로 몰아 일곱 명의 목숨을 죽음으로 몰아넣은 이경휘를 사형에 처하지 않을 수 없다고 강조했다. 이 사건의 판결을 통해 법보다 풍속 교화에 무게 중심을 둔 정조의 입장을 보다 잘 이해할 수 있다.

정조의 판결을 정면으로 비판한 다산

나중에 다산은 이 사건에 대한 정조의 판결을 정면으로 비판했다. 다산은 모름지기 살인 사건은 공평해야 한다는 말로 시작하면서, 이경휘를 사형에 처하라고 엄명한 정조의 판결이 지나치다고 주장했다.

"살인 사건에 대한 판결은 누가 봐도 공정해야 한다. 비록 몸에 상처를 입히지 않았더라도 범행이 지극히 흉악하면 마땅히 살인으로 판단해야 하고, 비록 열 명의 목숨이 동시에 떨어졌다 해도 그 범행이 무겁지 않으면 사형에 처해서는 안 된다. 단지 죄의 경중만을 논하면 되지 어찌하여 죽은 사람이 많고 적음을 따져 판결하는가. 최 씨 모자 일곱이 일시에 물에 몸을 던졌으니 이번 사건은 누구나 해괴하게 생각할 만하지만, 최 씨의 행동은 아예 무시하고 이경휘의 범행만을 반복해서 조사한 것은 문제이다. 그가 최 씨를 협박해서 죽이려는 계책을 세웠고 그로 인해 최 씨를 비롯해 일곱이 모두 죽을 수밖에 없도록 몰아간 정황이 명백하게 드러나야만, 이경휘에게 협박죄를 물을 수 있다."

다산은 일곱 명의 목숨 때문에 판결 과정에서 공평을 잃어서는 안 된다고 주장하며, 일곱의 목숨을 이경휘에게 모두 갚으라고 하는 게 정당한지 의문을 제기했다. 그는 이경휘가 최 여인에게 가한 모욕의 정도가 일곱의 목숨을 죽일 만큼 심하지 않았다면, 쉽게 목숨을 끊고 다른 자녀들마저 희생시킨 최 여인에게도 책임을 물어야 한다고 보았다. 이런 상황에서 이경휘에게 괘씸죄를 적용해 가중처벌했으니, 다산이 보기에는 정조가 법보다 도덕적 판단에 치우쳐 판결의 형평성을 잃었다고 본 것이다.

다산은 "이경휘의 협박으로 모욕을 당했다 해도, 화를 내고 앙심을 품을 정도이지 목숨을 끊을 정도는 아니며 부끄러워하고 두려워할 수는 있지만 죽을 만한 일은 아니었다. 설사 죽어야 할 만한 일이었다 해도 최 씨가 자녀 모두와 함께 죽을 필요는 없었으니, 이렇게 볼 때 이경휘는 사람을 능멸하고 무고한 죄는 있더라도 살인죄는 없다. 그리고 설사 사람을 죽인 죄가 있다 해도 일곱 명을 모두 죽인 죄는 없다. 만일 지금 일곱 명의 목숨 모두를 이경휘의 등에 지워 그 책임을 무겁게 한다면 이경휘는 너무 억울하다."라고 주장했다.

다산은 정작 일곱 명의 목숨을 앗아간 죗값은 최 여인이 치러야 한다고 결론지었다.

"일곱 명의 목숨이 끊어진 사실을 판결할 때 살인죄는 최 씨에게 있다. 자살도 사람을 죽이는 것이요, 자녀를 살해하는 것 또한 사람을 죽이는 것이다. 나는 최 씨가 자녀를 죽였다고 생각할 뿐이지, 이경휘가 사람을 죽였다고는 생각하지 않는다."

다산은 죽은 사람이 많다고 해서, 협박한 사람에게 책임지지 않을 책임마저 지게 해서는 안 된다고 주장했다. 다시 말해서, 협박한 사람을 사형이라는 엄벌에 처한다면 법의 정의를 해치는 일이요, 피해자만을 생각하다가 협박한 사람을 억울하게 만들 것이라고 비판했다. 다산은 일곱이 아니라 더 많은 사람이 죽었다 해도 그 책임을 이경휘에게 물을 수 없으며, 사람들이 죽은 데 대한 책임은 편협한 성격 탓에 모욕을 당하자 자살로 복수하려 했던 최 여인에게 있다고 보았다.

죄의 경중만을 생각하라!

다산은 개인적 원한과 수치심 때문에 모욕한 자를 복수·살해하거나, 스스로 목숨을 끊음으로써 복수하려는 시도를 근본적으로 막으려 했다. 이런 다산의 생각은 다음과 같은 사건 판결에서도 찾아볼 수 있다.

대구의 김억준은 집에 두었던 보리 몇 단을 도둑맞게 되자 동네의 배소사를 의심했다. 한 번도 아닌 여러 번에 걸쳐 자신을 의심하며 찾아온 김억준과 다툰 배소사는 억울한 마음에 물에 뛰어들어 자살했다. 당시 초검관인 대구 사또는 긴 장대를 이용해 물을 휘저어 가며 하루 종일 배소사의 시신을 찾다가 가슴과 배가 부풀어 오르고 두 손이 앞으로 향했으며 손톱에 진흙이 낀 배소사의 시신을 건져냈다. 시신의 형태는 《무원록》에 비추어볼 때, 스스로 물에 빠져 죽은 조문과 정확히 일치했다. 그리고 배소사가 스스로 물에 뛰어들었다는 동네 아이의 목격 등을 토대로, 대구 사또는 배소사의 죽음을 '자살'로 보고했다.

이에 대해 다산은 그 사건을 조사한 과정과 판결이 훌륭하다면서 이경휘 사건과 관련지어 설명했다.

"이 사건의 근본 원인은 이경휘 사건과 매우 비슷하니, 이경휘 사건이 일어나게 된 것은 몇 묶음의 벼 때문이었고 이번 사건의 경우는 몇 묶음의 보리 때문이었다. 만일 배노파가 아들을 안고 딸을 이끌고 일곱 목숨이 함께 물에 빠졌더라면, 판결하기가 쉽지 않았을 것이다. 요행히 배노파가 단신으로 물에 몸을 던졌을 뿐이니, 이런 살인 사건의 책임을 물을 때는 범행의 경중만을 살펴야지 죽은 자의 많고 적음은 절대 고려해서는 안 된다. 법관이 판결할 때는 마땅히 이렇게 처리해야 할 것이다."

제21장 인정과 도리를 참작하라

원정지법의 적용

정조 8년1784년 6월 진주에서 벌어진 사건이다. 사노비였던 권복순은 자신의 여동생 복점이 시어머니 김 씨에게 꾸중을 듣고 강물에 몸을 던져 자살하자, 사돈 김 씨를 결박하고 창 자루로 때려 8일 만에 죽게 했다. 당시 경상도 관찰사가 형조에 올린 보고서는 이렇다.

"권복순이 휘두른 막대기가 창 자루인지 소나무 가지인지 불분명하고, 어깨를 때렸다는 말도 있고 허리 아래를 때렸다는 얘기도 나오는 등 이런저런 말이 많아 혼란스럽습니다. 사망 원인은 결박한 뒤 때려죽인 것으로 드러났지만, 김 씨가 구타당한 뒤 뜸을 뜨거나 약을 먹은 정황으로 미루어볼 때 그에게 이미 병이 있었던 게 분명합니다. 형사 사건의 진범이 명확하지 않을 때는, 일단 가볍게 처벌하는 게 맞을 듯합니다."

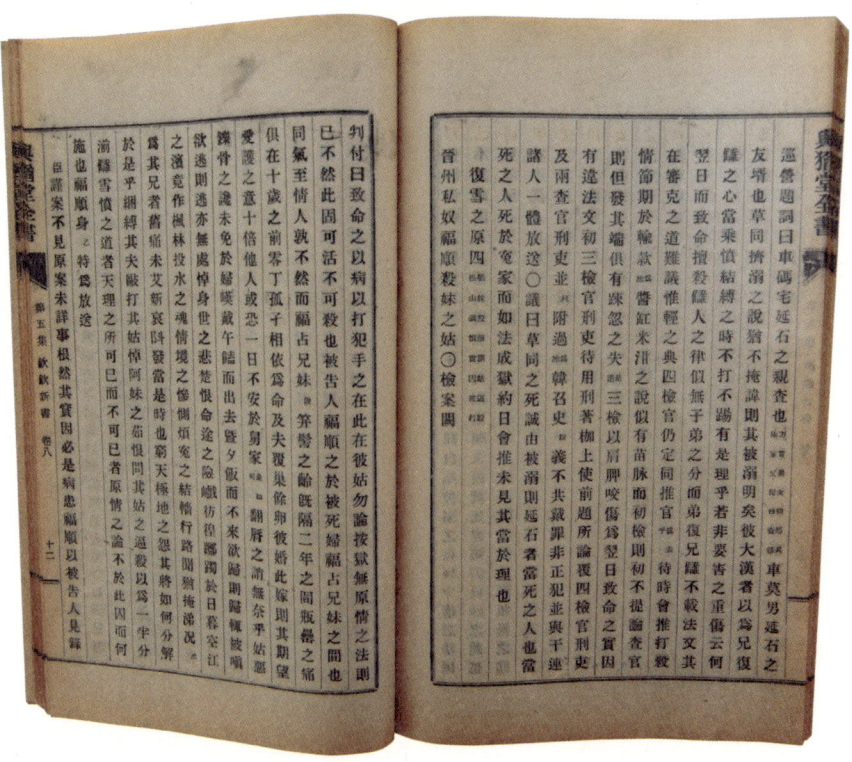

《흠흠신서》 권8, 상형추의10, 복수를 용서함4, '진주 사노 복순이 누이의 시어머니를 살해하다.'[晉州私奴福順殺妹之姑]
국립중앙도서관 소장

관찰사의 보고서를 받아든 형조 관리들 역시 권복점이 물에 몸을 던진 이유가 시어머니 김 씨의 악행 때문이고, 여동생의 원한을 풀려고 오빠 권복순이 김 씨를 결박한 뒤 구타한 것이니 이런 정상을 참작해야 한다고 주장했다.

정조는 사건 발생 이듬해인 1785년 7월 이 사건에 대한 최종 판결을 내렸다. 판결문에서 그는 '동기간의 지극한 정'을 언급하면서, 죽게 된 직접적인 이유보다는 근본적인 원인을 생각해야 한다고 강조했다.

"죽은 이유가 병 때문이었는지 아니면 구타당해서 그런 것인지, 때린 자가 이 사람이었는지 저 사람이었는지는 더 이상 논의할 필요가 없다. 살인사건을 판결할 때 정상을 참작해 용서해 주는 원정지법原情之法이 없다면 모르지만, 이 법이 있는 상황에서는 권복순을 죽일 수 없다. 지금 고발당한 권복순은 권복점과 남매 사이로, 동기간에 정이 깊었으니 누구인들 그렇게 하지 아니하였겠느냐. 두 남매는 나이가 두 살 터울인데 두 사람 모두 열 살이 되기 전에 부모님을 잃는 슬픔을 겪은 뒤 서로 의지하며 목숨을 부지해 왔다. 어려움 속에 두 사람만 남았는데 이제 한 사람은 장가를 들고 한 사람은 시집을 가게 되었으니, 이들이 서로 사랑으로 보살핌은 남들보다 10배는 더하여, 오빠 권복순의 입장에서는 누이동생이 혹여 하루라도 시집에서 고생하지 않을까 걱정했을 것이다. 하지만 없는 일을 꾸며내 야단치는 시어머니의 고약함은 어찌할 도리가 없으며, 뼈를 후벼 파는 악담 때문에 며느리 권복점의 탄식은 그치지 않았던 것이다. 이 때문에 권복점은 낮에 점심을 지어 들에 나갔다가 저녁 먹을 때가 되도록 귀가하지 않았다. 집으로 돌아가려 했지만 그랬다가는 곧바로 시어머니에게 책망을 듣게 될 상황이었고, 도망치려고 했지만 딱히 도망칠 곳도 없었다. 그 결과 고달프고 힘든 신세를 슬퍼하고 기구한 운명을 한탄하면서 해질녘 아무도 없는 빈 강가를 서성이다가 마침내 쓸쓸하게 물에 몸을 던지고 만 것이다. 그 광경을 떠올리면 비참하고 측은하며, 전혀 모르는 행인이라도 권복점의 가슴에 맺힌 한없는 원통함을 듣게 되면 눈물을 흘릴 정도이다.

하물며 부모를 잃은 슬픔이 채 가시지 않았던 오빠 권복순으로서는 새로운 슬픔이 갑자기 생겼으니, 복수하는 것 말고는 하늘과 땅만큼 쌓인 원한을 어찌 풀 수 있었겠는가? 이에 매제를 결박하고 여동생의 시어머니 김 씨를 구타해 누이동생의 한을 위로하고, 김 씨를 핍박해 죽임으로써 여동생의 원수를 조금이나마 갚고 분통함을 씻을 방도로 삼았던 것이니, 천리나 인정으로 그만두려 해도 그만둘 수 없었던 것이다. 정상을 참작해 용서하자는 논의원정지론를 권복순에게 적용하지 않는다면 누구에게 시행하겠느냐. 사정이 이러하니 권복순을 특별히 석방하도록 하라."

오해하지 마라

정조는 동기간의 정을 강조하면서 여동생을 위한 오빠의 복수를 용서했다. 후일 다산은 정조의 결정에 대해 '정조가 남매간의 정 때문에 살인자를 용서했다.'라는 식으로 오해해서는 안 된다고 주장했다.

다산은 정조가 이 사건을 살인사건으로 보지 않았기에 사면할 수 있었다고 추론했다. 그는 "살인사건의 원안을 보지 못해 정확한 내막은 알 수 없다. 하지만 시어머니 김 씨의 죽음은 병사가 분명하다. 권복순을 범인이 아니라 피고로 기록한 데다, 정조 임금의 판결문에 '병 때문이었는지 아니면 구타당해서 그런 것인지'라고 한 것을 볼 때 김 씨의 죽음이 권복순의 구타 때문이었는지 여부가 명확하지 않았으며 남매의 사정이 매우 가여워 이처럼 용서한 것이다. 만일 김 씨의 죽음이 순전히 권복순의 구타 때문이었다는 사실이 명백히 드러났다면,

권복순을 석방하시지는 않았을 것"이라고 강조했다.

다산은 권복순의 석방은 단지 남매간의 우애를 고려한 게 아니라 시어머니의 죽음이 구타살해가 아닌 병사였기 때문에 가능했다고 해석했다. 그는 정조가 인정의 도리만을 이유로 살인죄를 용서하지는 않았으리라고 본 것이다.

사실 다산의 이런 해석은 억지스러운 면이 없지 않다. 왜냐하면 정조는 형제, 자매 혹은 남매의 우애를 강조하려고 이 사건을 가볍게 처리했을 가능성이 높기 때문이다. 하지만 다산은 '인정과 도리'만을 참작해 살인자를 용서하다가는 사회의 무질서를 초래할 수 있다고 염려했다. 따라서 정조의 석방 명령이 살인이 아닌 '병사'였기 때문이었음을 누누이 강조한 것이다.

모든 죽음을 정당화할 수는 없다

다산은 편협한 성격의 부녀들이 한순간에 자살한 일을 모두 핍박당한 사건(모욕을 이기지 못하거나 위협을 받아 자살한 경우)으로 인정해 가해자를 처벌하거나 가해자에 대한 복수를 허용해서는 안 된다고 주장했다. 다산은 당시 조선의 부녀자들이 말 한 마디 주고받으며 서로 다투었을 뿐인데도, 이를 너무도 원통하게 여겨 연못에 몸을 던지는 경우가 많다고 보았다. 작은 일에도 너무 쉽게 원한을 품고 자진하는 편협한 부녀자들이 있으니 고부갈등으로 야기된 '부녀자 자살'의 경우 시어머니 모두를 모질었다고 단정해서는 안 된다는 것이다. 다산은 적어도 모욕이나 핍박 등을 가해 수치심을 느끼도록 만들어 '죽음으로 몰아넣은 경우'는, 간음했다고 무고하거나 도둑질을 했다고 죄를 덮어씌워 더 이상 살아갈 수 없도록 했을 때로 제한했다. 이 정도라면 피해자가 자살할 수 있고 혹 친인척이 '복수'할 수도 있는 모욕이 된다.

다산은 권복순 사건의 경우 권복순이 때리기는 했지만 김 씨가 이 때문에 사망했는지 확실하지 않아 범인을 명확히 확정할 수 없었으므로, 정조가 이전의 판례들을 참작해 살려주었을 뿐이라고 결론지었다. 그런데도 보통 사람들은 이런 정조의 깊은 뜻을 헤아리지 못한 채, 고부간의 갈등이라면 시어머니를 고약한 사람으로 취급하는 상식에 의거해 여동생을 위한 오빠의 복수가 정당하다고 생각하기 쉽다. 시어머니의 가벼운 꾸중에 며느리 권복점이 편협한 성격을 이기지 못해 자살했을지도 모르는데 말이다.

기본적으로 다산은 인정과 정상을 참작한 도덕정치를 인정했지만 도덕의 과잉으로 야기될 무질서를 우려했다. 특히 다산은 편협한 부녀자와 상당수 평민들의 지나치게 감정적인 대응마저도 도덕적이라고 착각하거나, 편협한 울분인데도 정의의 분노로 착각한다면 사회질서가 무너질 수 있다고 생각했다.

다산은 법의 심판관들이 사건을 정확히 이해하고 정의롭게 판단할 수 있는 지혜를 단련해야 단순한 원한과 의로운 분노를 구분할 수 있게 되고, 이렇게 되어야만 개인적 원한이나 분노가 정의로운 폭력으로 둔갑할 수 없을 것이라고 강조했다. 사사로운 분노와 원한이 도덕에 기대어 너무 쉽게 의로운 행위로 둔갑하던 상황을 목도하면서 다산은 19세기 이후 조선 사회에 넘쳐났던 사적 폭력을 예견하고 있었던 것이다.

제22장 진짜와 가짜의 구별

편협한 죽음은 열녀烈女의 과잉이라는 조선 후기의 현실과도 무관하지 않았다. 다산은 친척의 아내가 남편을 따라 순절했을 때조차 의로운 죽음이 아니라면 표창할 수 없다고 판단했다. 1801년 다산이 장기로 귀양 갔을 때의 일이다. 다산의 육촌 아우 정상여가 모친상을 당해 슬픔을 이기지 못하고 그만 병이 들어 죽었다. 그러자 그의 아내 최 씨가 음식을 끊고 남편의 죽음을 애도하다가 그만 목을 매 자살하고 말았다.

다산이 주장한 열부의 조건

동네 선비들은 최 씨를 남편과 합장한 뒤 '최 씨의 정절과 효행을 드러내지 못한다면 이는 우리들의 수치'라고 결정하고, 관아에 최 씨의 행적을 기리기 위한 정문旌門을 신청하려고 했다. 이에 정상여의 동생 정규건이 다산에게 관아에 올릴 글을 요청했는데, 다산은 이 부탁을 거절했다. 남인계 대학자인 우담 정시한이 이유 없이 남편을 따라 죽는 행위는 바른 의리가 아니므로, 이를 장려하여 집안의 복을 기를 수는 없다고 한 일화를 인용해 청탁을 물리친 것이다.

다산은 너무도 쉽게 목숨을 끊는 당시 부녀자들의 세태, 그리고 이를 의롭다고 무조건 장려하는 국가의 태도를 못마땅하게 여겼다. 위태로운 상황에 빠진 남편을 구하려다가 함께 목숨을 잃은 경우도 아니고, 치한의 위협에 대항해 죽음으로 정절을 지킨 것도 아닌데, 단지 남편이 죽자 슬픔을 이기지 못해 자살했다고 이를 표창할 수는 없다는 게 다산의 논리였다. 헛된 죽음을 명분 없이 미화한다면 아무나 '의로운 자살'이니 '의로운 복수'니 하면서 쉽게 자살이나 살인 같은 극단적 폭력에 빠져들 것이 뻔했기 때문이다.

그렇다면 어떤 경우를 의로운 자살이라고 부를 수 있는가? 다산은 '열부론烈婦論'을 지어 진정 의로운 죽음이 무엇인지 상세하게 밝혔다. 아버지가 죽었다고 해서 따라 죽는 아들을 효자라 할 수 없고, 임금이 죽었다고 해서 신하가 따라 죽는 것도 충신이라 할 수 없듯이, 남편이 죽었다고 해서 맹목적으로 목숨을 끊는 행위는 열부의 태도가 아니라 편협한 성격 때문에 충동적으로 저지른 행동일 뿐이라는 것이다.

그러자 일부에서 다산의 이런 비판을 너무 심하다고 반박했다. 남편을 따라 죽은 부인들은 명예를 얻으려는 게 아니라 순수한 마음으로 남편을 따라 죽었는데, 이를 열부가 아니라고 한다면 지나치다는 비판이었다. 이에 대해 다산은 '천하의 일 가운데 스스로 목숨을 끊는 것보다 더 나쁜 일은 없다. 목숨을 버리고 나면 아무것도 얻을 수 없지 않는가?

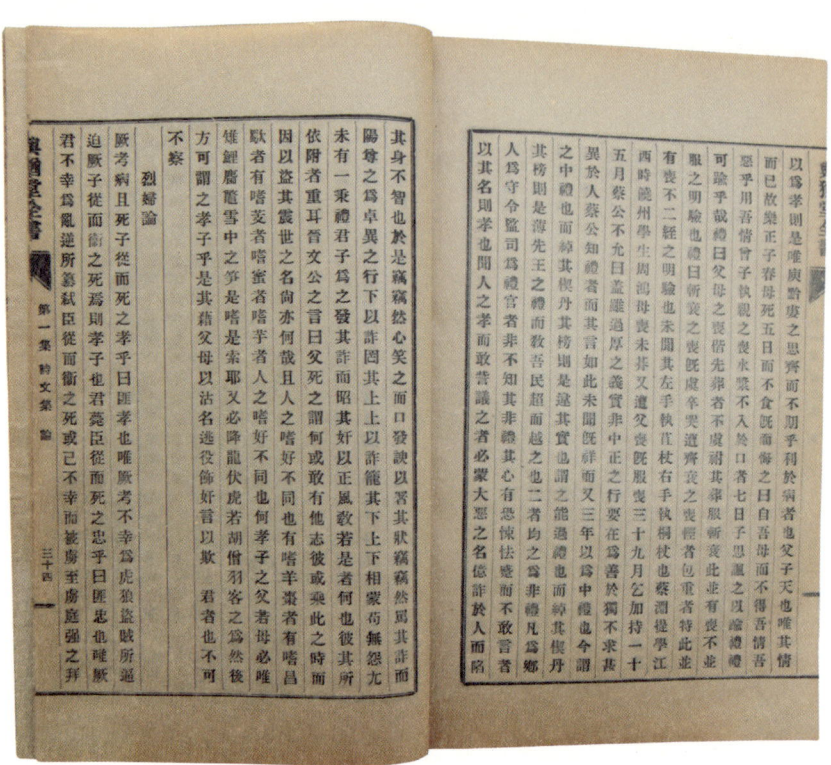

《다산시문집》〈열부론〉
국립중앙도서관 소장

따라서 오직 그 죽음이 의에 합당한 경우라야 할 것'이라고 반박했다. 다산은 절대 목숨을 버려서는 안 되는데, 그럼에도 불구하고 목숨을 버려야 한다면 모든 사람이 그 '의'를 인정할 수 있어야 한다고 강조했다.

다산은 열부의 조건을 다음과 같이 제한했다.

첫째, 남편이 호랑이나 도적에 핍박당했을 때 아내도 남편을 따라 막으려 하다가 죽었다면 이런 경우는 열부라 할 수 있다.

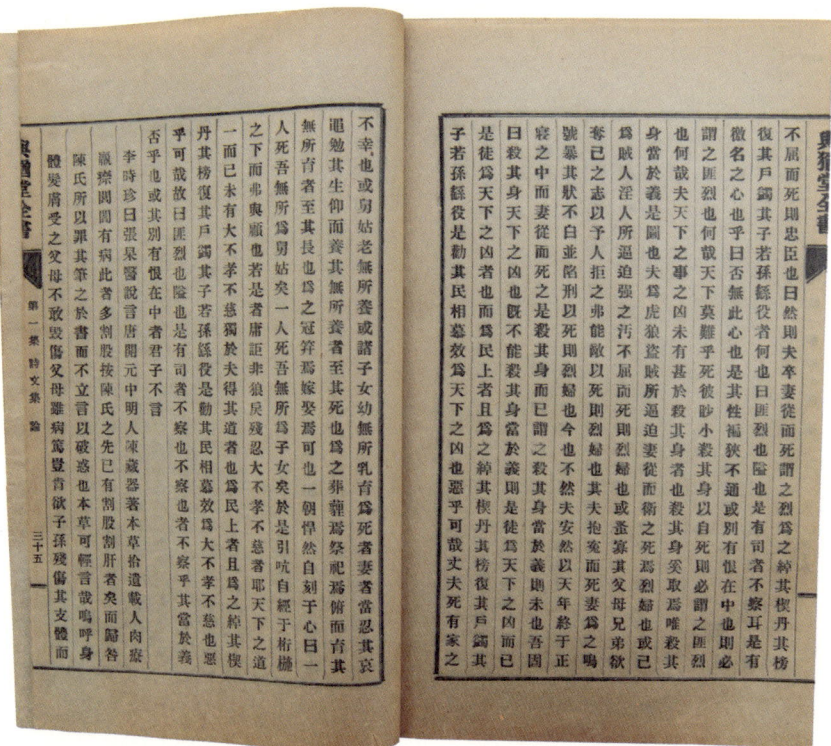

「《다산시문집》〈열부론〉에서 이어짐」
국립중앙도서관 소장

    둘째, 자신이 도적이나 치한의 핍박으로 강제로 욕을 당하게 되었을 때 굴하지 않고 스스로 목숨을 끊었다면 이는 열부이다.
    셋째, 일찍 과부가 되었는데 부모나 형제들이 강제로 남에게 재가시키려 할 경우, 이를 거부하다가 스스로 자진했다면 열부라 할 만하다.
    마지막으로, 남편이 원통함을 품고 죽자 아내가 남편을 위해 울부짖으면서 진실을 밝히려다가 뜻을 이루지 못하고 함께 형벌을 받아 죽었다면 이는 열부라 할 수 있다.

다산은 이런 조건에 해당하지 않는다면 의로운 죽음이 아니라고 주장했다.

'정의로운 폭력'의 기준을 엄격하게 제한하라

그러면 다산이 살았던 당시의 상황은 어땠을까? 다산은 조선 후기에 열부의 조건에 합당하지 않은 경우들을 열부로 표창하는 사례가 너무 많다고 보았다. 가령 남편이 편안히 천수를 누리고 안방에서 운명했는데 아내가 곧바로 따라 죽었다면, 이는 스스로 제 목숨을 끊었을 뿐이다. 다산이 보기에, 이런 사례는 결코 의로운 죽음이 아니었다.

다산은 스스로 목숨을 끊는 것을 세상에서 가장 나쁜 일로 규정했다. 의롭지 않은 죽음은 천하에서 가장 나쁜 일인데, 관리들이 문을 세워 이를 표창하고 부역을 면제하며 자손들의 노역까지 감해 주는 것은 말이 안 된다는 것이다. 게다가 천하에서 가장 나쁜 일을 칭찬하면서 백성들에게 권하는 꼴이니 옳다고 할 수 있겠느냐는 것이다. 이처럼 다산은 나라가 헛된 죽음을 권장해서는 안 된다고 주장했다.

사실, 다산이 의롭지 않은 헛된 죽음을 강하게 비난한 이유는 더 있다. 그는 진정한 분노에서 온 의로운 죽음이 헛된 죽음들과 뒤섞임으로써 의로운 죽음의 진정성마저 훼손될까 걱정했다. 다산은 사사로운 원한으로 인한 충동적인 죽음과, 불의에 대한 진정한 저항을 혼동하지 말라고 각별히 주의했다. 사실 불의에 분노할 줄 아는 백성들의 '도덕적 각성'이야말로 조선 사회가 추구한 주자학적 통치의 궁극적인 목표였다. 불의에 대해 백성들이 한마음으로 분노하게 되면, 백성들이 자기 혼자만의 도덕성 함양에 머무르지 않고 공동체 구성원들의 도덕성을 끌어올리는 데도 영향을 미치기 때문이다. 주자학자들이 으뜸으로 친 《대학大學》의 가르침은 '밝은 덕을 밝힌다.'라는 의미의 명명덕明明德과 '백성을 새롭게 한다.'라는 의미의 신민新民이다. 이런 덕목에는 정의로운 사회[至善]에 도달하려면 개인의 도덕적 자각과 더불어 타인의 도덕성이 계발되어야 한다는 주자학의 자율적 도덕 공동체에 대한 의지가 잘 드러나 있다.

문제는 도덕적으로 정당할 경우 사회질서를 뒤흔들 만한 복수·살인 같은 폭력마저도 가능하다는 명분과, 이를 적절히 통제해야만 질서가 유지된다는 현실 사이에 발생하는 끊임없는 긴장이다. 결국 최선의 방법은 사회질서를 위협하지만 받아들일 수 있는 정당한 분노와 절대로 받아들일 수 없는 부적절한 분노를 정확하게 구별하는 일이다. 만일 양자 사이가 정확하게 구별되지 않는다면 사적인 폭력이 공적 정의로 둔갑하여 폭력이 난무할 것이기 때문이다. 다산의 문제제기는 바로 이 지점에 대한 고민에서 나온 것이다. 그는 사적인 원망과 의로운 분노를 정확하게 구별함으로써 사적인 폭력을 엄격하게 제한하고자 했다.

정의로운 살인을 전적으로 부정할 수도 없고, 그렇다고 해서 정의라는 이름으로 자행되는 너무나도 분명한 폭력 행위를 눈 감은 채 용납할 수도 없는 모순적 상황에서 다산의 해법은 바로 양자를 엄격하게 구분하는 것이었다. '정의로운 폭력'의 기준과 범위를 엄격하게 제한함으로써, 정의를 빙자한 사이비 폭력들이 정의라는 명예를 훔치지 못하도록 하고 싶었던 것이다.

제23장 「법의 도덕화」 현상

형수와 간통한 사내를 시동생이 죽였다면?

　정조 7년1783년 4월, 황해도 금천에서 이이복의 아내 임 씨가 다른 남자와 간통하자, 격분한 시동생 이이춘 등이 간부奸夫 김명철을 때려죽인 사건이 발생했다. 그런데 피해 당사자인 이이복이 아니라 그의 동생 이이춘이 김명철을 죽인 것이 문제였다. 조선시대에는 남편이 아내와 간통한 남자를 간통 현장에서 즉시 살해한 경우 살인죄를 묻지 않았다. 이는 조선이 표준으로 삼은 중국의 《대명률》에서부터 조선 후기 영조의 《속대전》에 이르기까지 면면히 이어져온 전통이었다.

　이처럼 조선시대에는 남편이 부인의 불륜을 처벌할 권리를 가지고 있었다. 하지만 남편이 아니라 시동생이 간부나 간통한 형수를 구타·살해했다면 이는 차원이 다른 문제였다. 엄밀하게 말해 살인사건이기 때문이다. 당시 황해도 관찰사는 쉽게 결론을 내리기 어려웠던지, 최종 판결을 형조에 의뢰했다.

"이 살인 사건은 불륜에 대해 분노해 임 씨를 죽이려 했던 데서 출발했다. 죽은 사람의 친척들의 진술서를 보면, '박춘복필자 주 : 이이춘의 처남으로 이 씨 일가에게 간부 김명철을 혼내주도록 사주한 사람이 이 씨 일가에게 호령하기를, 너희들은 다리를 부러뜨려 죽일 놈들이다. 몰래 간통한 자를 어찌 이처럼 가볍게 때릴 수 있는가? 이 씨 집안은 망했다.'라고 했으니 마음속의 말을 내뱉은 것입니다. 그 뒤 여러 사람들의 범죄사실 진술서도 이런 사실과 다르지 않은 걸 보면, 사건을 전후로 지휘한 자는 박춘복이고 죽은 사람을 때린 자는 이이춘임을 알 수 있습니다. 이이춘이 이번 살인 사건의 주범이라는 사실은 명백하며,《대명률》을 살펴봐도 '간통 현장에서 직접 붙잡아 즉시 죽인 경우에는 죄를 논하지 않는다.'라고 한 것은 남편이 간통한 자기 아내를 죽였을 때를 말합니다. 만일 남편이 그 자리에 없을 때 남편의 동생이 즉시 죽인 경우에는 잘잘못을 따져 봐야 합니다. 다만 이와 관련된 법률 조문이 없으므로 특별히 형조에서 의논한 뒤 보고해 처리하시기를 바랍니다."

그 뒤 여러 차례 조사가 진행되었지만, 이이춘이 주범이 되었다가 다시 박춘복이 주범이 되는 등 조사는 도리어 미궁으로 빠져들었다.

인륜의 타락을 지켜보며 도덕을 강조한 정조

정조는 조사 과정의 허술함과 혼선을 비난했다.

"분한 마음에 휘두르는 주먹이 더 센 이유는, 안으로부터 끓어오르는 혈기가 주먹에 실려 밖으로 분출하기 때문이다. 이이춘이 형수의

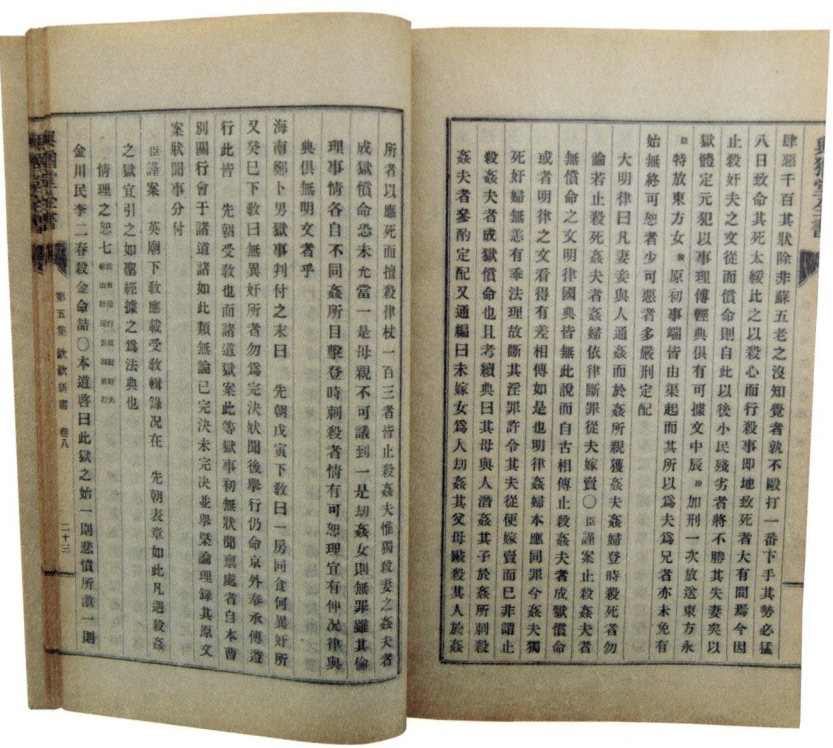

《흠흠신서》 권8, 상형추의11, 인정과 도리를 감안한 용서7, '김천 백성 이이춘이 김명철을 살해하다.[金川民李二春殺金命喆]
국립중앙도서관 소장

음탕한 짓을 보고는 형수와 간통한 김명철을 묶은 뒤 두들겨 패고, 이어서 이 씨 일가가 부추기자 박춘복도 이이춘에 이어 폭행에 가담했다. 이때 간통한 사람들을 때리려고 주먹을 든 사람들이라면, 누구나 분위기에 휩싸여 분노를 터뜨렸을 것이다. 박춘복이 자신의 죄를 진술하면서 이이춘이 범인이 아니라고 해명했다 해도, 살인 사건의 기본적인 이치를 따져 본다면 의구심이 든다. 더욱이 처음에 자신의 범행을

244

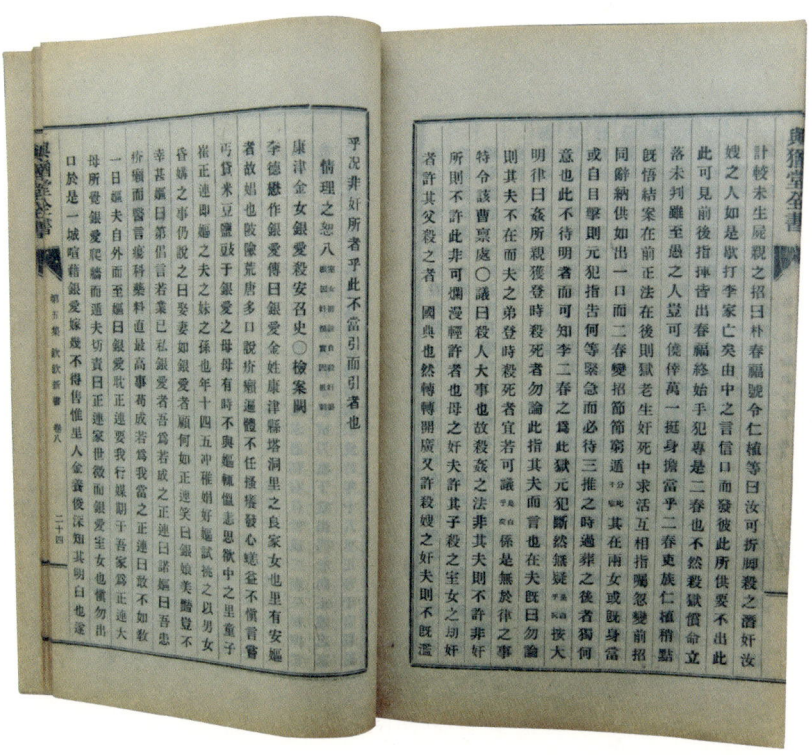

「《흠흠신서》 권8, 상형추의11, 인정과 도리를 감안한 용서7, '김천 백성 이이춘이 김명철을 살해하다.[金川民李二春殺金命喆]'에서 이어짐
국립중앙도서관 소장

자백했던 이이춘이 심문을 받으면서 갑자기 말을 바꾸었고, 이이춘의 가까운 친척들도 모두 박춘복이 범인이라고 말을 바꾸었다. 살인 사건을 심문할 때 절대 일어나서는 안 되는 일이 있어났으니, 서로 짜고 말을 맞추지 않고서야 어찌 이럴 수 있겠는가."

심지어 이이복의 아내 임 씨는 자신이 바람을 피워 문제가 되었지만, 형수와 시동생으로 지낸 옛 정을 생각해서 범인은 이이춘이 아니라 박춘복이라고 주장하기까지 했다. 사실 이것도 자신이 저지른 허물을 덮으려고 은혜를 베푸는 듯이 간계를 부린 것이었다. 정조는 위증을 일삼는 이이춘과 박춘복 등에게 휘둘려 조사를 제대로 진행하지 못한 관료들을 질타했다. 하지만 정조를 더욱 분노케 한 것은 인륜이 무너지고 있다는 사실이었다. 정조는 백성들의 도덕적 타락을 우려했다.

"형이 아우를 위하고 아내가 남편을 위하는 마음은 어느 누구나 마찬가지이다. 그런데 김성원김명철의 형은 자신의 아우가 두들겨 맞는 것을 구해 주지 않았고, 원 씨김명철의 아내는 남편이 살해된 사실을 숨기고 있다가 심문을 받고서야 이이춘이 범인이라고 주장하니 이쯤 되면 인륜의 도리가 여지없이 무너진 것이다."

정조는 인륜의 타락을 보면서 이를 회복시킬 방법으로 도덕의 강조와 이를 통한 풍속 교화를 선택했다.

"이 사건의 범인을 이이춘으로 판결하는 것은 정해진 순서이다. 다만 살인자는 사형에 처한다는 법이 매우 엄격하기는 하지만, 간통 현장에서 붙잡은 것과 허락도 없이 죽이는 것은 차이가 있다. 뿐만 아니라 복검에서 인용했듯이, '그 어미가 타인과 몰래 간통했을 때, 간통한 남자를 현장에서 칼로 찔러 죽인 사람은 정상을 참작해 유배 보낸다.'라는 《속대전》의 법조문은 이 사건에 참고할 만하다. 물론 아버지와 형은 그 정리가 같지만, 어머니와 형수는 경중이 현격하게 다르다. 그렇다고 해서 저 경우는 가볍게 다스리고 이 경우에는 엄하게 형률을 적용한다면, 원통한 사연을 살펴 불쌍히 여기고 돌봐줘야 한다는 뜻에 어긋날 것이다. 이이춘은 한 차례 엄히 매질한 뒤 사형에서 감하여 먼 곳에 유배하고, 박춘복도 무죄 석방할 수는 없으니 한 차례 매질한 뒤 내보내도록 하라. 임 여인은 매질한 뒤 유배를 보내고, 김성원과 원 여인은 여러 번 조사했다고 하지만 그냥 넘어갈 수만은 없으니, 죄의 경중을 가려 징계한 뒤 내보내도록 하라."

정조는 형수의 불륜을 참지 못하고 간통한 사내를 살해한 이이춘의 살인을 감형하기로 마음먹고 《속대전》을 인용했다. 그는 '어머니와 간통한 남자를 죽인 아들'과 '형수와 간통한 남자를 살해한 시동생'의 경우가 차이가 있음을 인정하면서도, 시동생을 살인죄로 엄형한다면 도덕의 타락을 좌시하지 않은 시동생의 의로움이 묻히게 될 것으로 보았다. 이에 법을 굽혀 도덕을 펼쳤다.

사실 당시에 이이춘이 형수의 간통남을 살해할 수 있었던 것은, 박춘복으로부터 '형수와 간통한 남자를 살해한 사람은 사형에 처해지지 않을 것'이라는 말을 들었기 때문이었다. 법의 엄격한 적용보다는 도덕적 판단이 우선되었던 현상을 백성들도 어느 정도 예상하고 있었던 것이다.

'법의 도덕화'에 대한 다산의 비판

훗날 다산은 정조의 감형 조처를 혹독하게 비판했다. 그는 도덕적 판단의 과잉으로 법 집행에 흠집이 생겨서는 안 된다고 보았다. 다산은 이미 조선의 법전이 너무도 도덕화되었다고 생각했다. 도덕적 가치 기준을 강조할 수 있지만 지나치다면 문제라고 본 것이다.

"살인은 매우 큰 죄다. 남편이 아니라면 아내와 간통한 남자를 죽여서는 안 되고, 이 또한 간통 현장에서 즉시 이루어진 게 아니라면 허용해서는 안 된다. 이 정도로 살인은 엄격하게 통제해야 한다. 이미 어머니와 간통한 자를 아들이 살해할 수 있도록 허용했고, 시집가지 않은 딸을 강간한 자를 아버지가 살해할 수 있도록 허용한 것이 조선의 국법이다. 하지만 그 법을 더욱 확대해 시동생이 형수와 간통한 사내마저 죽이도록 허용한다면, 이는 너무 지나친 처사가 아니겠는가? 더구나 간통 현장이 아닌데도 형수와 간통한 사내를 살해할 수 있게 허용한다면 더욱 문제가 되지 않겠는가? 이런 기준은 절대 적용해서는 안 된다."

역사적으로 법은 도덕과 긴밀한 관계에 놓여 있다. 특히 동아시아의 경우, 법은 도덕을 유지하는 현실적이면서 강력한 수단이었다. 도덕이 '예방 차원의 보약'이라면 법은 '사후의 치료제' 같은 역할을 했다. 법은 이미 탈이 난 뒤, 즉 사후 약방문 같은 것이었으므로 수단으로서의 정당성이 그만큼 약해지기 마련이다. 따라서 법의 효과를 극대화하기 위해서는 최대한 도덕에 가까워질 수밖에 없었다. 때문에 많은 위정자들은 법에 도덕의 가치를 주입할 수밖에 없었다. 말하자면 법은 도덕에 가까워지고, 반대로 도덕은 법의 강력한 효능으로 그 효력을 보이는 것이다. 하지만 법이 도덕에 가까워질수록 도덕적 가치가 수호되는 듯 보이지만, 본질상 말단의 수단인 법에 호소함으로써 도덕의 가치는 불가피하게 훼손될 수밖에 없었다. 도덕이 입법 근거로 깊숙이 자리 잡고 법 적용에 도덕을 지나치게 개입할수록, 법의 효과가 강력해지는 만큼 도덕적 교화의 포기를 선언하는 모순이 발생하기 때문이다.

다산은 조선 후기에 도덕적 가치가 손쉽게 법조문으로 둔갑했던 '법의 도덕화 현상'을 주의 깊게 관찰했다. 그 역시 유학자로서 도덕적 가치에 기초한 '정의로운 법'의 존재를 부정하지 않았다. 다만 법의 토대인 '도덕적 가치'들을 법을 적용하는 과정에서조차 지나치게 활용한다면, 이는 결국 자의적 판단으로 전락하여 적지 않은 부작용을 낳을 것으로 보았다.

법은 '남편이 자기 아내와 간통한 사내를 간통 현장에서 살해하는 것'만을 허락했다. 하지만 자식이 허용되고 아버지가 허용되고 시동생마저 허용되면, 어느 시점에는 누구나 간통한 사람을 죽여도 될 정도로 법이 구부러질지도 모른다. 다산은 국법의 도덕화 경향이 가져올 결말을 우려했고 그의 걱정은 현실이 되었다. '부도덕'을 처벌할 수 있는 자격을 특정한 사람으로 제한하지 않자, 이제 모두가 불륜의 심판자로 나섰다. 앞집의 불효를 욕하고 옆집의 우애 없는 형제들을 때려죽이는 등, 조금의 부도덕이라도 징벌하려는 대중들의 심리가 확산되면서 통제할 수 없는 사적 폭력들이 점점 더 늘어난 것이다.

제24장 동생이라도 마음대로 죽일 수 없다

음란하다고 여동생을 살해한 오빠

영조 50년1774년 11월에 황해도 신천에서 김몽득이 여동생 김큰아기를 칼로 살해했다. 결혼도 하기 전에 처녀의 몸으로 김선이와 통간했기 때문이었다. 10년 뒤인 정조 8년1784년 윤3월, 정조는 이 사건을 다음과 같이 판결했다.

"칼의 상처가 매우 깊어 나약한 여자가 차마 할 수 있는 행위가 아니므로 스스로 찔러 죽었다는 말은 믿을 수 없다. 또한 아무리 음행淫行이라도 인정상 부모형제가 살해했을 리 없으므로 타살이라는 말 또한 믿기 어렵다. 더욱이 김몽득을 범인으로 단정하게 된 근거는 김몽득의 8~9세 어린 동생들의 증언뿐인데, 친동생과 사촌아우가 각각 친형과 사촌형이 살인했다고 증언한다면 이는 윤리를 해치는 것이고 법례에도 어긋나는 일이다. 이제 김몽득을 석방해 법과 윤리

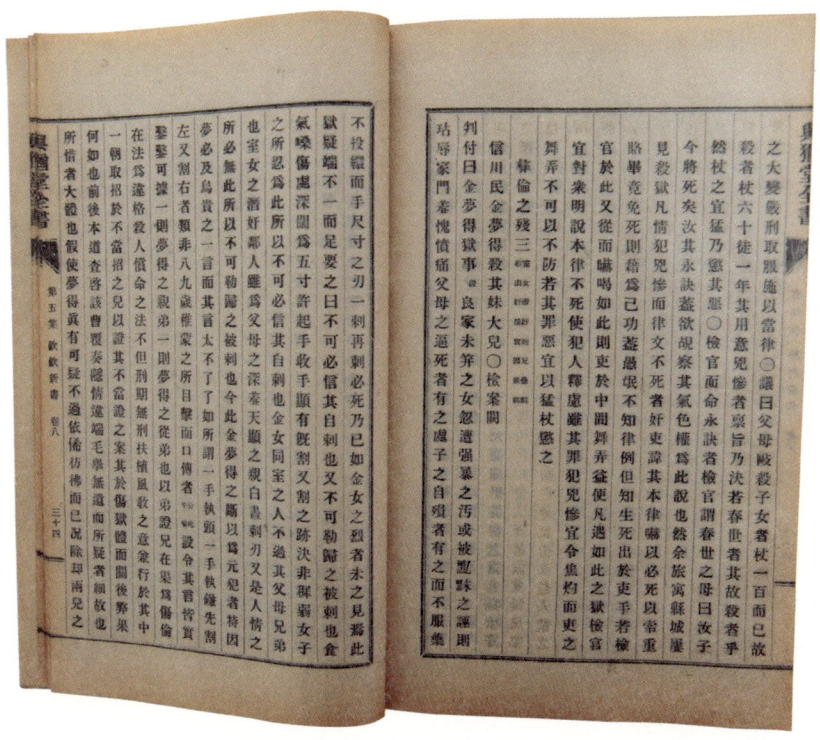

『흠흠신서』 권8, 상형추의12, 인륜을 해친 경우3, '신천 백성 김몽득이 누이 대아를 살해하다.[信川民金夢得殺其妹大兒]'
국립중앙도서관 소장

를 어기지 않도록 하라."

다산은 여동생을 죽인 오빠를 석방하도록 한 정조의 결정을 사람들이 오해할까 봐 걱정했다. 김몽득의 잘못이 분명한데도, 동생이 형의 살인에 증인으로 나서 죄인으로 몰아가는 게 윤리와 법에 어긋나기 때문에 정조가 용서한 것은 아닐까? 김몽득이 풀려난 결과를 보고, 오빠라면 여동생의 잘못을 마음대로 꾸짖고 심지어 죽일 수 있다고 생각하지 않을까? 다산은 정조의 판결에 자신의 해석을 덧붙였다.

"집안 처녀의 음행은 미천한 자들도 큰 수치로 여긴다. 그렇기 때문에 어리석은 백성들은 음란한 누이를 마음대로 죽여도 죄가 되지 않는다고 생각한다. 김몽득이 여동생의 음행을 알고 수치와 분노가 마음속에서 일어나, 누이를 마음대로 죽여도 된다고 생각해 갑자기 이런 잔인한 짓을 저질렀던 것이다. 임금께서는 그들의 입장에서 볼 때 인정과 도리상 충분히 용서할 만하다는 사실을 알고 계셨기 때문에, 사실관계를 더 깊이 캐묻지 않았던 것이다."

김몽득이 누이동생의 음행을 꾸짖다가 살해한 것이므로, 정조가 인정과 도리를 참작해 가볍게 처벌했다는 게 다산의 추론이었다. 하지만 다산은 여기에 한 가지 단서를 붙였다.

"만일 한 집안의 공분公憤이 규방의 음행으로부터 말미암은 게 아니었다면, 임금의 결정이 이에 그쳤겠는가."

이는 누이의 음행에 격분한 나머지 오빠가 살인한 경우이므로 의리와 인정상 용서했을 뿐이지 그렇지 않은 흉악한 범행이었다면, 엄형에 처했을 거라는 게 다산의 주장이었다. 오빠의 살인이 개인적 분노가 아니라 공분에서 나온 것이었기에 용서할 수 있었다는 것이다.

다산은 동생이 천인공노할 범죄를 저질렀다면 오빠가 동생을 마음대로 죽였다 하더라도 용서할 수 있겠지만, 그렇지 않은데도 살해했다면 이는 오빠가 '흉악하고 참혹한 악행'을 저지른 것에 불과하니 반드시 처벌해야 한다고 보았다. 다산은 가족 내 위계질서와 명예가 아무리 중요하다 해도, 공분에 근거하지 않은 정도를 넘어선 '악행'에 대해서는 엄중하게 처벌해야 한다고 강조했다.

살인 의도가 흉악하다면 용서할 수 없다

부모가 자식을 살해한 경우, 중국의 《대명률》은 매를 때리거나 중노동을 시킬 뿐 사형에 처하지는 않았다. 하지만 조선은 달랐다. 조선 후기 영조 때 편찬된 《속대전》에는 "부모가 자녀를 죽이고 형이 동생을 살해했을 경우, 그 의도가 흉악한 자에게는 '싸우다가 상대방을 죽인 사람에게 내리는 형벌'로 죄를 물으라."라고 했다.

윗사람이 아랫사람을 악의적으로 죽게 한 경우, 매질을 하거나 유배형을 선고하지 않고 사형에 처할 수 있게 한 것이다. 그 이유는 무엇일까? 《속대전》의 법리 해석은 《대명률》과 약간 달랐다. 앞서 언급한 바대로 《대명률》은 아버지가 자식을 죽이고 형이 동생을 살해했을 때 매질을 하거나 유배를 보내도록 했다. 그만큼 상하의 위계를 강조한 처분이었다. 하지만 조선에서는 사형을 시킬 수 있도록 했다. 물론 그 취지는 악을 징계하려는 의도이지 자식의 목숨 값을 받아내려는 뜻은 아니었다.

'악 자체를 징계하려는 의지'는 조선 후기의 중요한 입법 정신 가운데 하나였다. 아무리 부모나 형과 같은 윗사람일지라도 아랫사람을 악의적으로 죽였다면 엄벌한다는 것이다. 자식을 죽였으니 그 목숨 값을 받아내겠다는 차원이 아니라, 흉악한 범행 그 자체를 용서하지 않겠다는 의미였다. 악의적으로 아랫사람을 죽였는데도 이를 용서한다면 심각하게 인륜을 해친 행위를 용서하는 문제가 발생할 것이요, 도리어 진정한 인륜의 의미가 퇴색할 것이 분명하기 때문이다. 이에 《속대전》의 편찬자들은, 부모자식간의 인륜이 단지 아래서 위로 향하는 것만이 아니라 위에서 아래로 향하는 사랑까지 포함한다는 사실을 강조하고 인간 본성에 위배되는 '악행'은 엄벌하고자 했던 것이다.

이는 인륜을 윗사람에 대한 아랫사람의 일방적 복종이 아니라 상하의 상호적인 사랑으로 해석함으로써, 인륜을 가족 내부의 상하 질서로 고착시키지 않고 인간애라는 보편적 감정에 기초한 사회질서로 확장한 것으로 볼 수 있다.

공자는《논어》에서 인간의 기본적인 도리를 '효와 제悌'로 규정했다. 효와 제는 자식과 동생이 각각 부모와 형에게 사랑과 공경을 다해야 한다는 것이다. 다산 정약용은 여기에 '자慈'를 추가했다. 부모의 자식 사랑과 형의 아우에 대한 우애를 중요한 인륜의 하나로 포함시킨 것이다. 이로써 가족 내 상하 질서를 지지하는 이념처럼 생각되었던 인륜은, 인간관계에서 지켜야 할 사랑의 토대가 되었다. 인간으로서 '지켜야 할 것들'과 '차마 해서는 안 되는 것들'이 아랫사람들에게만 불리한 형태로 제시되지 않았다는 의미이다. 이전에 일방적이었던 윗사람의 권리는, 아랫사람에게 사랑을 얼마나 충실하게 이행하고 있는가에 따라 달라졌다. 이는 인륜이 가족을 넘어 사회의 기본 도리로 확장될 수 있는 근거가 되었다.

시댁에서 쫓겨난 여인의 운명

정조 14년1790년 4월, 울산에 사는 견성민이 자신의 여동생 견소사를 살해했다. 개가한 누이가 고부갈등으로 남편과 싸우고 시댁에서 쫓겨오자, 오빠가 여동생을 배에 태워 태화강으로 나간 뒤 물에 빠뜨려 죽인 것이다.

초검관이 견소사의 시신을 부검했는데, 시신에는 구타 흔적이 전혀 없었고 손톱에 진흙과 모래가 끼어 있었다. 시신의 살갗은 모두 흰색이었고 배는 부풀어 올라 있었다. 영락없이 물에 빠져 죽은 모습이었다. 이어 초검관은 당시 사건을 목격한 뱃사공을 신문했다. 뱃사공은 사건 당일 아침밥을 먹고 있는데, 남녀가 배를 타고 태화강 중류까지 가다가 갑자기 여자가 물에 몸을 던졌고 남자는 여자를 구하지 않은 채 언덕에 배를 대고 도주했다고 증언했다. 배 안에는 버려둔 옷가지와 버선, 그리고 돈이 남아 있었다.

이런 사실들로 추론해 볼 때, 견소사는 자살이 아니라 오빠 견성민이 물에 빠뜨려 죽인 것이 분명하다고 초검관은 상부에 보고했다. 그 뒤 자세한 기록은 남아 있지 않아 당시 견성민이 투살률로 사형에 처해졌는지, 아니면 오빠의 도리가 정상 참작되어 석방되거나 유배형을 받았는지는 알 수 없다.

나중에 다산은 사건 보고서를 읽은 뒤 《흠흠신서》에 다음과 같은 비판을 남겨 놓았다.

"가령 견녀가 시어머니에게 불효하고 남편에게 순종하지 않았으며 청상과부가 되어 음란한 행실을 했다면, 모든 죄악이 구비된 것이기는 하다. 하지만 그렇다고 해서 집안사람이 마음대로 죽일 수는 없다. 비록 부모라도 자식을 죽이면 죄를 범하는 것인데, 하물며 오빠가 여동생을 죽일 수 있겠는가? 청상과부가 수절하지 못한 게 원래 죽을죄는 아니다. 따라서 죽을죄도 아닌데 그녀를 죽였다면 어찌 죄가 되지 않겠는가?"

비록 여동생이 여러 가지 악행을 저질렀다고 해도 오빠가 마음대로 죽일 수는 없는 법이다. 과부가 수절하지 못한 일은 천인공노할 만큼 죽을죄는 아니니, 이런 경우에 부모도 그 딸을 죽일 수 없는데 하물며 오빠가 여동생을 죽이는 것은 더더욱 허용할 수 없는 일이다. 그런데도 여동생을 미워해 죽였다면, 단지 오빠가 흉악한 악행을 저지른 데 불과하니, 인정과 도리를 참작해 용서할 수는 없는 일이다. 이것이 다산의 견해였다.

다산은 가족 가운데 누군가가 잘못을 저질렀다고 해도 마음대로 죽여서는 안 되며, '죽을 만한 악행'을 저질렀을 때만 죽일 수 있다고 강조했다. 동생이 아버지에게 대들며 때리자 형이 이를 말리다가 패륜의 동생을 때려죽였다면 정상을 참작해 감형할 수 있다. 하지만 여동생이 음행을 했다고 해서 오빠가 여동생을 마음대로 죽여서는 안 되며, 고부갈등을 빚었다는 이유로 오빠가 개가한 여동생을 살해했다면 반드시 처벌해야 한다고 다산은 거듭 강조했다.

인륜의 영역과 법의 지배

다산은 인간으로서 지켜야 할 올바른 도리가 법보다 우선하며, 따라서 법의 예외 지대인 인륜의 영역이 존재한다고 주장했다. 하지만 아무리 인정과 도리를 참작하더라도 범행이 지나치게 흉악한 경우에는 반드시 법에 따라 처벌해야 한다고도 강조했다. 자식이 부모에게, 동생이 형에게 보여야 할 사랑과 존중의 의무가 바로 인륜이지만, 그렇다고 해서 부모가 자식을, 형이 동생을 마음대로 죽일 수 있다는 의미는 아니기 때문이다.

다시 말해 가족 간에 지켜야 할 것들을 인륜의 영역사적 영역으로 인정하지만, 가족 간에 지켜야 할 도리가 심각하게 훼손된 경우, 즉 흉참하고 악의적인 범행마저 용서할 수는 없다고 보았다. 이 경우 반드시 법의 처벌공적 영역을 받아야 한다는 게 다산의 진의였다.

이상의 논리는 일견 모순되어 보이기조차 한다. 그 이유는 무엇일까? 유교사회에서 가족 윤리親親와 사회윤리尊尊 사이의 본질적인 관계가 매우 복잡하기 때문이다. 또한 법의 토대가 가족 내 인륜에 있기 때문이기도 하다. 사실 친친의 윤리는 어느 경우에도 법 지배의 예외적 영역으로 남아 있어야 한다. 법이 가족 내 인륜에까지 그 영향력을 끼친다면, 법이라는 수단이 자신[법]의 기초를 흔드는 모순이 발생하기 때문이다. 하지만 가족 내 도리가 '심각하게 훼손된 경우'마저 좌시한다면, 도리어 공적 질서[尊尊]의 토대를 무너뜨리는 결과를 야기하게 된다. '인륜을 심각하게 해치는 범죄'에 대해 법은 자신의 근거인 인륜을 보호하기 위해서라도 개입의 여지를 남겨둔 것이다. 제한적이기는 하지만 가족 내 윤리에 침투할 수 있는 근거를 법으로 만들어 둔 이유이다.

다산은 인륜을 아래에서 위로 향하는 효와 제에 국한하지 않고, 위에서 아래로 향하는 자慈를 포함시킴으로써, 법이 그 자신의 토대인 인륜의 영역에 간섭할 수 있는 철학적 근거를 마련했다. 동시에 다산은 법이 인륜의 영역에 너무 쉽게 간섭해서는 안 된다는 점 또한 간과하지 않았다.

다산은 인륜과 그것에 토대한 법 사이의 긴장과 갈등이 유교 정치의 태생적 딜레마라는 사실과, 이로 인해 둘 사이에 적절한 줄타기가 반드시 필요하다는 점을 누구보다도 심각하게 고민했다. 때문에 '인륜'을 강조한 나머지 불법적인 행위마저 도덕 감정을 적용해 관용을 베풀거나, 반대로 인륜에 합당하고 적법한 행위마저 쉽게 법으로 엄벌하던 당시의 법 관행을 신랄하게 비판했던 것이다. 다산은 인륜과 법, 공과 사의 적절한 긴장과 균형만이 질서유지의 관건이라고 보았다.

제25장 인정과 도리, 그리고 법

아버지를 고발할 수 있는가?

《논어》에는 공자와 초나라 섭공 가운데 누가 더 정직한지를 두고 벌어진 대화가 소개되어 있다. 섭공이 공자에게 "우리 마을[鄕黨]에 직궁이라는 정직한 사람이 있는데, 자기 아버지가 양을 훔쳤다고 증언했습니다."라고 말했다. 그러자, 공자는 "내가 말하는 정직은 다릅니다. 아버지는 자식을 위해 그 범죄를 숨겨주고 자식은 아버지를 위해 범죄를 숨겨주는 것이야말로 진정 정직한 것입니다."라고 답했다는 것이다.

초나라 섭공이 자기 마을에 아버지의 범죄를 관가에 고할 만큼 정직한 인물이 있다고 자랑하자, 공자는 그것은 정직이 아니라고 잘라 말한 뒤에 부자가 그 죄를 서로 숨겨주는 것이 옳다고 답한 것이다. 공자는 부모와 자식은 거스를 수 없는 인륜 관계로 맺어져 있기 때문에, 두 사람의 관계는 법과 충돌할 때조차 보호되어야 한다고 보았다. 그런데 법과 인륜이 사회질서를 어지럽히지 않으면서 조화롭게 공존하면 좋겠지만, 갈등이 깊어져 조화가 깨어지게 되면 문제가 발생한다.

다산 정약용은 여러 고전들을 인용해 직궁의 행위가 잘못되었다고 비판했다. 먼저 《한비자》에서 직궁이 임금에게 고한 것이 언뜻 정직한 듯 보이지만, 아버지에 대해서는 옳지 않으므로 사형에 처하라고 했다는 언급을 인용했다. 직궁의 잘못이 사형에 처할 만한 일임을 암시한 것이다. 또한 다산은 《여씨춘추》에서 자신이 고발한 아버지가 사형당할 위기에 처하자 직궁이 대신 죽겠다고 청한 부분을 언급했다. 그때 왕은 직궁이 아버지를 고발해 신의를 지킨 동시에, 아버지 대신 죽겠다고 하여 효를 다했으므로 풀어주라고 했다. 하지만 공자는 직궁이 아버지를 두 번이나 팔아 명성을 취했으니, 신의가 없는 것보다 못하다고 혹평했다.

아버지를 고발할 수 없다고 언급한 후 다산은, 당나라 이최의 일화를 인용해 자신의 입장을 다시 한 번 분명히 했다. 이최는 아버지의 모반을 고발한 뒤 아버지가 참수되자 두 아우와 함께 자살했는데, 다산은 아버지를 고발한 이최의 행동은 명백한 잘못이라고 비판했다. 이최가 자식으로서 유일하게 할 수 있었던 행동은, 아버지의 잘못을 울면서 말리는 것뿐이라는 것이다. 이처럼 다산은 부자간의 도리는 법이라 할지라도 간섭할 수 없다고 보았다.

가족 윤리를 지킨다는 것

조선의 법운용은 중국의 《대명률》을 상당 부분 참고했다. 물론 《대명률》을 따랐다고 해서 그대로 적용한 것은 아니며 조선의 실정에 맞게 수정하여 적용했다. 특히 조선은 '친친親親의 도리가족 윤리'를 매우 강조했다. 가령 아버지가 누군가에게 맞는 것을 본 아들이 아버지를 구하려다가 상대에게 상해를 입히거나 죽였을 경우, 처벌 강도는 《대명률》보다 훨씬 관대했다.

《대명률》에는 "조부모나 부모가 맞을 때 자손이 이를 구하려다가 도리어 상대를 때렸는데, 뼈가 부러지는 상처가 아니라면 처벌하지 않고, 뼈가 부러지는 상처 이상일 경우에는 투살鬪殺·싸워서 죽임한 자에게 가하는 형벌에서 3등을 감하며, 상대가 죽은 경우에는 사형에 처한다."라고 했다. 조부모나 부모를 보호하려고 하다가 상대방을 때렸는데, 부상이 심하지 않은 경우나 부러지는 정도라면 석방하거나 감형했지만, 살인했다면 사람을 죽인 죄를 물어 사형에 처한 것이다.

하지만 조선은 달랐다. 《속대전》에는 해당 항목에 다음과 같은 수정 사항이 포함되어 있다.

"아버지가 타인에게 맞아 중상을 입었을 때 아들이 그 상대방을 때려죽인 경우, 사형을 감하여 정배定配·죄인을 일정 기간 유배를 보내 감시 하에 생활하게 하는 것한다."

조선의 법 정신은 '부자간의 도리'를 강조해 타인을 살해한 자식을 《대명률》의 사형에 비해 가볍게 처벌한 것이다. 이에 대해 다산은 "아들과 동생이 아버지와 형을 구하려다가 상대방을 폭행한 경우를 도리상 금할 수 없는 일로 간주했기 때문"이라고 설명했다. 이는 '친친의 도리'를 강조한 것으로, 조선에서 효를 얼마나 강조했는지 잘 보여 주는 대목이라 하겠다.

1784년 황해도에서 이후상이 공소사를 때려죽이는 사건이 발생했다. 이후상의 어머니 방소사와 죽은 여자 공소사는 10촌동서 간으로 방소사는 공소사보다 나이가 두 배나 더 많은 윗사람이었다. 나이 어린 공소사가 나이 많은 방소사에게 대들어 방소사의 머리카락을 잡고 뺨을 때리다가 싸움이 커졌다. 이때 자기 어머니가 맞는 것을 보고 화가 난 이후상이 공소사를 주먹으로 때리고 발로 걷어차는 바람에, 공소사는 이튿날 죽고 말았다.

황해도 관찰사는 어머니를 구하려다가 사람을 죽인 것이므로 이후상의 감형을 요청했지만, 형조는 반대로 엄하게 처벌하라고 요구했다.

"아무리 치욕을 씻으려고 상대방을 때렸다고 해도, 어떻게 사람 목숨을 빼앗을 정도로 심하게 때렸단 말인가? 이런 경우마다 용서해 준다면 앞으로 그 폐단이 커질 것입니다."

하지만 정조는 인정과 도리를 고려할 때 이후상을 용서할 만하다고 결론지었다.

"아들로서 어머니가 남과 싸우다가 떠밀려 쓰러지는 것을 보고 급히 달려가서 말리지 않는다면, 인간으로서 지켜야 할 도리가 어찌 살아있다고 하겠는가? (중략) 만약 심하게 차서 상대방이 목숨을 잃었다고 살인죄를 적용한다면, 백성들의 풍속을 좋은 방향으로 이끌어가려는 조정의 입장에서 볼 때는 잘못된 것이다. 형조의 주장은 지나치니, 이후상에게 내렸던 사형을 감하여 3년의 유배형에 처하라."

다산 정약용은 《대명률》 대신 《속대전》의 정신을 취한 정조의 결정에 동의했다.

사형이냐, 무죄냐

조선 후기에는 부자·형제 등 인륜의 도리가 강조되면서, 법과 처벌보다는 인륜과 교화에 무게 중심을 두는 경향이 점점 농후해졌다. 1784년 황해도에서 벌어진 박봉손 사건을 보자. 박봉손과 배종남은 의붓형제였다. 박봉손의 친아버지 박소상이 배종남에게 곡식을 꾸어주지 않자, 화가 난 배종남이 아버지 박소상을 때리며 욕을 퍼부었고 이에 박봉손이 의붓동생 배종남을 구타하였고 결국 배종남은 사흘 만에 사망했다.

황해도 관찰사는 박봉손이 아버지를 구하려는 마음에 구타·살해한 것이므로, 부모를 구하려다가 타인을 살해한 경우 감형한다는 《속대전》의 조문을 들어 감형을 요구했다. 정조는 그의 보고서를 받고 이렇게 판결했다.

"인간의 본성을 갖추고 있다면, 비록 길 가는 사람이라도 분개하여 배종남을 때릴 것이다. 친아들인 박봉손이 이 광경을 직접 봤으니 어떻게 그냥 넘길 수 있겠는가. 그가 배종남이 아버지를 때리지 못하게 막은 뒤 힘껏 때리고 발로 찬 것은 자식 된 도리로 당연한 일이다. 하지만 황해도 관찰사는 법조문을 근거로 배종남을 용서해 달라고 했으니, 이 사건이 살인사건으로 성립되지 않는다는 사실조차 모르고 있

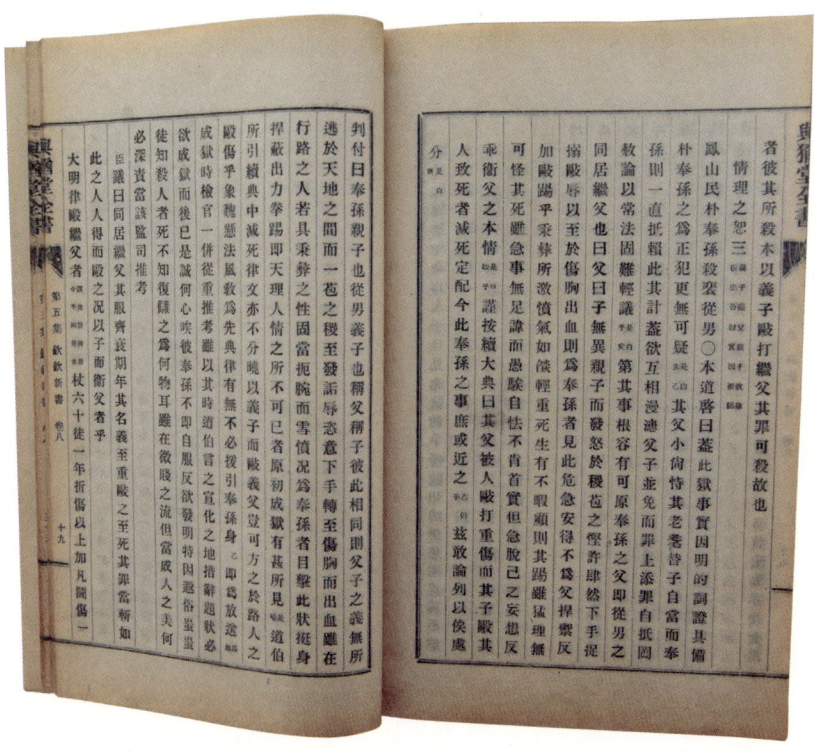

《흠흠신서》 권8 상형추의11 인정과 도리에 비추어 용서함3, '봉산 백성 박봉손이 배종남을 살해하다.[鳳山民朴奉孫殺裵從男]'
국립중앙도서관 소장

다. 그의 죄를 엄하게 묻도록 하라."

정조는 부모를 구타한 의붓아들 배종남을 구타·살해한 박봉손의 행동은 자식의 도리를 다한 것으로서, 살인사건으로 취급할 수 없다고 판단했다. 그리고 이를 살인사건으로 보고한 황해도 관찰사를 처벌하라고 명한 것이다.

기본적으로 부모를 구타한 상대방을 살해했다는 점에서 이후 상과 박봉손의 범행은 같지만, 정조는 이후상에게는 유배형을 부과하고 박봉손에게는 무죄를 선고했다. 다산은 이 판결의 이면에, 배종남이 의붓아들로서 아버지를 구타한 경우 그 죄가 죽을 만하므로 패륜범을 죽였다면 범죄행위 자체가 성립되지 않는다는 정조의 판단이 깔려 있다고 설명했다.

다산은 또한 죽을 만한 자를 살해한 것이니, 그 어떤 처벌도 내려서는 안 된다고 주장했다.

"함께 사는 의붓아버지와 의붓아들은, 의붓아버지가 죽었을 경우 의붓아들이 상복을 1년 동안 입어야 하는 긴밀한 관계이다. 사람으로서 그리고 자식으로서 부모를 향해 마땅히 지켜야 할 매우 소중한 도리가 있기 때문에, 아버지를 때려죽인 경우에는 참형이다. 배종남의 행위를 보면 전혀 모르는 남들도 때려죽이려 할 텐데, 하물며 자식으로서 아버지를 보호하려고 배종남을 때리지 않았겠는가."

남도 아니고 자식이 아버지를 때렸다면 죽어 마땅하기 때문에, 동생을 때려죽인 형은 유배를 보낼 게 아니라 석방해야 한다는 것이다. 죽을 만한 패륜범을 응징했다면 결코 범죄가 되지 않는다는 게 조선 사람들의 사고방식이었다.

법의 도덕화에 대한 다산의 우려

하지만 친친의 도리를 너무 강조하는 바람에 법이 훼손된다면 문제가 아닐 수 없다. 1785년 경기도 부평에서 일어난 사건이다. 김창준이 술에 취하여 신복금의 아버지에게 시비를 걸고 덤벼들었다. 이에 분노

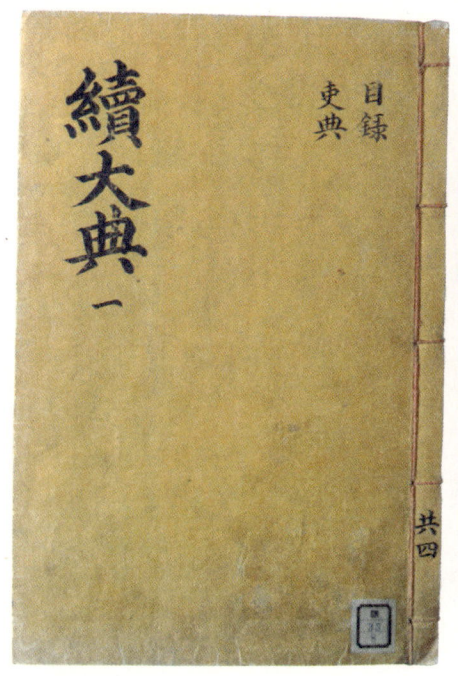
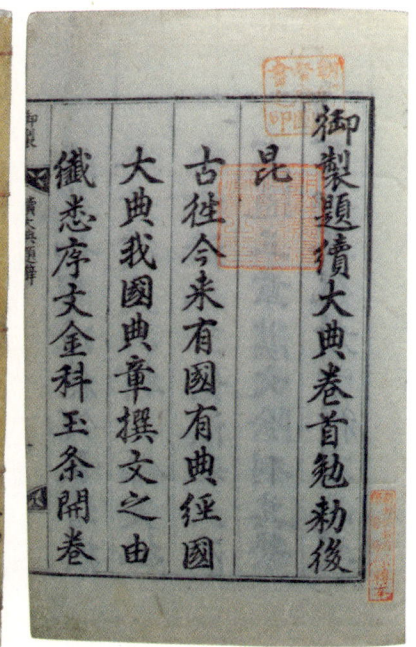

《속대전》 표지와 서문
국립중앙도서관 소장

한 신복금이 김창준을 주먹으로 때리고 발로 차서 김창준이 이틀 만에 사망했다. 형조에서는 엄중한 처벌을 요청했다.

"아버지가 맞고 있으니 아들의 입장에서 때리지 못하게 막는 것은 당연합니다. 하지만 김창준의 상처가 급소에 나 있고 며칠을 넘기지 못하고 죽은 것을 보면, 신복금을 용서하자는 논의야말로 살인의 증거를 무시한 주장입니다."

하지만 정조는 상황을 참작해 감형할 수 있다고 보고 《속대전》을

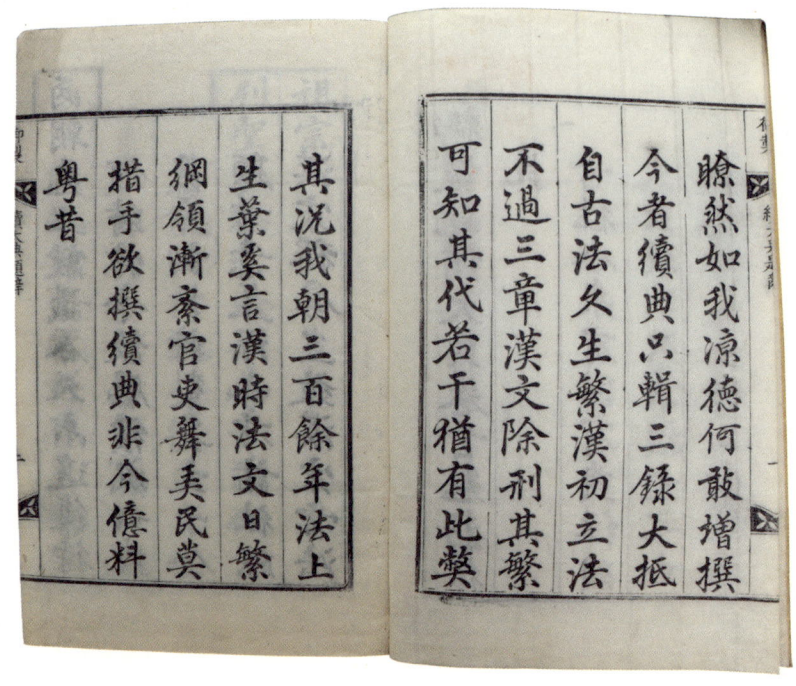

《속대전》 서문 ①
국립중앙도서관 소장

인용해 엄형을 요청한 형조의 주장을 일축했다. 신복금은 매를 맞은 뒤 석방되었다. 정조는 신복금 사건을 '부자간의 도리'를 가르치는 풍속 교화의 도구로 활용했다.

"매를 친 것은 사람을 구타한 죄를 징계한 것이요, 석방한 것은 아버지를 보호하려는 마음을 장려한 것이다. 이렇게 함으로써, 조정은 법을 굽혀서라도 풍속을 올바르게 지키려 한다는 사실을 백성들에게 알리려고 한다."

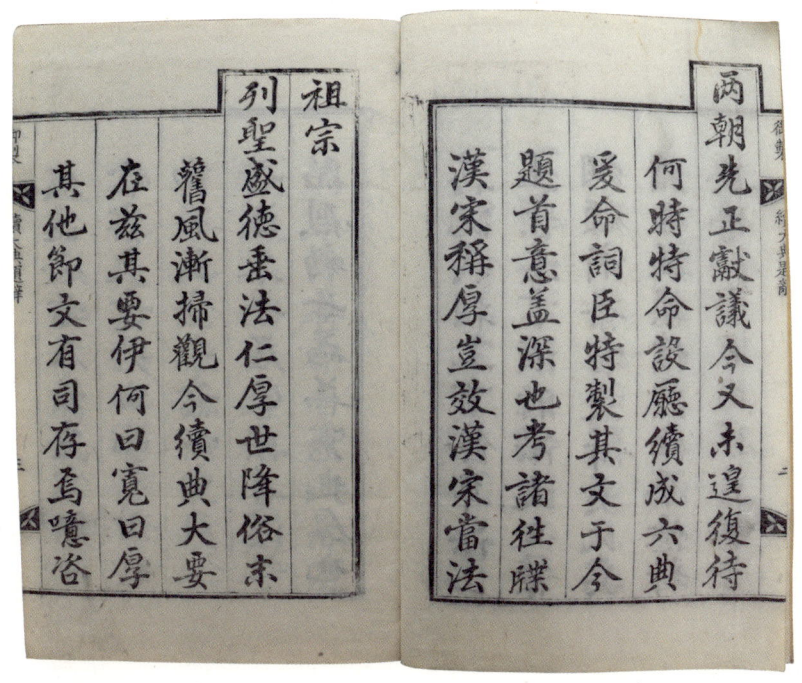

《속대전》 서문 ②
국립중앙도서관 소장

문제는 석방 결정이 과연 법을 굽힌 것인가 아니면 정상 참작의 한계 내에 있는가 하는 점이었다.

정조도 어느 정도 인정했듯이 석방 결정은 재량의 범위를 넘어서 '법을 굽힌' 것으로 의심할 만했다. 이에 다산은 "본래 김창준은 굶어서 곧 죽을 사람이었는데 갑자기 술을 잔뜩 먹고 더위를 먹었으니, 중상을 입지 않았어도 죽을 가능성이 높았다. 자식이 아버지를 보호한 것만으로 정조 임금께서 신복금을 용서한 것은 아니다."라는 해석을

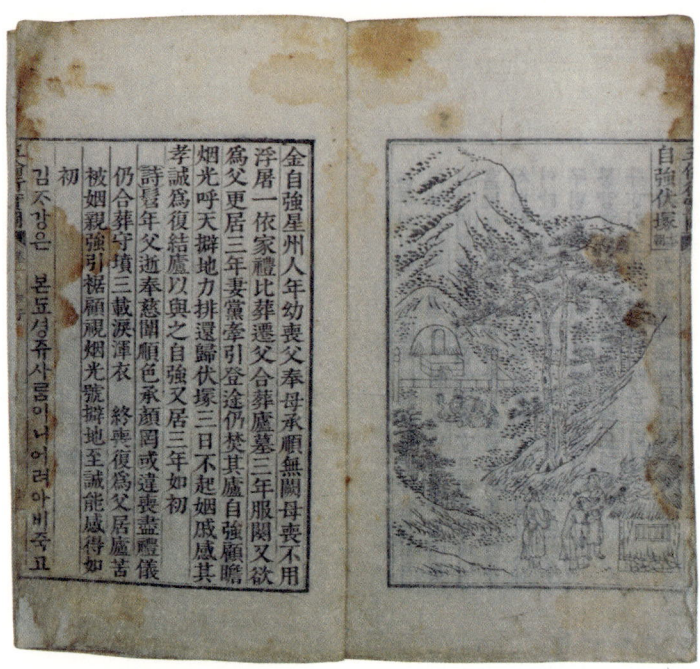

金自強星州人年幼喪父奉母承順無闕母喪不用
浮屠一依家禮比葬遷父合葬廬墓三年服闋又欲
爲父更居三年妻黨牽引登途仍焚其廬自強顧瞻
烟光呼天擗地力排還歸伏塚三日不起姻戚感其
孝誠爲復結廬以與之自強父居三年如初
詩曰年父逝奉慈闈順色承顏罔或違喪盡禮儀
仍合葬守墳三載淚渾衣　終喪復爲父居廬苦
被姻親強引裾頑視烟光擗地至誠能感得如
初

김주강은　본됴셩쥬사람이니어려아비죽고

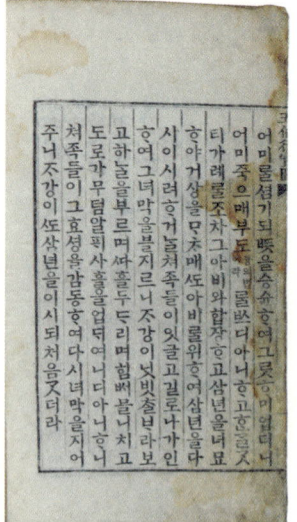

어미를셤기기를뜻을승슌ᄒ여그릇ᄒ미업더니
어미죽으매부도ᄅᆞᆯᄡᆞ디아니ᄒ고삼년을녀묘
ᄒ고가례로좃차아비를합장ᄒ고삼년을녀묘
ᄒᆞ야거상을모ᄎᆞ매ᄯᅩ아비를위ᄒ야삼년을
ᄒ려ᄒ거ᄂᆞᆯ쳐족들이잇ᄭᅳᆯ고길로나가
ᄉᆞ이여막을블지르니주강이녓빗츨보라보
고하ᄂᆞᆯ을부르며ᄯᅡ흘두드리며업더치고
도로가무덤알ᄑᆡ사흘을닐어나디아니ᄒ니
쳐족들이그효셩을감동ᄒ여다시녀막을지어
주니주강이ᄯᅩ삼년을이시되처음ᄀᆞᆺ더라

《오륜행실도(五倫行實圖)》의 〈자강복총〉

김자강이 무덤 앞에 엎드려 있다는 의미로 《오륜행실도》(정조 21년 · 1797년 간행)에 수록된 조선 전기의 효자 김자강(金自強)의 이야기다. 김자강은 경상도 성주 사람으로 어려서 부친을 여의고 홀어머니 밑에서 자랐는데, 모친이 세상을 떠나자 3년상을 치렀다. 그 뒤 다시 아버지를 위해 3년상을 지내려 하자 처가 사람들이 만류해 여막에 불을 질렀다. 자강은 통탄하여 다시 무덤에 가서 사흘 동안 일어나지 않았다. 이에 가족들이 여막을 지어주고 3년상을 치르게 했다는 고사이다.

국립중앙도서관 소장.

내놓았다.

다산의 변명하는 듯한 변론에는, 김창준이 이미 죽을 지경이었으므로 임금께서 이를 감안해 매를 친 뒤 석방한 것이지, 신복금이 건강한 김창준을 때려죽였다면 석방 대신 유배형에 처했을 거라는 판단이 깔려 있다. 다산은 신복금의 석방을 지켜보던 많은 백성들에게, 정조가 법보다도 도덕적 판단을 우선하는 게 아니라는 메시지를 확실하게 전달하고 싶었던 것이다.

조선은 이미 인륜과 관련된 살인 사건을 《대명률》에 비해 훨씬 가볍게 혹은 훨씬 무겁게 처벌하고 있었다. 그런데 여기서 더 나아가 판결 과정에서 참작의 한계를 무시한 채 '너무 가볍거나 너무 무겁게 처벌'하여 법을 굽히고 도덕적 판단을 강조한다면, '법의 도덕화'가 심해질 것이 분명했다.

기본적으로 유학자였던 다산은 법보다 풍속 교화를 우선했다. 인정과 도리를 참작해 관용을 베푸는 것을 인정한 것이다. 하지만 정상 참작의 한계를 넘어선 자의적 판단에 대해서는 큰 우려를 표했다. 다산은 조선 후기에 법보다 도덕풍속 교화을 강조한 정조의 판결과 이를 따르는 판관判官들의 논의가 이미 정상 참작의 한계를 넘어서고 있다고 보았다. 때문에 다산은 정상 참작의 한계를 넘지 않는 판단, 다시 말해 도덕과 법 그 어느 쪽도 훼손하지 않는 절묘한 중용을 모색해야 한다고 거듭 강조했던 것이다.

제26장 아무나 양반이 될 수는 없다

다산의 우려

다산은 범죄 의도가 분명한 범죄들을 고의가 없는 과실로 인정함으로써 엄연한 불법을 용서한 조선 후기의 법 관행을 비판했다. 또한 그는 편협한 분노는 분명 의로운 폭력이 아닌데도 이를 법으로 처벌하지 못하고 있다고도 지적했다. 나아가 다산은 도덕 교화를 강조하다가 법을 굽히는 일이 잦아지면서 의와 불의를 명확하게 구분하지 못하게 되었으며, 이로 인해 불법을 옳은 일로 오해한 평민들의 행동이 위험수위에 이르렀다고 우려했다.

다산의 이런 주장은 표면적으로는 도덕 교화보다 정확한 법집행을 강조하면서, 조선 후기에 성장한 평민 계급에 대한 양반의 보수적 입장을 드러낸 것으로 보인다. 하지만 다산의 주장을 법을 강화해야 한다는 주장으로 오해하거나 그의 신분관이 매우 보수적이라고 성급하게 규정해서는 안 될 것이다.

다산은 유학자답게 항상 법보다 도덕 교화를 중시했으며, 이 때문에 법가라고 칭할만한 태도들을 강하게 비판했다. 또한 그는 불법을 합법으로 오해한 평민 계급의 행동이 위험수위에 이른 것을 보고 염려했지만, 이들을 교화시킬 수 있다는 가능성을 부정하지 않았다. 그는 강력한 법치 대신에 덕치를 정치의 최우선 목표로 설정했다. 사실 덕치가 가능한 이유는 주자학에서 말하는 모든 인간은 타고난 리理·인간에게 주어진 보편적 도덕성의 발현이 가능하기 때문이다. 물론 현실적으로 모두 도덕군자가 되지 못하는 이유는 바로 기氣·리의 발현을 억제하는 욕망의 근원으로 개인과 사물의 고유한 특성을 이룸의 방해가 있기 때문이다. 모두가 군자가 될 수 있지만 아무나 군자가 되는 것은 아니다. 따라서 주자학자들 사이에 모두가 도덕군자가 될 수 있다는 사실을 강조하는 입장과 아무나 군자가 되는 것은 아니라는 점을 강조하는 입장 사이에 차이와 충돌이 불가피해진다.

기본적으로 주자학은 모두가 도덕군자가 될 수 있다는 전제에서 출발한다. 모든 인민들이 천부적으로 주어진 도덕능력을 발현할 수만 있다면 주자학의 궁극적 기획 즉 '자율적 도덕 공동체'가 완성될 수 있다. 그러나 현실은 냉혹하다. 도덕理보다는 욕망氣에 휘둘리는 자들로 인해 인민의 덕성에 대한 믿음만으로 정의롭고 선한 사회를 기대하기 어렵다. 때때로 부도덕에 대한 처벌과 악행에 대한 대가가 뒤따라야 하는 이유이다.

그렇다고 해서 앞서 언급한 다산의 주장과 염려를 기의 억제, 즉 고통과 처벌을 강화함으로써 이상사회를 구현하자는 제안으로 읽어서는 안 된다. 이보다는 조선 후기에 이르러 '자율적 도덕공동체'를 이뤄낼 수 있다는 '주자학자들의 꿈'이 지나치게 낭만적이라고 비판한 것으로 봐야 할 것이다. 현실을 직시해야 한다는 의미에서 다산은 조선 후기의 주자학자들이 '현실'을 너무 이상적으로 바라보고 있다고 지적했다.

주자학의 기획에 대한 다산의 비판

과연 주자학의 기획, 즉 자율적 도덕공동체를 이뤄낼 수 있다는 것은 무슨 의미인가? 고려 말에 도입되어 조선이 국시로 내건 주자학의 기획에 의하면, 천자로부터 보통 사람에 이르기까지[自天子以至於庶人] 모든 백성은 자신의 도덕성을 밝게 드러내고[明明德] 타인을 일깨워[新民] 정의로운 사회[至善]에 도달하는 것을 목표로 삼았다. 이를 근거로 모든 백성은 타고날 때 하늘로부터 부여받은 도덕 본성을 자각해 각자의 도덕성을 계발하고, 나아가 서로에게 도덕적 삶을 권면하는 일을 개개인의 책임과 권리로 삼아야 한다. 바로 《대학》〈삼강령三綱領〉의 핵심 테마이다.

경전의 추상적인 강령을 구체적인 실천 덕목으로 표현한 것 가운데 향약鄕約이 있다. 향촌의 자율적 도덕 공동체 수립을 위한 규약인 향약에는 "덕업德業을 서로 권하고 과실過失은 서로 찾아내 바로잡는다."라고 되어 있다. 덕업을 권장하고 과실을 징계한다는 의미에 대해 율곡 이이는 다음과 같이 설명했다.

"덕德이란 부모에게 효도하고, 국가에 충성하며, 형제간에 우애하고, 어른을 공경하며, 가정을 예禮로써 올바르게 다스리며, 말은 충실

《대학언해》. 《대학》을 한글로 풀이한 책.
서울대학교 규장각한국학연구원 소장

하고 믿음직스럽게 하고 행동은 돈독하고 공경하며, 분노와 욕심을 억누르고 착한 일을 보면 반드시 행하고 허물을 들으면 반드시 고치며, 친족 간에 화목하며 이웃을 사귀고, 벗을 가려 어진 이를 가까이하는 것 등이다. 또한 업業이란 글을 읽고 이치를 궁구하며, 가정을 엄숙하게 다스리고, 남을 구제하되 인仁을 행하며, 환난을 구제하고, 널리 은혜를 베풀며, 남을 착하게 인도하고, 남의 과실을 바로잡아 주며, 서로 싸우는 것을 화해시키고, 옳고 그른 것을 판결하는 것 등이다. 향촌공동체 구성원들은 모름지기 이런 일을 각자 수양할 뿐 아니라 서로 권면해야 할 의무가 있다.

과실을 징계하는 것은, 사람이 지켜야 할 도리에 위반되는 행위를 찾아내 바로잡는 것을 말한다. 오락에 절제가 없어 술을 흥청망청 마시고 음란하게 창기를 가까이하면서 방탕을 일삼는 자를 징계하고, 화를 내 다투거나 싸우고 조그마한 일로 원한을 품고 소송을 남발하는 자를 징계하는 것이다. 또한 나이가 많거나 덕 있는 사람을 업신여기거나, 세력을 믿고 남을 억압하거나, 법도가 없이 가정을 다스리는 자를 징계하는 것이다. 거짓말을 자주하거나 남을 희롱하고 모욕하거나 헛소문을 함부로 퍼뜨리는 자를 징계하되, 특히 자기 이익을 위해 남에게 손해를 입히는 자와, 무당이나 이단 및 풍수설에 빠진 자에게 벌을 내리는 것이다."

주자학 중심의 사회가 추구하는 공동체에 대한 책임 의식의 강화, 즉 만백성의 교화는 율곡 이이가 언급한 향촌 사회의 덕목을 지키고 실천하는 것이었다.

진정한 도덕성은 지난한 실천에서 얻어진다

다산은 조선 후기에 주자학적 덕목을 향촌의 모든 백성에게 요구하면서 무분별한 책임의식이 넘쳐나는 것을 목격했다. 넘치는 도덕적 책임의식은 사적 폭력으로도 나타났다. 폭력의 주인은 우애 없는 형제를 때려죽이고, 동네에서 술주정하는 이를 구타하며, 자연사한 남편을 따라 목숨을 버리거나, 효를 앞세워 상대방을 죽이고도 당당한 백성들이었다.

다산은 이들 만백성이 '정당한 폭력'을 주장하기에 앞서 '진정한 도덕성'을 갖춰야 한다고 강조했다. 모두가 과실을 감시하고 덕업을 권장해야 하지만, 이로 인한 모든 행위規察과 징계가 정당하거나 의롭지 않기 때문이다.

사실 주자학자들은 모든 사람은 타고난 도덕본성으로 인해 누구나 정당한 행위의 주인이 될 수 있다고 주장했다. 그러나 다산에게 진정한 도덕성은, 주자학에서 말한 것처럼 도덕본성理을 타고난 백성 '모두'에게 그냥 주어지는 게 아니었다. 다산은 정당한 행위 이전에 수많은 도덕 실천이 선행되지 않는다면 도덕 행위를 완성하기 어렵다고 주장했다.

다산은 인의예지는 사람의 본성이 아니라 오랜 실천을 통해서만 얻을 수 있다고 주장하면서, 마음속의 도덕본성이 자연스럽게 발출함으로써 누구나 성인이 될 수 있다는 주자학의 전제를 비판했다.

"오늘날 유학을 공부하는 사람들은 인의예지 네 가지가 뱃속의 오장伍臟처럼 들어 있다고 여기고 도덕행위가 여기서 자연스레 나온다고 생각하는데, 이는 잘못된 생각이다."

사람을 사랑하는 구체적인 행위를 수없이 반복한 뒤에야 어질다고 할 수 있으니, 사랑하는 행위를 하지 않은 상태에서는 '어짊'이란 있을 수 없다는 것이다.

"인의예지에 해당하는 구체적인 행위를 하지도 않았는데, 어찌 인의예지가 씨앗처럼 사람의 마음속에 먼저 들어가 있을 수 있겠는가?"

다산은 주희가 말한 '본성을 따르면 된다.[率性]'라는 말도, 결국 아무 노력도 하지 않은 채 인간의 본성이 저절로 드러나기만을 기다리는 허무하고 거짓된 태도일 뿐이라고 비판했다. 타고난 성질을 제대로 드러내려면 힘써 노력해야 하는데도, 주희가 마치 '자연'에 맡겨두면 된다는 식으로 설명했으니 잘못이라는 것이다.

'아무나' 도덕군자가 될 수는 없다

다산의 주장은 한마디로 진정한 군자의 도덕성은 끊임없는 실천을 통해서만 얻을 수 있으므로, 아무에게나 주어지는 명예가 아니라는 것이다. 때문에 다산은 《목민심서》에서 성현의 가르침을 두 가지로 나누었다. 만백성을 가르치는 일과, 《대학》에서 백성을 가르치는 도리를 익히도록 하는 것이다. 다산에게 성인의 가르침은 '만백성의 수준'과 '다스리는 자의 수준'으로 구별되었고, 《대학》의 가르침은 태학太學에서 다스리는 자가 배울 내용이지 결코 백성의 학문이 아니었다. 주희가 이를 '만백성의 학문'으로 확장한 것은 지나친 이상이라는 게 다산의 비판이다. 다산은 평민의 도덕적 각성을 목표로 한다는 대원칙에는 동의하면서도, '평민'에게 요구되는 덕목이 '양반'에게 요구되는 수준이나 정도와는 다르다고 생각했다. 다산이 볼 때 평민은 윗사람을 섬기는 자요, 양반은 다스리는 자였다.

그렇다면 다산이 만백성을 포함한 자율적 도덕공동체를 포기한 것일까? 다산이 다스리는 자와 지배받는 자를 엄격하게 구별했다고 해서, 그가 백성을 어리석다고만 주장했다거나 '도덕공동체를 완성하려는 기획'을 포기한 채 엘리트주의를 주장한 것은 아니다. 다산은 주자학이 목표로 했던 '모든 백성의 도덕적 각성'이 매우 이상적이긴 하지만 불가능하다고 생각하지 않았다. 다만 평민의 경제적 조건과 교육의 수준을 고려해, 성현의 예禮를 규범으로 삼아 백성들을 다스리는 정교한 예치禮治 시스템을 만들어야 한다고 강조했다.

다산은 도덕성의 수준에 따라 차등 있게 다스리는 '차별의 정치학', 즉 변등辨等을 제언했다. '조선의 백성들이 모두 양반이 된다면 양반이 사라질 것'이라는 다소 희화적이고 우려 섞인 다산의 주장에는, '구별짓기'가 불가피하다는 사실을 말하는 동시에 '진정한 도덕성'을 기준으로 계급을 구별하려는 그의 속내가 담겨있다. 변등의 정치는 도덕적 소양이 많이 부족한 평민들만 징계하는 것이 아니라, 중인이 상층 계급을 범하는 것 역시 문제 삼았다. 나아가 부도덕한 상층을 비판하는 것이기도 하다. 이는 '진정한 도덕적 성취'를 이룬 군자들만이 정치 행위와 책임을 다할 수 있다는 주장과 연관된다. 충분한 도덕적 소양도 없이 평민이 중인을 위협하고 중인이 상층 계급을 증오해서는 안 된다. 이와 반대로 진정한 책임의식도 없이 상층 계급이 중인을 억압하고 중인이 평민을 괴롭혀서도 안 된다.

다산은 조선 후기에 주자학을 통한 교화가 강조되면서, 백성들이 수오지심羞惡之心·羞는 자신의 부도덕을 부끄러워하고, 惡는 타인의 부도덕을 미워하는 것을 내면화하고 이를 적극적으로 실천하고 있다고 보았다. 가령 향촌에서 약자가 조금이라도 억울한 일이 있다면, 이를 참지 않고 강자가 자신을 괴롭힌다고 고발한다는 것이다. 이때 국가가 약자의 편만을 고려해 사실여부를 확인하지 않은 채 강자만을 처벌한다면, 평민과 중인들이 앞뒤 가리지 않고 상층 계급에 도전할 수도 있다는 것이다.

다산은 평민이 느끼는 수치심은 양반들이 몸가짐을 바르게 하는 과정에서 얻는 진정한 도덕성과는 다르며, 단순히 '편협한 울분'일 가능성이 높다고 보았다. 때문에 다산은 평민들이 충분히 효제孝悌를 실천한 뒤에야 그들이 진정한 도덕성을 지니게 되었다고 인정해야 하는데, 약간의 모욕과 억압에도 죽음으로 저항하거나 충효를 앞세워 과도한 폭력을 행사했는데도 도덕의 명예를 너무 쉽게 부여하고 있다고 우려했다. 이로 인해 상하 위계질서가 무너지면, 진정한 도덕성을 기준으로 한 상하의 구별마저도 결국 무너지고 만다는 것이다. 이처럼 다산은 평민의 성장을 '기대'와 '우려'라는 두 가지 상반된 시선으로 바라보고 있었다.

다산이 살던 시절, 편협한 상천常賤·평민과 천민과 부녀들이 사소한 모욕을 당했다고 상대방에게 복수하거나 목숨을 끊기도 했으며, 사적

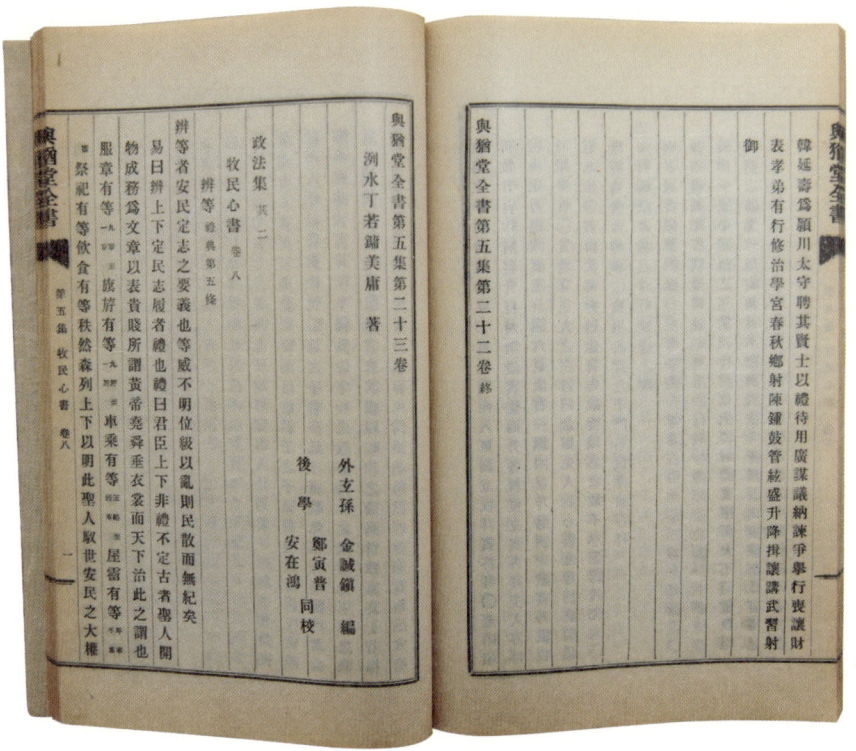

《목민심서》 권8 예전육조 변등
국립중앙도서관 소장.

인 원한과 진정한 의열義烈·정의에 근거한 분노을 제대로 구분하지 못했다. 때문에 그는 자율적 도덕공동체를 실현하기 위해, 진정한 도덕적 행동과 그렇지 못한 행위를 구별함으로써 '차별의 토대'를 구축하려 했다. '모두가' 도덕군자가 될 수 있다고 하더라도 '아무나' 도덕군자가 될 수 있는 것은 아니기 때문이다. 정당한 근거 없이 차별하는 게 문제이지, '무차별'은 곧 '무질서'를 의미하기 때문이다.

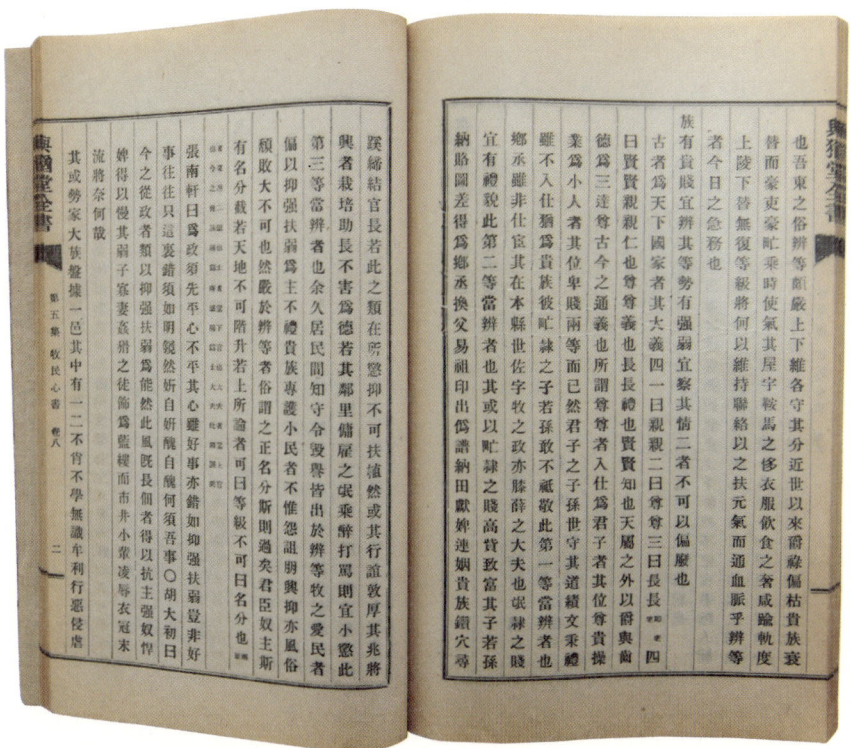

《목민심서》 권8 예전육조 변등에서 이어짐
국립중앙도서관 소장.

다산의 희망

다산은 모든 백성은 태어나면서부터 자주지권自主之權·스스로 문제를 도덕적으로 처리할 수 있는 능력을 가진다는 사실을 인정하면서도, 진정한 덕성은 숱한 '도덕적 실천'을 거치고 나서야 얻을 수 있다고 주장했다. 그는 모든 백성의 도덕본성을 계몽함으로써 '자율적 도덕공동체'의 정치적 주체로 키워내려는 주자학의 기획에 동의하면서도, 힘든 실천 과정을 선결 조건으로 강조했다. 하지만 이런 주장 때문에, 그가 보수적 인물이었다고 쉽게 낙인찍어서는 안 된다. 다산은 인간이 스스로 도덕성을 회복하는 능력을 갖고 있다고 보았다. 다시 말해서, 인간이 선을 추구하는 이유는 하느님의 꾸짖음이 두려워서가 아니라, 인간에게 주어진 '선한 데로 나아가려는 성향[性嗜好]'을 깨달아 부도덕한 행위를 부끄럽게 여기고 선으로 나아갈 수 있는 능력이 있기 때문이다. 물론 끊임없는 실천과 노력이 전제되어야 하지만 말이다.

인간 스스로 도덕성을 회복할 수 있다고 보았기에, 다산은 평민들을 어리석게만 여기고 차별하는 우민론愚民論의 함정에 빠지지 않았다. 비록 다산은 주자학적 도덕 교화의 예기치 않았던 결과들을 목도하면서 하민下民의 도덕성에 대한 우려를 거두지 못했지만, '심心의 자율성' 즉 인간 스스로 도덕성을 회복할 수 있다고 확신했다. 주자학의 폐단을 비판했지만, '자율적 도덕 공동체의 정치주체'를 양성하겠다는 노력을 포기하지 않은 것이다.

오늘날 우리는 사람들에게 시민적 덕성을 요구하면서도 민주주의를 증오의 대상으로 삼곤 한다. 민주적 자질의 부족으로 나타나는 현실의 안타까움을 목격하기 때문이다. 하지만 이런 이유로 민주주의의 이상을 저버릴 수는 없으며 그 가능성을 위한 다양한 모색을 그만둘 수도 없다. 사실 동아시아의 유교정치론이 민본에 기초하면서도 민주제도로 나아가지 못한 한계는 분명하다. 그럼에도 불구하고 '민주의 가능성'을 포기하지 않았던 조선 주자학의 기획 그리고 이에 대한 다산의 비판과 최종 목표가 소중한 이유는 무엇일까?

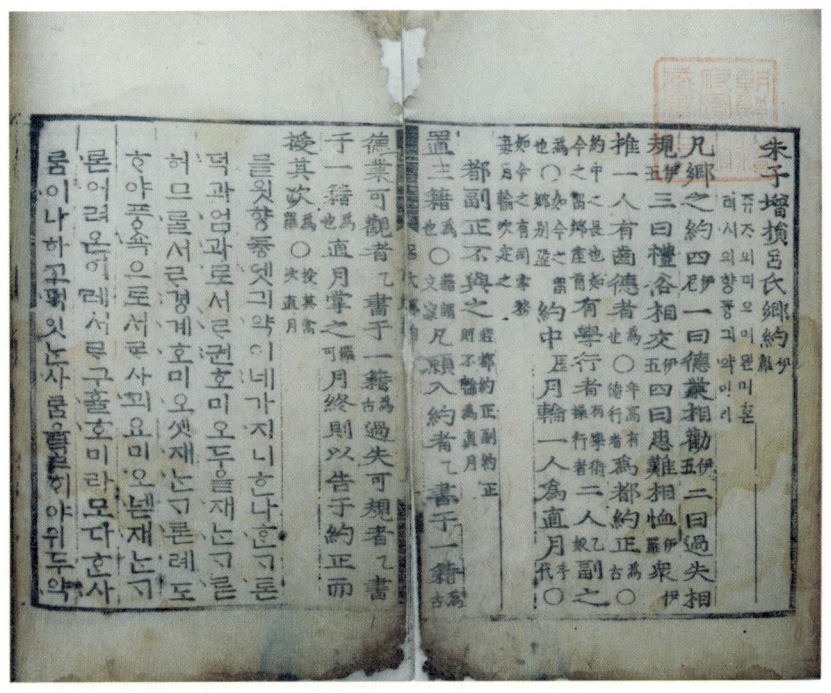

《주자증손여씨향약언해》
중종 13년(1518년) 경상도 관찰사였던 김안국(1478~1543년)이 백성을 교화하고 풍속을 바로잡기 위해 경상도에서 간행
국립중앙도서관 소장.

 진정한 도덕적 성취를 이루지 못한 하민들로 인해 온갖 문제들이 일어났던 당시의 상황에서, 다산은 현실을 이상에 가깝게 이끄는 실천 방법 즉 하민들이 진정한 도덕성을 회복하는 방법을 진지하게 고민하고 제안했다. 이게 바로 오늘날 우리가 여전히 다산을 만나 그의 이야기를 들어야 하는 이유이다.

다산은 사건 판결을 저울[衡平, 형평]에 비유해 설명하곤 했다. 마음속에 하나의 저울을 갖고 있으면, 즉 편견이 개입되면 공평한 판단이 어렵다는 의미다.

"사건 판결은 천하의 저울과 같다. 죄수를 미워해 죽일 길을 찾아도 형평이 아니며, 죄수를 위해 살릴 길만을 찾아도 형평이 아니다."라고 한 다산은 "그럼에도 죄수가 살 길을 찾고 죽을 길을 찾지 않는 데는 이유가 있다. 진실로 죽은 자는 다시 살아날 수 없으므로, 살려놓고서 죽일 바를 찾더라도 오히려 어긋나지 않기 때문이다. 형사사건을 다스리는 자는 반드시 죄수를 위해 살릴 방도를 찾아야 한다."라고 주장했다. 죄수를 무조건 용서할 수는 없지만 가능하다면 살릴 수 있는 방법을 모색하는 것이야말로 호생지덕(好生之德·'삶'을 사랑하는 덕성)을 펴는 일이기 때문이다.

호생지덕은 특별한 은혜로 간주되기도 했다. 왕실의 근친, 국가에 큰 공을 세운 충신, 나라에 공직을 맡고 있는 고위 관료들은 특별한 예우의 대상이었으니 이른바 《주례》의 팔의(八議)이다. 왕실의 오복친(伍服親·상복을 입어야 하는 가까운 친척) 내 근친에 대한 예우[의친(議親)]를 시작으로 왕실과 오랫동안 인연이 깊어 특별한 은덕을 입은 경우[의고(議故)], 국가에 큰 공을 세운 경우[의공(議功)], 큰 덕행이 있는 현인이나 군자[의현(議賢)], 재능이 뛰어나 왕업을 보좌하고 인륜의 모범이 될 만한 자[의능(議能)], 문·무관으로서 성실히 봉직하거나 사신으로 나가서 공로가 현저한 자[의근(議勤)], 문·무관 3품 이상이거나 산관(散官·관직이 없이 품계만을 지닌 관리) 2품 이상의 관리[의귀(議貴)], 전대 군왕의 자손으로서 선대의 제사를 맡은 국빈(國賓)[의빈(議賓)]에 대한 대우이다. 조선 초 개국공신 정도전은 《조선경국전(朝鮮經國典)》에서 팔의를 설명하기를, "비록 법이 중하더라도 인정으로 가볍게 처리함이니 충후(忠厚)의 지극함"이라고 설명했다. 이렇다 보니, 이를 법 밖의 특권으로 보는 시각과 법 안의 예우로 보는 입장이 조선시대 내내 대립할 수밖에 없었다. 다산은 차별이야말로 예(禮)의 근거임을 인정하면서도 특권의 남용에 대해서는 엄격하게 통제하려고 애썼다.

제4부

다산, 세태를 꾸짖다

제27장 저주의 옥사

다산은 백성에게 피해를 주는 문제들을 해결하는 것이야말로 목민관의 중요한 임무라고 생각했다. 조선 후기에는 백성들을 위협하는 세 가지 고질적인 병폐가 있었으니 도적과 귀신, 그리고 호랑이였다. 다산은 이 세 가지가 사라져야 백성들이 고통에서 벗어날 수 있다고 보았다.

무엇보다 귀신이나 무당 등에 홀린 민심을 바로잡는 일이 중요했다. 다산은 사또가 마을에 부임하는 길에 사람들이 꺼리는 고목이나 당집이 있으면 아전이 우회하도록 요청하는 경우가 많은데, 절대 정로正路를 지켜야 하며 이를 통해 사특하고 괴이한 미신을 타파하려는 의지를 보여야 한다고 강조했다.

개성부 복덕 사건

다산은 인조 대에 있었던 남이웅南以雄의 고사를 소개하면서, 무당

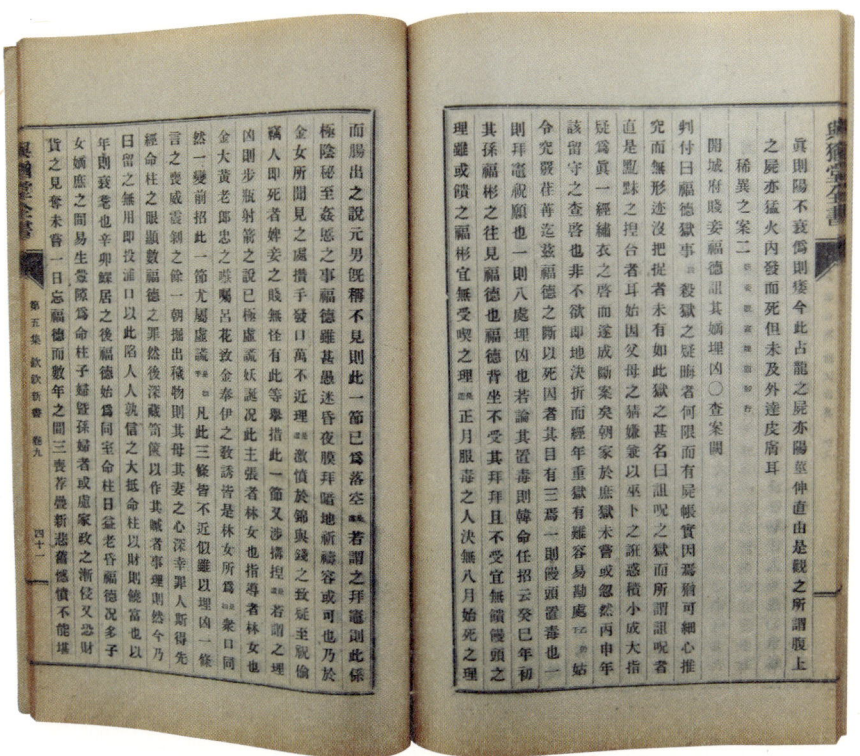

『《흠흠신서》 권9 상형추의15 희귀하고 이상한 사건2, '개성부 천첩 복덕이 적처를 저주하여 흉한 물건을 묻어두다.[開城府賤妾福德詛其嫡埋凶]'』
국립중앙도서관 소장

과 미신을 척결하려는 의지를 드러내보였다. 성질이 굳세고 과감했던 남이웅은, 판관이 되어 백성들을 현혹하는 어떤 무당을 처벌하려고 했다. 그러자 그 무당은 요술을 부려 남이웅이 앉은 의자를 흔들어 몸을 가눌 수 없게 만들었다. 좌우가 모두 아연실색했지만 남이웅은 조금도 동요하지 않았다. 그가 의자를 물리고 자리에 앉자 무당이 다시 주문을 외어 남이웅의 의자를 흔들었다. 하지만 남이웅은 눈 하나

꿈쩍하지 않은 채 무당을 매질해 죽였다는[杖殺] 것이다.

다산은 귀신으로 인한 재앙은, 귀신이 잡스러운 당집과 요사한 무당들에게 빌붙어 생겨난다고 보고, 귀신의 재앙을 없애려면 무당이나 혹세무민하는 요사한 것들을 제거해야 한다고 주장했다. 다산은 사람들이 미신에 집착하거나 무당의 요사스런 말에 빠져서 범죄를 저지른다고 주장했다. 영조 51년1775년 4월에 일어난 개성부 사건도 그런 사례 가운데 하나였다.

이것은 한명주라는 부자가 복덕을 첩으로 들인 뒤에 그의 처와 아들, 그리고 손자가 연이어 병사하면서 벌어진 사건이었다. 자신의 남편과 시어머니가 계속 사망하는 우환이 잇따라 일어나자, 한명주의 며느리 김 씨는 복덕이 무언가 저주했을지 모른다는 무당 노랑덕의 말에 홀렸고, 복덕이 낳은 자식들이 시아버지의 재산을 모두 물려받을지도 모른다고 걱정했다. 이에 김 씨는 세 명의 연이은 죽음을 복덕의 저주로 확신해 시아버지 한명주를 부추겨 복덕을 관아에 고발한 것이다. 저주했다는 무고를 받은 복덕은 감옥에 갇혀 조사를 받았고, 판결이 확정되지 않은 채 속절없이 시간만 흘러 무려 10년이나 혹독한 감옥살이를 하게 되었다.

정조의 혜안

사건 발생 9년째인 정조 8년1784년 윤3월, 정조는 사건의 주범으로 지목된 첩 복덕에게 아무런 혐의가 없다고 판결했다. 당시 정조는 복덕을 범인으로 지목하게 된 세 가지 이유 모두가 날조이거나 전혀 근거가 없다고 비판했다.

"시신을 검사한 문서와 죽은 사람의 사망 원인이 명백하다면 오히려 세밀하게 조사할 수 있지만, 이번 사건은 이런 게 전혀 없으니 사람들이 어떻게 죽었는지 확인할 길이 없다. 이에 이른바 '저주의 옥사'라고 했으니, '저주'란 당사자가 전혀 모르는 가운데 재앙이나 불행을 비는 것이다. 처음에는 부녀자의 시기와 증오에서 시작되었지만, 무당이나 점쟁이가 개입해 거짓된 말로 며느리 김 씨의 마음을 혼란스럽게 했다. 이렇게 되자 김 씨는 자신이 의심하던 것을 사실로 믿게 되었고, 관에서 조사하면서 사건은 복덕이 저주한 것으로 굳어지고 말았다.

사실 관에서 복덕을 범인으로 단정 지은 이유는 세 가지 이유 때문이었다.

하나는 만두에 독약을 넣었다는 것이고, 또 하나는 부엌 신 조왕竈王에게 소원을 빌었다는 것이며, 마지막으로는 여덟 군데에 흉물을 묻었다는 것이다.

먼저 만두에 독을 넣었다는 문제를 살펴보자.

한명주의 공초 중에 "1773년 정초에 손자 복빈이 복덕을 보러 갔더니 복덕이 돌아앉아 절을 받지 않았다."라고 했다. 절을 하는데도 받지 않았으니 만두를 대접했을 리도 없고, 복덕이 만두를 먹으라고 내놓았다고 해도 복빈이 먹었을 리가 없다. 더욱이 정월에 독약을 먹은 사람이 8월이 되어서야 죽을 리는 절대 없다.

둘째, 부엌 신에게 빌었다는 말 역시 지극히 은밀하고 간특한 일이다. 복덕이 아무리 어리석다 해도 캄캄한 밤중에 아무도 안 보는 곳에서 두 손으로 빌었다면 모르지만, 며느리 김 씨가 듣고 보는 곳에서 합장한 채 소리 내어 빌었다는 말은 전혀 이치에 맞지 않는다. 따라서 이 또한 터무니없는 말을 지어낸 데 불과하다.

마지막으로 집 안에 흉물을 묻었으며 호리병을 밟고 화살을 쏘았다는 말 또한 지극히 허황되고 요사스럽다. 복덕이 흉물을 묻었다는 말을 살펴보자. 상을 당해 슬프고 두려워하는 상황에서 집에서 흉물을 발견해 파내었다면 그 어미나 아내는 죄인을 잡았다고 다행스럽게 여겼을 것이고 시아버지 한명주에게 보인 뒤 복덕의 죄를 입증하기 위해 상자에 깊이 감춰둔 채 증거물로 삼았을 것이다. 그런데 지금 와서 '보관할 필요가 없어 강물에 던져버렸다.'라고 말하고 있으니 이를 누가 믿겠는가.

대체로 한명주란 자는 집안은 부유하지만 나이는 칠팔십 노인이라, 1771년에 홀아비가 된 뒤 복덕과 같이 살게 되었다. 그런데 한명주가 날로 노쇠하여 정신이 흐릿해지고, 복덕은 자녀가 많아 적서 간에 틈이 생길 여지가 충분했다. 한명주의 며느리와 손자며느리들은 혹 가정을 복덕에게 빼앗길까 염려했고, 재산을 받지 못할까 두려워 단 하루도 복덕을 경계하지 않은 날이 없었다.

그런데 몇 년에 걸쳐 세 사람이 잇따라 죽게 되자, 새로운 슬픔과 오래된 감정이 쌓이고 쌓여 감당할 수가 없게 되었다. 이에 '어떻게 하면 한명주를 움직여 복덕을 제거할까?' 하는 생각에 못할 짓이 없게 된 것이다. 이에 계책을 세워 '독을 넣었다', '조왕신에게 절했다', '흉물을 묻었다'라고 하는 등 없는 사실을 꾸며댔으니, 50년이나 함께 한 한명주도 이 말에 미혹되어 복덕을 관가에 고발했던 것이다.

사건을 한번 훑어만 봐도 김 씨가 내놓은 단서가 일치하지 않고, 더욱 천천히 살펴보면 왜 그런지 전체적인 맥락을 이해할 수 있으니, 이 사건을 꾸민 김 씨의 계략과 마음 씀씀이를 생각해 보면 교묘하면서도 끔찍하다. 죽을 나이가 다 된 80세 여인 복덕을 지금까지 오랫동안 옥에 가두어 두고 갖가지 고문과 형벌을 가했으나 끝날 기약이 없었다. 그러므로 이번 심리審理에서는 마땅히 사면하는 은전을 베풀어야 할 것이다. 복덕을 특별히 방면하라. 사건 관련자들은 범행 정도가 다양하지만 이미 복덕을 풀어주기로 결정했으니 판결을 오래 끌 이유가 없다. 관련자 가운데 죽은 사람을 제외하고 모두 한 차례씩 정강이를 때린 뒤에 방면하라."

편견과 무지의 폐해

다산은 당시 백성들의 무지와 편견을 비판했다.

"생각해 보건대, 소송 사건을 다루고 살인 사건을 판결하는 데는 원래 세 가지 폐단이 있다. 먼저 며느리와 시어머니가 서로 다투면 관은 반드시 시어머니를 의심하고 며느리에게 너그러우며, 계모와 전처 아들이 다투게 되면 관은 반드시 계모를 미워하고 전처의 자식을 가엽게 여기며, 첩과 처가 다투면 관은 반드시 첩을 죄와 연관 짓고 처가 원통하리라 생각한다. 무릇 살인 사건을 판결할 때는 세상에서 가장 공평하게 해야 한다. '평平'이란 무엇인가? 바로 저울질이다. 그런데 먼저 하나의 저울을 마음속에 두었다면 어찌 공평할 수 있겠는가! 첩

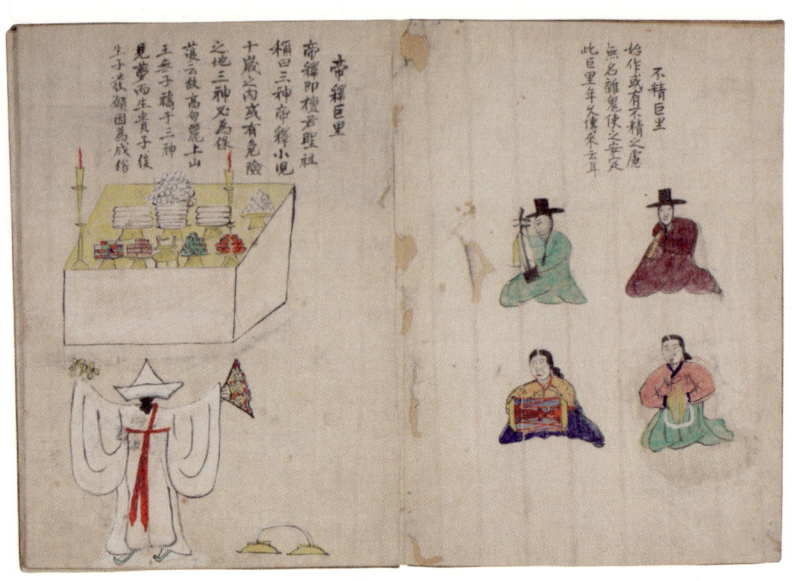

〈무당내력〉에 수록된 '무당의 성주풀이'
서울대학교 규장각한국학연구원 소장

은 처에 비한다면 아름답지 못한 이름이다. 한번 오명을 얻게 되면 여러 명이 들고 일어나 이를 기정사실화하니, 화난 사람들과 맞서면서까지 자신의 원한을 풀려고 나서기는 어렵다.

말을 이리저리 떠벌이는 사람들은 요사스런 첩이 독을 넣었다거나 부엌신에게 빌었다고 하면 누구나 곧이곧대로 받아들이며, 흉악한 물건을 묻었다는 말도 의심 없이 믿어버린다. 이것이 바로 복덕이 옥에 갇혀 늙게 된 이유이다. 만일 임금님이 이 사건을 명확하게 정리하지 않았다면 복덕이 어찌 살아남았겠는가.

내가 오랫동안 호남에 거주해 남쪽지방의 풍속을 잘 알고 있는데,

호남 사람들은 무당을 좋아한다. 한번은 매우 요망한 자가 '신의 장군'을 자처한 뒤, 흉악한 물건을 묻어 둔 곳을 알아낸다면서 어느 구들 밑에 죽은 쥐의 사체가 있다 하고 아무개 부엌 옆에 썩은 고기가 있다면서 가르쳐 파내면 손이 가는 대로 나왔다. 이에 그 집 사람들이 부인과 여종을 의심해 큰 오명을 뒤집어씌우면 이웃들마저 모두 이를 믿고 의심치 않았다. 사실 죽은 쥐나 썩은 고기가 어쩌다가 땅에 묻힌 것이지, 어찌 사람이 묻었겠는가. 또 어떤 요망한 무당은 신령한 의원을 자처하면서 사람의 배를 문지른 뒤, 갈빗대 아래의 뼈가 걸렸다거나 위장 옆에 고깃덩이가 걸려 있다고 하면서 이를 끌어내 토하게 하고 목구멍으로 끄집어내서 병을 치료했다고 했다. 하지만 이 모두는 사람을 홀리는 요술이며 눈을 어지럽히는 기술일 뿐이다. 따라서 쥐의 사체나 썩은 고기를 파낸 것도 사람을 홀리는 요술이요 눈속임이니, 누가 저주하려고 묻은 물건을 파낸 것이 아니다. 그러므로 누군가가 저주하거나 흉물을 묻었다고 고발한다면, 이런 이치를 잘 알고 조사해야 할 것이다."

제28장 진짜 도둑

다산이 황해도 곡산부사로 부임했을 때의 일이다. 김대득이라는 도둑이 사람을 죽이고 소를 빼앗은 사건이 일어났는데, 한 달이 지나서야 관아에 알려져 그때부터 조사가 시작되었다. 이때 모두가 "도둑이 이미 멀리 달아났을 것이다."라고 말했지만, 다산은 반드시 찾아내고야 말겠다는 의지와 기필코 처벌하겠다는 신념으로 범인을 일주일 만에 잡아냈다.

황해도 곡산의 김대득 사건

사건의 전말은 다음과 같다.

1797년 8월 13일 곡산 관아에 출근한 다산은 곡산 이화동이라는 마을의 존위尊位·조선시대에 동네 풍속을 교화하는 일을 맡았던 향직(鄕職)으로 풍헌이라고도 함 홍치범의 고발소장을 받아들었다. 이 마을의 주민 절충장군 김오선이 7월 말 함경도에서 소를 사가지고 돌아오다가 도둑에게

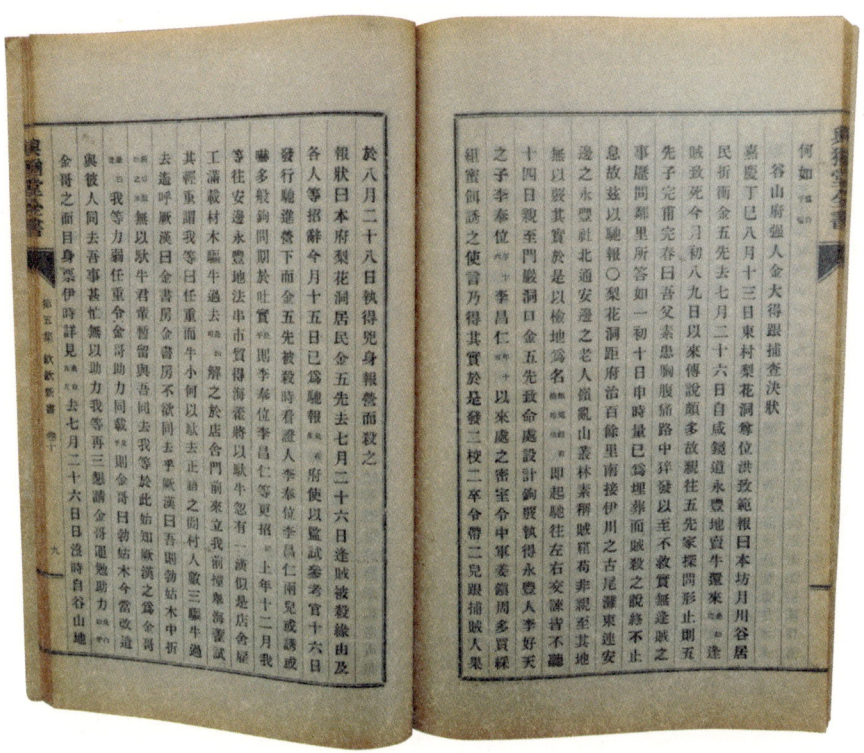

「《흠흠신서》 권10 전발무사1, '곡산부의 강도 김대득을 체포한 후 조사하다.[谷山府強人金大得跟捕査決狀]'」
국립중앙도서관 소장

빼앗기고 목숨마저 잃게 되었다는 내용이었다. 당시 안변의 노인령 일대는 험준한 산들로 둘러싸여 산적들의 소굴로 알려져 있었다. 아무도 도둑에 대해 진술하지 않자, 다산은 김오선이 죽던 날 현장에서 이를 목격했던 이봉위에게 비단을 주며 설득해 도둑이 머문 장소를 알아낸 뒤 군교와 군졸들을 보냈고 8월 28일 강도 김대득을 체포했다.

당시 다산을 도운 이봉위는 안변 법곶장에 가서 미역을 사다 파는 상인이었다. 사건 발생 1년 전인 1796년 겨울, 이봉위는 미역을 사려고 법곶장에

갔는데 데리고 간 소가 너무 작아서 짐을 많이 실을 수가 없었다. 이때 가게 앞에 있던 김 씨가 짐 싣는 것을 도와주어 고맙게 여긴 적이 있었다.

그런데 1797년 여름, 미역을 팔려고 곡산을 지나는데 갑자기 숲속에서 한 남자가 뛰어나오면서 이봉위 일행에게 칼을 들이대며 "소리치면 당장 찔러 죽이겠다."라고 소리치는 것이었다. 칼에 핏자국이 선명한 것으로 보아 이미 누군가를 벤 것이 분명했는데, 희생자는 소를 사서 귀가하던 김오선이었다. 당시 이봉위를 협박한 도적은 지난겨울 이봉위가 짐 싣는 것을 도와준 김 씨였다. 강도는 김오선을 살해하고 소를 강탈한 사실이 이봉위 일행에게 발각되자 빼앗은 소를 급히 끌고 가려고 서둘렀고 그러던 중 움푹 파인 곳을 헛디뎌 넘어졌다. 이봉위는 이 틈을 타서 도망칠 수 있었다. 그의 진술에 따르면 범인 김 씨는 얼굴이 희고 광대뼈가 튀어나왔으며 코가 높고 눈썹이 시커먼 자로, 중간키의 20대 중후반이었다.

진술을 받아 적은 다산은, 범인의 인상착의를 수사장교 김광윤 등에게 쥐어주고 안변의 법곶장으로 파견해 탐문하도록 지시했다. 수사장교 김광윤 등은 법곶장에서 잠복하던 중 이광인이라는 양반댁에서 일하는 머슴 김대득이 지난여름 마을에서 이유 없이 사라졌다는 소식을 접하고 김대득을 추적하기로 했다. 그리고 8월 28일 드디어 안변의 노인령 아래 세동마을의 한 초가 앞에서 김대득을 체포했다. 이곳은 법곶장에서 80리나 떨어진 산골 중의 산골이었다.

다산의 도둑론

다산은 사건을 처리한 뒤 보고서 말미에 김대득을 엄벌에 처해야 한다고 강조했다.

 "김대득의 범행이 너무도 분명하여 재조사를 할 필요가 전혀 없으며, 이런 강도에 대한 처벌은 사형만 가지고는 부족하다."

 그럼에도 다산은 "잘 생각해 보면 살인은 매우 큰 사건이요 사람의 목숨 또한 너무도 중요하다. 그러니 사인을 밝혀 내려고 시신을 살필 때, 초검에 미심쩍은 게 없다 하더라도 반드시 재검을 해야 한다. 특히 이번 사건에서는 시신을 살피기보다 주로 김대득에 대한 신문을 위주로 조사했으니, 사건의 정황이 초검에서 명백히 밝혀지긴 했지만 관원을 다시 차출해 재조사를 하는 게 좋겠다."라는 의견을 덧붙여 황해도 관찰사에게 제출했다. 하지만 며칠 후에 관찰사는 조사를 지시하는 대신 김대득을 곤장으로 때려죽이고 말았다. 다산은 아무리 강도 살인을 저지른 흉악범이라고 해도 절차를 밟아 처벌해야 한다고 생각했기에, 감정에 치우친 관찰사의 일처리를 안타까워했다.

 후일 다산은 《목민심서》에서 도적이 사라지지 않는 근본적인 이유를 세 가

▎도적을 체포하여 압송하는 장면
《사법제도연혁도보》에 수록. 서울대학교 중앙도서관 소장.

▎옥 안에 갇혀 있는 죄수들
《사법제도연혁도보》에 수록. 서울대학교 중앙도서관 소장.

지로 설명했다.

첫째, 양반을 비롯해 나라를 다스리는 사람들이 존경할 만한 모습을 보여 주지 않고, 둘째, 중간 계급이나 중간 관리자들이 명령을 제대로 수행하지 않으며, 셋째, 평민 이하 백성들이 법을 두려워하지 않기 때문에 아무리 없애려고 해도 도적이 사라지지 않는다는 것이다.

여기서 윗사람이 존경할 만한 모습을 보여 주지 않는다는 것은 어떤 뜻일까? 다산은 관리나 수령들이 탐욕과 불법을 자행하여 백성들의 신뢰를 잃은 것이라고 설명했다. 때문에 평민들이 사또를 "일산日傘을 쓴 큰 도둑[지방관들이 행차할 때 의장으로 일산을 들었기 때문에 일컫는 말. 당시 수령은 작은 도둑, 관찰사는 큰 도둑으로 불렸다고 함.]이라고 비아냥거린다는 것이다.

"윗사람이 바르지 못하니 그림자가 어떻게 똑바를 수 있겠는가? 도둑들조차도 몰래 수군거리면서, '나라의 은혜를 받아 높은 지위에 올라 백성들의 기대를 한 몸에 받는 저런 사람들도 도둑질을 하는데, 한 치 앞도 예측하기 힘든 팍팍한 삶을 살아가는 우리 같은 소인들인들 어찌 가만히 있겠는가?'라고 한다. 도적들이 모여 주로 이런 말을 나눈다고 하니, 그들이 도적질하는 것을 어찌 막아낼 수 있겠는가?"

다산은 관료들이 청렴하지 못하면, 도둑질하지 말라고 평민들을 아무리 말려도 그만두지 않을 것이라고 지적했다.

갈의거사 이야기

윗물이 맑아야 아랫물이 맑은 법이라고 설파한 다산은 '갈의거사

이야기'를 인용해 진짜 도둑은 따로 있다고 주장했다. 갈의거사는 호남 지방의 호걸이었다. 전남 부안의 쌍교 장터를 지나가던 그는, 군관이 도둑을 잡아 붉은 포승으로 결박하고 종이고깔을 씌우고 손을 뒤로 묶어 체포하는 것을 보았다. 갈의거사는 느닷없이 앞으로 나서서 도둑의 팔을 잡고는 목을 놓아 통곡했다. 그는 눈물을 주룩주룩 흘리면서 "원통하다 그대여! 어찌하다 욕을 당할 지경에 이르렀는가!"라고 하며 탄식했고, 장터 사람들이 모두 크게 놀라 겹겹이 둘러서서 구경했다.

군관이 깜짝 놀라 포졸에게 명하여 갈의거사도 함께 결박하도록 하자, 갈의거사가 이렇게 말했다.

"자네가 나를 결박하는 것은 무엇 때문인가? 내가 이 도둑과 한 편이라고 해서인가? 일단 내 말을 들어본 뒤에 결박하든지 놓아주든지 하라."

군관이 말해 보라고 하니, 거사는 "지금 온갖 도둑들이 나라 전체에 가득하다. 재해를 입은 논밭을 도둑질하고, 백성들이 내는 세금을 도둑질하고, 굶는 사람을 구제할 곡식을 도둑질하고, 빌려주었다가 거두어들이는 곡식에서 그 이자를 도둑질하고, 소송에서는 뇌물을 받아 도둑질하고, 도둑에게서는 그 장물을 도둑질한다. 그런데도 관찰사와 사또들은 도둑질하는 자들과 한패거리가 되어 숨겨주고 들추어내지 않는다. 지위가 높을수록 도둑의 힘은 더욱 강해지고, 녹봉이 후할수록 도둑질하려는 욕심은 더욱 커진다. 그러고서도 행차할 때는 깃발을 세우고 머무를 적에는 장막을 드리우며 푸른 도포에 붉은 띠 장식도 선명해 죽을 때까지 향락을 누려도 아무도 뭐라고 말하지 못한다. 그런데 유독 굶고 굶은 끝에 좀도둑질한 사람이 이런 큰 욕을 당하게 되었으니 슬프지 아니한가.

내가 이래서 통곡하는 것이지 다른 이유 때문이 아니다."라고 하니, 군관이 "그대의 말이 옳다."라고 하면서 술을 대접한 뒤 보내주었다는 것이다.

갈의거사는 이름과 생존 시기가 정확하지 않지만 조선 후기에 인구에 회자된 유명한 의적이었던 모양이다. 일제강점기에 장지연張志淵이 지은 《일사유사逸士遺事》에도 그 행적이 적혀 있다. 평생 사계절을 지내며 갈옷 한 벌만 입고 다녀 사람들이 갈의거사 혹은 갈처사라고 불렀다는 것이다. 혈혈단신으로 국내 산천을 유람하다가 도둑을 만났는데 가진 게 하나도 없자 도리어 도둑이 이를 불쌍히 여겨 무리에 넣어주었다. 1년여가 지난 뒤 갈의거사는 도둑들의 두령이 되어 호남 일대를 호령하게 되었고, 정부에서 자신을 잡으려고 애꿎은 사람들을 괴롭히자 자수하러 관아에 나타나 부패한 현실을 통렬히 비판했다. '죽기가 두렵다면 내가 여기 나타났겠소? 나라의 대관들이 임금의 눈을 가리고 권세를 부려 당파를 만들고 제 자식과 친척들만 데려다가 부귀를 누리니 이야말로 도적의 괴수가 아니고 무엇이겠소이까? 나는 굶주림을 견디지 못해 부득이 도둑이 되었지만 부자들이 쓰고 남은 것을 빼앗아 궁한 사람들을 구제했을 뿐 조금도 패륜한 일을 하지 않았기에 사람들이 의적이라고 부르는 게 아니겠소. 죽기를 각오했으니 처분하여 주시오.' 이를 들은 관장官長이 감동해 풀어주니 산으로 돌아가 부하들을 모두 양민으로 만들고 자신은 그대로 종적을 감추었다는 이야기다.

토포군관이 '진짜 도둑'

'중간 계급이나 중간 관리자들이 명령을 제대로 수행하지 않는다.'라는 다산의 주장은, 지방의 토포군관조선 후기에 각 진영과 병영에 소속된 무관들로서, 도적을 수사·체포하는 임무를 맡은들이 실제로는 도둑의 두목 역할을 했다는 말이다. 다산은 중간에서 농간을 부리는 '진짜 도둑군관'을 질타했다.

이 말은 군관을 중간에 끼지 않으면 도둑질이 어렵다는 뜻이다. 도둑이 부잣집과 대갓집의 의복과 귀한 물건을 훔치면, 그것을 파는 것은 판로가 없는 도둑이 아니라 군관이다. 심지어 장물 값이 10냥이라면 도둑이 3냥을 먹고 군관이 7냥을 먹는 것이 관례일 정도였다. 새 도둑이 처음으로 패거리에 들어가면 군관에게 신고식을 한 뒤 장물을 세 번 바치고 나서야 자기 몫을 챙길 수가 있었는데, 한 번이라도 혼자 차지했다가는 바로 관청에 잡혀가게 된다. 또 군관들은 도둑을 통해 부자들이 누군지 파악한 뒤에, 도둑 패거리로 몰거나 장물을 매입했다고 협박해 무고한 사람들의 피를 다 빨아먹고 나서야 그 억울함을 풀어주었다. 또 이들은 감옥의 구원자가 되어 밧줄을 주고 사닥다리를 놓아 주어 도둑의 탈출을 돕기도 했다. 이처럼 진영·병영의 군관이란 자들이 《수호지》에 나오는 양산박의 두령처럼 법을 무시하고 자기 멋대로 행동했다.

다산은 수령이 토포군관의 비리를 철저히 다스려야 한다고 했다. 그래서 민간에서 도둑맞았다고 고발하는 자가 있으면 토포군관들을 은밀히 타일러 물건을 찾아 돌려주도록 해야 한다고 보았다. 다산의 시나리오는 명확했다. 군관에게 "관에서는 누가 어떤 물건을 어떤 식으로 도적질했는지 이미 다 알고 있다. 네가 알지 못하는 도둑이 어디 있겠느냐. 네가 물건을 찾아서 돌려주지 않으면 너를 곤장으로 다스릴 것이다. 그래도 뉘우치지 않는다면 너를 죽일 것이다."라고 하면서,

반드시 도둑을 잡아 처벌하겠다는 신념을 보이면 열흘을 넘기고 달을 넘기지 않을 거라는 얘기다. 제대로 이실직고하지 않는 군관에 대해서는 반드시 죽이고야 말겠다는 기색을 보이면서 부지런히 노력하면 군관은 이를 도둑들에게 알릴 것이고, 그러면 도둑들은 자연히 도망치고 흩어져서 그 수령이 재임하는 동안에는 도둑맞았다고 고발하는 자가 더 이상 나타나지 않을 것이라는 게 다산의 생각이었다.

다산은 도둑을 잡아들이는 토포군관들이야말로 도둑들과 긴밀하게 연결되어 있는 부패한 중간 고리라고 보았다. 이들을 엄격하게 다스리지 않으면 도둑을 절대 근절할 수 없다고 보았다.

범인 은닉을 엄하게 처벌하라!

이제 다산이 '도적이 사라지지 않는 마지막 이유'로 언급한 '평민 이하 백성들이 법을 두려워하지 않는다.'라고 한 것에 대해 생각해 보자. 무릇 도둑의 와주窩主·범인을 숨겨주고 이익을 챙기는 자는 모두 읍내 주막 등에 살고 있었다. 따라서 첩첩산중의 촌구석은 도둑의 소굴이 될 수 없었다. 여객이나 주막에는 하루에도 1,000여 명이나 들렀다 가니 낯선 나그네가 있다 하더라도 아무도 의심하지 않았다. 조용하고 궁벽한 곳에 한 사람의 나그네가 투숙해도, 이웃에서 그 신분을 캐물어 곧바로 종적이 드러나고 소문이 파다하게 퍼지는 것과는 대조적이었다. 그러므로 종적을 감추려는 사람들은 모두 10리나 5리 정도 떨어진 곳의 번화한 주막 등에 각자 자리를 잡고 머물렀다가 의논할 일이 있으면 서로 연락하고 급한 일이 있으면 서로 알려주니, 그들이 장물을 숨기고 처자식을 서로 돌봐주는 곳이 모두 이런 여객이나 주막이었다.

이쯤에서 다산의 생각을 들어보자.

"수령이 도둑질을 막으려면, 세밀하게 조사하여 도둑이 숨지 못하도록 해야 할 것이니, 거듭 명령을 내려 도둑을 숨겼다가는 반드시 죽게 될 것이라고 타일러야 한다. 단 한 번을 어겼다 해도 반드시 법률로 처단하여 절대 용서하지 않는다면, 도둑이 소굴로 삼을 데가 없게 될 것이다.《대명률》에 '와주로서 장물을 나누어 가진 자는 베고 나머지 도둑들도 각각 차등을 두어 처벌한다.'라고 했으니, 사또들이 마땅히 참고해야 한다."

다산은 이처럼 도둑을 숨겨주면 사형을 당할 수 있다는 사실을 백성들에게 널리 알려, 강도 살인을 저질렀거나 물건을 훔친 범죄자들이 숨을 곳이 없도록 해야 한다고 주장했다.

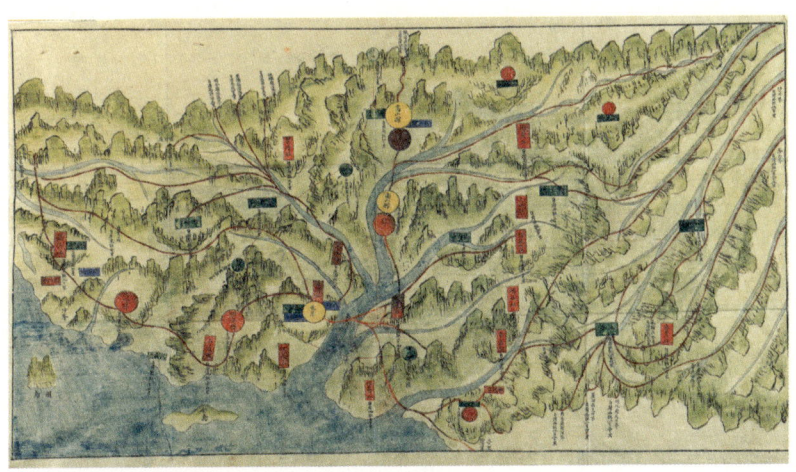

사건 발생 장소인 노인령이 표시되어 있는 '1872년의 안변부 지도'
서울대학교 규장각한국학연구원 소장

제29장 계모를 위한 변명

영조 44년 1768년 3월에 전라도 강진에서 백필랑과 백필애라는 두 젊은 처자가 자살했다. 당시 상황은 "두 여자가 광주리를 이고 아름다운 저수지를 따라 약을 캐다가 서로 치마끈을 묶고 맑은 못을 바라보고 꽃처럼 떨어졌으니, 이를 보던 사람은 마음이 쓰려 코가 시큰거렸고 듣는 사람은 정신이 나가 애를 끊는 듯했다."라고 슬프게 묘사되었다.

자살한 이유는 계모 나 씨의 구박으로 밝혀졌고, 두 딸을 핍박한 계모 나 씨는 사형에 처해졌다. 당시 초검관, 재검관 및 관찰사의 판결 모두 나 씨 노파를 죽여야 한다고 했으며, 나 씨는 강진 객사 앞 청조루에서 삼릉장세모 형태의 몽둥이로서, 군사용 무기로도 사용됨으로 맞아 죽게 되었다. 구경꾼들이 담장을 이루듯이 모여들어 매우 통쾌하다고 소리쳤다는 소문이었다.

| 강진현 객사가 표시되어 있는 '1872년의 강진현 지도'
서울대학교 규장각한국학연구원 소장

과연 계모의 구박으로 벌어진 참사였을까?

사건이 벌어진 지 수십 년이 지난 1801년, 다산이 강진에 귀양살이를 갔다가 이 사건을 듣게 되었다. 사건 조사보고서를 읽은 다산은 한참 동안 생각하다가, 나 씨 노파의 죽음은 억울한 일이라고 생각하고는 붓을 휘둘러 단숨에 나 씨 노파를 위한 변론을 쓰게 되었다.

다산은 비록 죽은 두 딸이 슬프고 억울한 듯 보이지만, 사건을 판

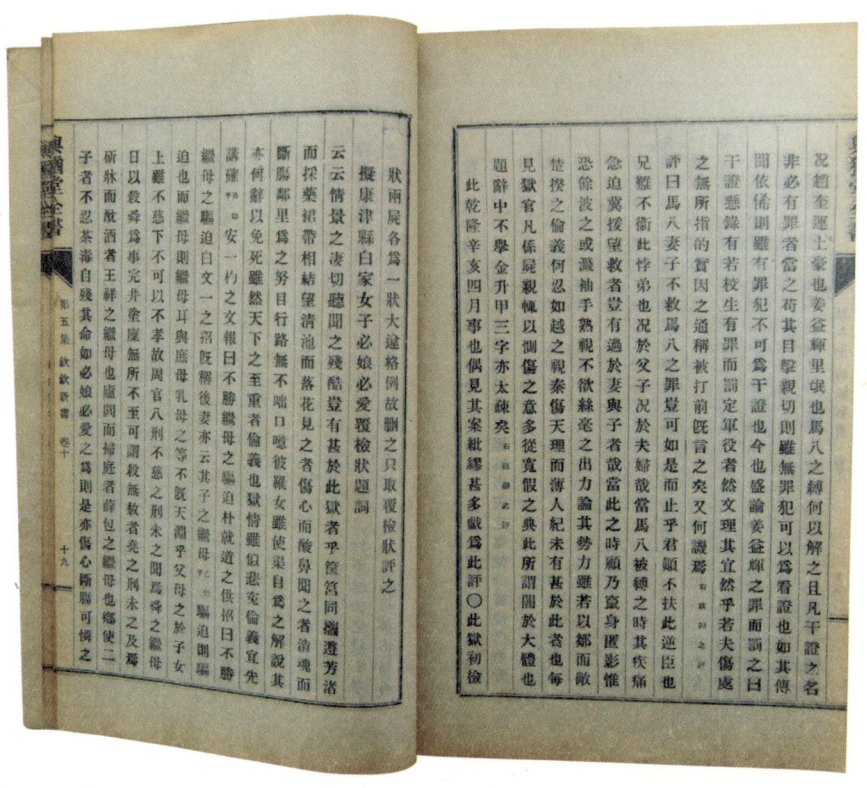

《흠흠신서》 권10 전발무사2, '강진현 백필랑 백필애 복검 제사를 검토하다.[擬康津縣白家女子必娘必愛覆檢狀題詞]'
국립중앙도서관 소장.

결할 때는 먼저 확실히 조사하고 비교해 보아야 한다고 말했다. 또한 그는 계모들이 전처 자식들을 무조건 구박하고 핍박한다는 세상의 편견을 비판했다. 나아가 부모가 아무리 자식을 사랑하지 않더라도 자식은 부모에게 효를 다해야 하며, '진정 참을 수 없는 구박'을 받았을 때만 부모와의 연을 끊을 수 있다고 강조했다.

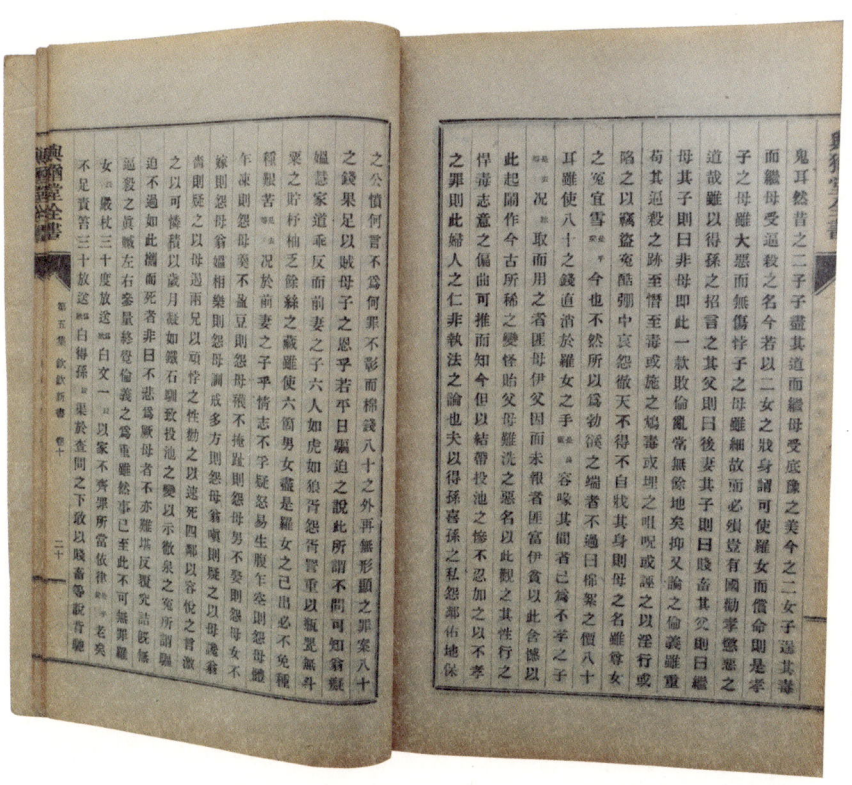

『《흠흠신서》 권10 전발무사2, '강진현 백필랑 백필애 복검 제사를 검토하다.[擬康津縣白家女子必娘必愛覆檢狀題詞]'에서 이어짐
국립중앙도서관 소장.

자식의 도리

다산은 부모가 자식을 사랑하지 않는다 해도 자식은 효도해야 한다고 보았다. 중국 주나라의 여덟 가지 처벌인 팔형을 살펴보아도 불효不孝, 불목不睦·일가 사이에 화목하지 않음, 불인不婣·인척간에 사이가 돈독하지 않음, 불임不任·각자의 직임을 잘 수행하지 못함, 부제不悌·형제간에 우애가 없음, 불휼不恤·어려운 사람을 구휼하지 않음, 조언造言·근거 없는 유언비어를 꾸며냄, 난민

亂民·무리를 지어 질서를 어지럽힘은 있지만 자식을 사랑하지 않았다고 해서 벌한 적은 없다는 것이다.

다산은 계모의 구박에도 불구하고 효를 다하여 계모를 개과천선시킨 역사적 인물들을 소개했다. 먼저 순 임금이다. 순 임금의 계모는 순 임금을 죽이려고 날마다 계책을 꾸몄다. 예를 들어, 우물을 고치라고 한 뒤에 순 임금이 우물에 들어가자 덮개를 덮어 죽이려 했다. 또 창고의 지붕을 고치라고 해서 지붕에 올라갔더니 사다리를 치워버리는 등 못하는 짓이 없었다. 사실 순 임금의 계모는 마음 씀씀이나 행동거지를 본다면 죽여 마땅하다고 할 만한 사람이지만, 요 임금은 그녀를 처벌하지 않았다.

또한 왕상의 이야기는 어떠한가? 효성이 지극한 왕상은 일찍 어머니를 여의고 계모 밑에서 자랐다. 계모가 그를 미워해서 남편에게 자주 모함하는 바람에, 왕상은 아버지의 미움을 받아 언제나 외양간의 오물을 치워야 했다. 하지만 부모에게 효를 다하여, 계모가 생선이 먹고 싶다고 하면 혹한의 겨울에도 찬 강물에 뛰어들 정도였다. 왕상의 아버지가 세상을 떠나자, 계모는 차에 독을 넣어 왕상을 죽이려 했다. 계모가 낳은 동생 왕람이 사실을 모르고 마시려 하자 왕상이 찻잔을 빼앗아 목숨을 구했고, 이를 본 계모는 그동안의 못된 짓을 그만두었다.

마지막으로 설포의 이야기다. 설포의 계모 등 씨는 천성이 악하여 항상 설포를 죽이려 했다. 설포는 배움을 좋아하고 행실이 믿음직해, 자신을 쫓아낸 아버지의 집 밖에 움막을 짓고 아침에 들어와서 물을 뿌리고 마당을 쓸었다. 아버지가 화를 내며 그를 다시 쫓아냈지만, 마을 입구에 움막을 지은 뒤 새벽과 저녁으로 계속 문안인사를 드렸다. 결국 한 해가 지나 부모가 부끄러워하며 그를 돌아오게 했다.

두 딸의 자살은 불효이다

다산은 중국의 고사를 들어 계모의 핍박에도 불구하고 효를 다하는 것이 자식의 도리이자 인류의 근본임을 누누이 강조했다. 일찍이 황해도 곡산에 부임했던 다산은 효를 권장하는 글을 지어 곡산 향교에 붙인 적이 있었다. 그는 여기서도 계모에게 효를 다하라고 강조했다.

"순 임금은 어떻게 효도의 모범을 보였는가? 그는 계모를 잘 섬기는 것으로 본을 보였다. 윤자기는 어땠는가? 역시 계모를 잘 섬겼다. 그렇다면 왕상은? 그 또한 마찬가지였다. 계모의 마음을 얻지 못하는 자들은 늘 계모에게 책임을 전가하니, 이러고서야 어떻게 계모를 잘 모실 수 있겠는가. 계모의 마음을 즐겁게 하는 방법이 있으니, 계모의 아들에게 우애를 다한다면 계모의 마음이 즐거워질 것이다. 순 임금과 윤자기는 모두 이 방법으로 효의 모범을 보였으니, 같은 처지에 있는 자들은 밝게 깨닫기 바란다."

계모가 구박한다고 해서 쉽게 목숨을 버려서는 안 될 뿐 아니라, 정성을 다해 계모에게 효도하고 계모의 친자와 우애 있게 지내야 한다는 게 다산의 주장이었다.

"만일 이들이 고통을 참아내지 못하고 백필랑과 백필애처럼 목숨을 끊고 말았다면, 자신의 처지를 비관해 슬픔에 잠긴 가련한 귀신이 되고 말았을 것이다. 옛사람들은 자식의 도리를 다함으로써 도리어 계모를 기쁘게 하는 아름다움을 남겼다. 하지만 이제 두 여자는 상황을 전혀 고려하지 않고 매몰차게 목숨을 끊음으로써, 계모가 전처의 자식을 핍박해 죽였다고 손가락질을 받게 했다. 그런데도 두 여자가 자살했으니 계모 나 씨를 죽여 목숨 값을 받아내야 한다고 주장한다면 과연 타당한가? 그렇다면 효자의 어머니는 악독한 짓을 많이 하더라도 벌을 받지 않고, 패륜아가 자살을 선택하면 그 어머니는 작은 이유 때문이라도 반드시 목숨을 잃어야 한다는 말인가. 상황이 이렇게 흘러간다면, 어찌 나라에 효를 권장하고 악을 징계하는 도리가 있다고 하겠는가?"

법의 도리가 아니다

다산은 계모에게 효를 다해야 할 두 딸이 자살하여 계모에게 씻지 못할 오명을 안겨주었다고 비판했다. 하지만 계모가 너무 악독하여 도저히 어찌할 도리가 없는 경우를 고려해, 다산은 다음과 같은 원칙을 정했다.

"사람이 지켜야 할 도리가 무거워 부모에게 효도해야 하지만, 딸을 핍박해 자살로 몰아간 과정이 몹시 잔혹하고 악독한 경우가 있다. 예를 들어, 계모가 독약을 탄다거나 저주하는 물건을 묻거나 음란한 행실을 했다고 몰거나 도둑질을 했다고 모함했다고 하자. 이 때문에 딸이 억울한 마음으로 가득 차고 슬픔이 하늘에 사무쳐 자살하지 않을 수 없었다면, 어머니란 이름이 비록 높지만 딸의 원통함은 마땅히 풀어야 할 것이다."

하지만 나 씨와 두 딸의 경우는 자살할 만한 상황이 아니었다. 다산이 보기에, 두 딸과 계모의 갈등은 동전 몇 푼 때문에 시작되었다.

"서로 싸우고 반목하게 된 원인은 솜 값 80전에 지나지 않았다. 비록 80전을 나 씨가 직접 써 버렸다고 해도, 자녀가 어머니의 이런 행동에 대해 간섭하고 참견하는 것은 불효이다. 하물며 그 돈을 가져다가 사용한 사람은 어머니가 아니고 아버지였다. 이 때문에 앙심을 품고 말썽을 일으켜 고금에 드문 변괴를 일으켜 부모에게 씻기 어려운 오명을 끼쳤으니, 이로 보건대 그 성품과 행실이 사납고 독살스러우며 마음씨가 올바르지 않음을 미루어 알 수 있다. 두 딸이 치마끈을 서로 묶고 못에 몸을 던진 것은 참으로 비참하다. 하지만 그렇다고 해서 부끄럽고 안타까운 마음에 딸들의 불효를 그냥 덮는 것은 아녀자의 인듯일 뿐, 법을 집행하는 사람이라면 그렇게 해서는 안 된다. 그러니 딸들의 죄는 반드시 짚고 넘어가야 한다."

다산은 몇 푼의 돈 때문에 계모를 원망하고 자살한 두 딸에게 불효의 죄를 물어야지, 이들의 죽음만을 안타까워한다면 이는 인정에 치우친 여자들이나 할 일이라고 비판했다. 법으로 따지자면, 처벌을 받아야 할 대상은 계모가 아니라 자살한 두 딸이라는 것이다.

친모라도 어렵다

다산은 두 딸을 처벌하고 계모의 원한을 풀어주어야 하는 이유를 자세하게 설명했다.

"마음으로 서로 따르지 않으면 의심과 노여움이 생기기 쉬워, 배가 좀 고프면 어머니를 원망하고, 몸이 좀 추우면 어머니를 원망하고, 국이 그릇에 가득차지 않으면 어머니를 원망하고, 버선에 구멍이 나면 어머니를 원망하고, 장가들지 못하면 어머니를 원망하고, 시집가지 못하면 어머니를 원망하고, 아버지와 어머니가 서로 친하게 지내면 어머니를 원망하고, 자주 타이르면 어머니를 원망하고, 아버지가 꾸짖으면 어머니가 일러 바쳤나 의심하고, 아버지가 인색하게 굴어도 어머니가 막았나 의심한다.

이 사건의 경우, 백필랑·백필애의 오빠 백득손은 비뚤어진 성품으로 동생들에게 빨리 죽으라고 권했고 이웃들은 듣기 좋은 말로 가엽다고 위로하며 부추겼으니, 두 딸은 그 영향을 받아 시간이 갈수록 자살하려는 결심을 더욱 굳게 다졌다. 그러다가 느닷없이 못에 몸을 던지는 사고를 저질러 사무치는 원통함을 드러내게 된 것이다. 두 딸이 손을 잡고 물에 뛰어들어 죽은 일은 비통하지만, 이렇게 자기 멋대로 목숨을 끊을 정도라면 계모가 감당하기 어렵지 않았겠는가? 거듭 생각하고 따져 보아도 계모가 핍박해 딸들을 죽음으로 몰아넣었다는 증거는 찾기 어렵고, 도리어 부모에게 효도하는 것이 매우 중요하다는 생각만 들게 한다. 상황이 이런데도 그 어머니를 죽여 자식의 원통함을 풀려 한다니, 이것이 어찌 사람의 도리라 할 수 있겠는가. 이제 나의 글을 한 통 베껴 써서 마을에 써 붙여 어리석은 남녀로 하여금 사람의 도리(효도)가 대단히 중요한 일임을 모두 알도록 할 것이다."

나씨를 신원함

다산은 세상의 편견 또한 질타했다.

"세상에는 원래 세 가지 폐단이 있다. 먼저 며느리와 시어머니가 서로 다투면 관아는 반드시 시어머니를 의심하고 며느리에게 너그러우며, 계모와 전처 아들이 다투게 되면 관아는 반드시 계모를 미워하고 전실 자식을 가련히 여기며, 첩과 적처가 다투면 관아는 반드시 첩을 문제 삼으면서 적처 쪽이 원통할 거라고 생각한다."

다산은 나 씨가 진정 억울했음을 입증할 만한 이야기를 덧붙였다. 우연히 만난 조동혁과 김안택에게 들은 이야기였다.

"(조동혁은 나 씨와 한 마을 사람인데,) 나 씨 노파는 성품이 본래 온순했고 실제 구박한 사실도 없었지만 백 씨의 딸들은 성품이 모두 시샘이 많고 음흉했다. 그중에서 백필랑, 백필애는 더욱 흉악하고 모질어 마침내 매우 큰 죄악을 저질렀으니, 이웃은 모두 나 씨 노파의 억울한 죽음을 슬퍼했으며 지금까지 안타깝게 생각한다."

또한 다산은 시골사람 김안택의 이야기에 주목했다.

"얼마 전 한 거지가 서재에 왔는데 옷은 해져 몸을 가릴 수 없었고, 얼굴빛은 누렇게 떠서 엉금엉금 기어 다니며 동냥했다. 누구인지 물으니 '나는 백득손으로 우리 계모가 몹시 원통하게 죽었다. 나는 그분의 원통함을 알고 있었지만, 죄가 없다는 사실을 말하지 않고 그분을 구하지 않았다. 그 뒤 되는 일이 하나도 없어 결국 이 지경이 되었으니 누구를 탓하겠는가?'라고 했다."

다산은 이런 이야기를 통해 나 씨 노파의 억울함을 확신했다. 그리고 일반적인 상식에 기대어 계모의 원통함은 돌아보지 않은 채 불효를 저지른 두 딸의 죽음만을 애석하게 여긴 법정의 소홀함을 질타했다.

제30장 미치광이 처벌

미치광이를 어떻게 처벌할 것인가? 실성하여 사람을 알아보지도 못하고 범죄 사실조차 기억하지 못하는 광인들의 악행을 처벌할 수 있는가? 조선시대에도 이러한 광인들의 살인행각이 없지 않았다. 원칙적으로 '미치광이'는 관형의 대상이었지만 조선시대에는 사건 발생 때마다 처벌이 조금씩 달랐다. 광증을 인정해 용서하기도 했고, 광증에 걸린 사람이라 해도 패륜을 저지른 경우에는 극형에 처하기도 했다.

미치광이들의 살인

중종 대에 이정호라는 사람은 대간 벼슬을 거쳐 함경도평사咸鏡道評事가 된 관리였다. 그런데 그가 심질心疾이 심해져서 미치광이가 되자 헛소리를 지껄였다. 하루는 '절도사 황형黃衡이 반역을 꾀하였다.'라고 고발해 함경도 변방이 매우 소란스럽게 되었다. 하지만 당시 이정

호를 처벌하지 않았는데, 이는 그가 정상이 아니라고 판단했기 때문이었다.

반대로 미치광이라도 용서하지 않은 사례도 있다.

인조 4년1626년 7월 무명武明이 실성해 아우를 죽이고 말리는 어미를 구타했다. 일부에서 그의 광증을 정상 참작해 용서할 수 있다고 주장했지만 받아들여지지 않았다. 당시 우의정 신흠申欽은 '무명이 어미를 구타하고 아우를 죽였으니, 아무리 미치광이라고 하나 법률에 따라 복죄되어야 합니다.'라고 주장했고 인조는 이 의견에 따라 무명을 사형에 처했다.

숙종 9년1683년 1월 함경도 경성에서 벌어진 일은 더욱 참혹하다. 백성 김명익의 온 집안사람들이 모두 발광해 서로 죽이는 참사가 벌어진 것이다. 김명익은 자신의 어머니와 두 딸 및 사촌 백삼길의 아내를 칼로 찔러 죽였고, 아들 김유백으로 하여금 어머니를 죽이게 했으며, 백삼길에게는 김명익 자신의 아들을 찔러 죽이도록 했다. 이렇게 가족들이 죽고 죽인 자가 무려 열 명이었다. 조사관이 내려가 확인하니 김명익의 아들들이 모두 두창天然痘을 앓았는데 그중 하나가 헛소리를 하자 김명익이 귀신이 붙었다고 여기고 모두에게 불침火釘을 놓았다. 그러자 여러 아들들이 모두 미쳐 날뛰면서 칼을 빼어 서로 죽인 것이다. 당시 이 광경을 목격한 김유백은 '그때 모두들 마치 산짐승이나 들짐승 같았으므로 아비의 말에 따라 서로 칼로 찔러 죽였다.'라고 진술했다. 김명익과 김유백은 어미를 죽이는 등 강상죄를 범했으므로 참수되었고, 백삼길 역시 대악大惡으로 논죄되었다.

미치광이들 가운데 가짜를 가려내라

18세기에 이르러 황해도 풍천의 오재묵이 같은 동네의 다섯 살짜리 여자아이 윤덕을 칼로 찔러 죽이는 일이 벌어졌다. 조사를 맡은 사또는 오재묵을 정신병자로 규정했다. 유족이나 증인들이 모두 오재묵의 미친 행동을 진술했고, 범인의 진술과 표정을 살펴보니 눈동자가 번뜩이고 말이 두서가 없었기 때문이다. 하지만 사또는 오재묵이 미치광이가 분명하지만, 복잡한 세상에서 사람들이 온갖 술수를 동원해 속이려 하니 미쳐서 난폭해졌다는 말만 듣고 살인 사건을 가볍게 판결할 수 없다면서 신중한 자세를 보였다. 그리고 나서 엄중한 형벌로 범인을 재차 심문하고 관련자들 가운데 증인으로 세우기 어려운 조카나 숙부 외에 주변의 이웃을 중심으로 철저히 조사했다. 그리고 범행에 사용된 칼을 불에 달군 뒤 식초를 부어 혈흔이 분명하게 나타나자, 이를 상부에 보고하면서 미치광이가 살인한 사건으로 결론을 내렸다. 나중에 다산은 이 사건에 대해 진정 미치광이가 벌인 일이 분명하며 사또가 미치광이의 소행임을 쉽게 믿지 않고 철저하게 조사한 데 대해 훌륭하다고 칭찬했다.

다산은 조선 후기에 미치광이를 감형하는 제도를 악용해 미친 척하면서 처벌을 피하는 자들이 많다고 지적했다. 다산은 타고난 광증이 아니라면 살인죄를 적용해 처벌해야 한다고 주장했는데, 문제는 진짜 미치광이와 미친 척하는 가짜를 구별하는 일이 쉽지 않다는 사실이다.

다산은 《주례》에 사면대상을 "어린이와 노약자, 그리고 어리석은 자[蠢愚·용우]"로 규정했으며, 이 가운데 '용우'는 '타고난 바보천치'를

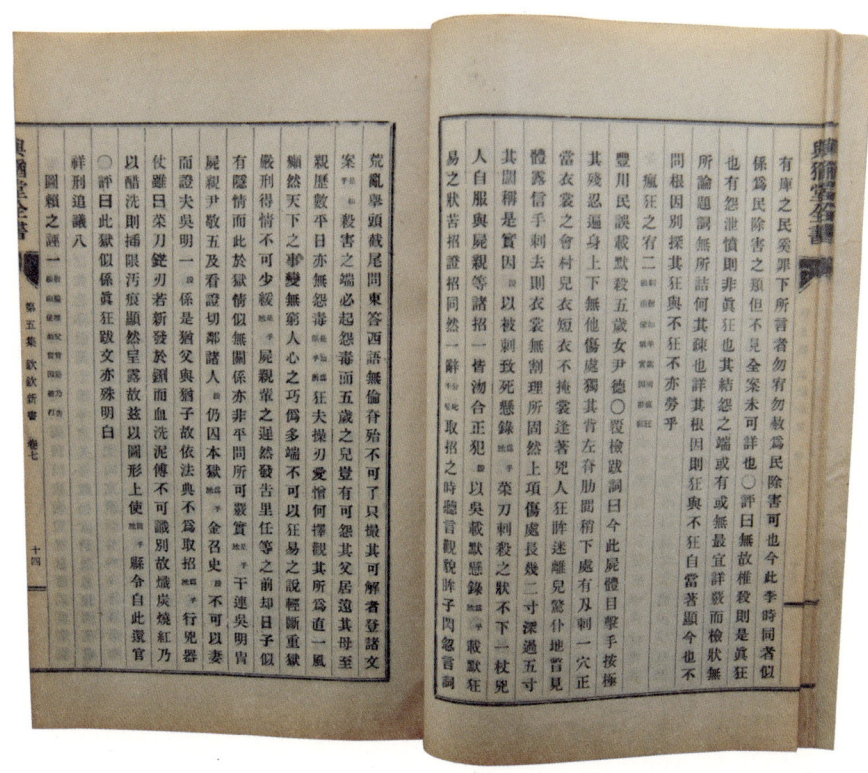

『흠흠신서』 권7 상형추의7 미친 사람의 범행을 용서함2, '풍천 백성 오재묵이 다섯 살짜리 윤덕을 살해하다.[豐川民誤戧默殺五歲女尹德]'
국립중앙도서관 소장

의미한다고 보았다. 따라서 어리석거나 미치광이 가운데 죄를 용서받을 수 있는 경우는, 선천적으로 바보이거나 실성해 사리분별을 전혀 하지 못하는 자만 해당되었다. 또한 《속대전》에 규정된 "미쳐 실성해 살인한 경우에는 사형에서 감형해 유배한다."라는 조문을 해석하면서 미쳤다는 의미는 타고난 바보이거나 선천적 어리석음이라고 거듭 강조했다. 그리고 《대명률》의 "폐질廢疾에 걸린 사람이 범행을 저질렀는데 유배형 이하라면 속전을 바치도록 하고, 살인죄로 사형을 언도받은 경우에는 왕에게 올려 재가를 받는다."라는 조항의 '폐질'은 정신병과 아무런 관계가 없는 귀머거리나 장님 등을 말한다고 해석했다. 정리해 보면, 정신이상이나 정신지체가 확실하다면 감형할 수 있지만 가짜라면 용서할 수 없다는 게 다산의 생각이었다.

그래도 문제는 여전히 남는다. 흉악한 범죄를 여러 번 저지르는 광인을 계속 용서해야 하는가? 가령 선천적인 미치광이가 분명해 감형해야 마땅한데, 성품이 너무도 흉악해 여러 사람에게 계속 피해를 끼칠 경우에는 어떤 처분을 내려야 할까? 유배를 보내는 게 맞을까, 아니면 사형시키는 게 맞을까? 경기도 금천의 이시동이 배어둔을 몽둥이로 때려죽인 사건을 통해 이 난제에 대한 다산의 생각을 읽어보자.

당시 초검관과 복검관은 이시동을 '타고난 미치광이'로 보고했고 황해도 관찰사는 재조사를 명했다. 혹여 미친 척하여 죄를 면하려는 의도가 없는지 확인하려 한 것이다.

"이시동의 광병이 시도 때도 없이 발작한다는 유족의 진술이나 여러 사람의 증언이 정확한 듯하다. 또 초검과 재검의 진술 역시 하나도 어긋남이 없지만, 아직까지 이시동이 진짜 미치광이인지 아닌지 전적으로 확신할 수는 없다. 법은 엄격하게 적용해야 하니, 범인이 횡설수설한다 할지라도 미치광이로 쉽게 단정 지을 수는 없다. 사또들은 함께 형장刑杖·죄인을 심문할 때 사용하는 몽둥이을 갖추고 날짜를 정해 조사하되 엄한 형벌을 내려 범행 사실을 밝히도록 하라."

황해도 관찰사의 명령에서도 확인할 수 있듯이, 당시에는 미치광이를 가장해 살인죄에서 벗어나려던 범인들이 상당히 많았던 것 같다.

다산은 "미침에도 여러 등급이 있다. 즉 귀신이 씌워 실성하는 바람에 미치광이가 된 경우가 있는가 하면, 성품이 흉악하고 사나워 하늘과 땅을 두려워하지 않은 채 미치광이로 자처하며 기분대로 악한 짓을 하는 경우도 있다. 이 두 종류는 분명히 구분해야 한다. 전자는 《속대전》을 인용해 가볍게 처벌해도 되지만, 후자는 용서할 수 없으니 이런 사람들의 경우에는 백성들과 완전히 격리하는 차원에서 사형을 내려야 한다. 지금 이시동이란 자가 얽힌 사건은 후자에 속하는 것으로 보이지만, 판결문을 다 보지 못한 상황이니 당장 결정하기는 어렵다."라고 했다. 다산은 스스로 미치광이를 자처하며 흉악한 범죄를 저지르는 경우에는, 백성에게 해를 끼치는 대상을 제거한다는 차원에서 사형을 집행해도 무방하다고 보았다.

사도세자의 광증, 죽을 일이었던가?

조선 후기 정쟁의 갈등 속에서 아버지 영조에 의해 뒤주에 갇혀 죽은 사도세자 이야기를 모르는 사람은 아마 없을 것이다. 아버지 영조에게 죽은 사도세자와, 억울하게 죽은 아버지의 한을 풀어주려던 정조의 노력은 조선 후기 정치사의 핵심적 문제였다.

다산이 사도세자의 죽음에 대해 구체적으로 견해를 밝힌 적은 없지만, 그가 광증에 대해 내린 해석을 통해 그의 생각을 유추할 수 있다. 이를 위해 우선 사도세자의 처벌이 광증 때문이었는지, 아니면 영조를 시해하려는 역모 때문이었는지 확인해야 한다. 두 가지 범죄 여부에 따라 처벌의 경중이 매우 다르기 때문이다. 사도세자가 광증을 보인 게 확실하다면, 사죄死罪·죽어 마땅한 큰 죄로 간주하지 않고 감형하는 게 조선 후기의 일반적인 법 감정이었다. 영조 대의 법전인《속대전》에 광인을 감형하는 조문이 있었기 때문이다. 하지만 미쳐서 혹은 미친 척하며 아버지를 죽이려고 음모를 꾸몄다면 이야기가 달라진다.

'사도세자 사건'에 대한 판단은, 진짜 미쳤느냐 아니면 의도적으로 미친 척하고 있었느냐에 대한 해석으로 결정된다.

첫 번째 해석은 사도세자가 미친 것이 분명하며 일부러 아버지를 죽이려고 한 게 아니라는 주장이다. 혜경궁 홍 씨와 정조가 이러한 입장이었다. 이들은 사도세자가 광증이었다는 사실을 영조가 인정했다면 죽일 필요까지는 없었다고 보았다.

반면에 두 번째 해석은 사도세자가 미쳤는지 몰라도 부왕을 살해하려는 생각이 있었으므로 사형으로 처벌할 수 있다고 보았다. 영조와 노론 벽파들 일부는 이런 입장을 지지했다. 판단의 핵심은 '부왕을 죽이려는 의도가 있었느냐 없었느냐 하는 문제'였다. 의도가 없었다면 문제될 게 없지만, 시해할 의도가 있었다면 문제가 달라진다.

정조와 혜경궁은 설사 시해할 의도가 있었다 해도[없었지만] '광증' 때문이므로 용서할 수 있다고 보았다. 하지만 노론 벽파에 속한 신료들은 생각이 달랐다. 그들은 사도세자가 진짜로 미쳤건 미치지 않았건 간에 그를 미치광이로 인정할 생각이 없었다. 이 때문에 그들은 사도세자가 광증을 보였을 때 그것을 진짜로 여기지 않았으며 결국 사도세자의 비참한 죽음에 힘을 보탰다.

그렇다면 영조는 아들 사도세자의 광증에 대해 어떤 판단을 내렸을까? 사실 아들을 죽이려는 아버지를 찾기란 하늘에 별 따기만큼 어렵다. 설사 아들이 자신을 죽이려고 할지라도 같은 방식으로 대응하는 아버지는 사실상 없다는 얘기다. 영조 또한 마찬가지였는데, 그는 사도세자를 뒤주에 가두는 유배형을 내린 뒤 유배 중인 죄수가 반성하기를 바랐던 것으로 보인다. 어쨌든 사도세자는 뒤주에 갇힌 상태에서 죽고 말았다. 영조의 후회에도 불구하고, 이 사건은 이후 정치사를 복잡하게 만들었다.

정조는 사도세자가 광증을 보여 많은 문제를 일으켰지만 사형을 받을 정도는 아니었다고 보았다. 다시 말해서, 그는 노론 벽파들 일부가 영조를 충동질해 사도세자를 죽이도록 몰아갔다고 생각했다. 이 때문에 왕위에 오른 정조는 노론 벽파 가운데 사도세자의 죽음과 관련된 일부 인사들의 죄를 묻게 되었다.

사도세자는 극악무도한 정신병자가 아니었기에, 정조는 사도세자를 용서하지 않은 영조의 판단이 지나쳤다고 판단하고 이를 부추긴 신료들을 과감히 숙청한 것이다. 다산 또한 이러한 정조의 결정에 찬성한 듯 보인다. 다산과 정조 모두 진짜 미치광이라면 감형해야 한다고 보았기 때문이다. 거짓으로 미친 척한 것이 아니라면 '처벌의 예외'를 인정해야 한다는 것이다. 다산이 생각한 처벌의 예외는 이뿐만이 아니었다.

제31장 맹자가 틀렸다

　이른바 친친親親의 가족 윤리와 존존尊尊의 사회윤리 사이의 긴장과 마찰은 이미 고대 유교에서부터 피할 수 없는 문제였다. 친친은 가족 내에서 마땅히 지켜야 할 도리로 부자유친父子有親이나 부부유별夫婦有別 같은 인륜이다. 가족 내 윤리는 사회윤리로 확장되어 장유유서長幼有序와 군신유의君臣有義의 기초가 되기도 한다. 문제는 부자유친 같은 가족 윤리가 국가의 공적 원리와 부딪히는 경우이다.

　이처럼 공과 사의 긴장과 마찰이 야기하는 문제는 다양하다. 이미 조선 초에 백제의 계백장군이 전쟁터에 나가면서 아내와 자식들을 모두 죽일 필요가 있었는지를 놓고 학자들 사이에 논란이 벌어졌다. 한편, 병자호란이 끝난 현종 4년1663년 청나라 사신들이 모화관에 도착했는데, 이들을 접대할 수행원으로 임명된 김만균이 자신의 할머니가 병자호란 당시 순절했다는 이유로 사직소를 올리게 되었다. 이에 서필

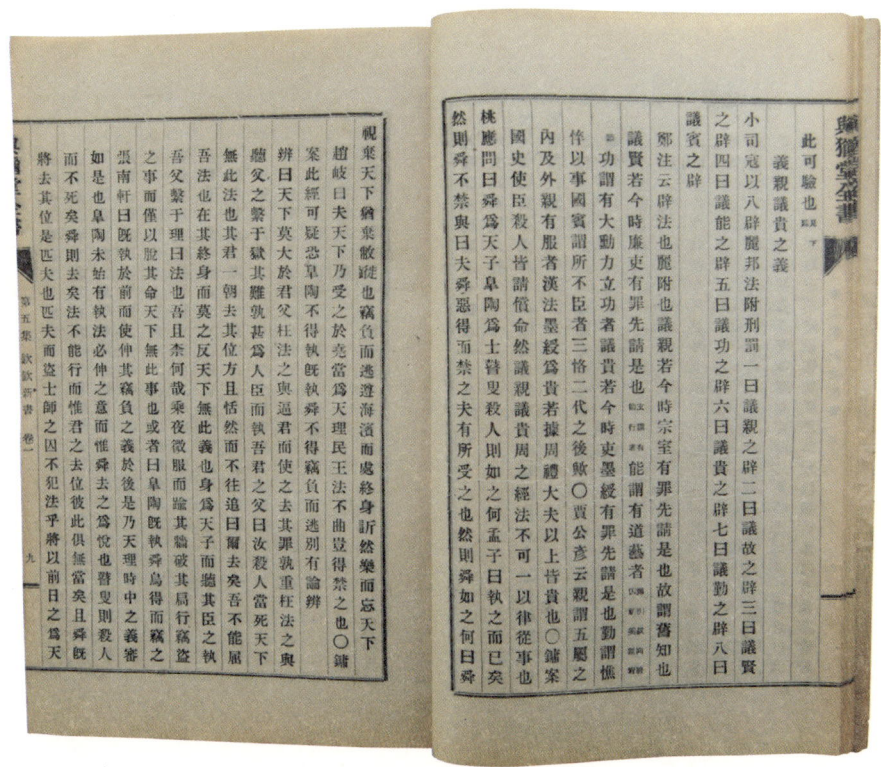

「《흠흠신서》 권1 경사요의1 '의친과 의귀에 대한 도리[義親議貴之義]'」
국립중앙도서관 소장

원은 이미 벼슬을 하고 있다면 사적인 의리보다 공적인 임무를 먼저 생각해야지, 원수를 접대할 수 없다는 사적인 의리만을 내세운다면 국사를 담당할 사람이 없을 거라며 반박했다. 그 뒤 송시열이 김만균의 행동이 도리에 맞는 것이라고 두둔하고 이를 다시 서필원이 공격하면서 이른바 공의公議·사의私義 논쟁이 벌어졌다.

도응의 질문

다산은 이러한 난제들에 관심을 가지고 이에 대해 나름의 명쾌한 해석을 남겨 두었다.

《맹자》〈진심盡心〉장에는 맹자孟子·기원전 372?~289?년와 제자 도응桃應이 두 가지 가운데 어느 쪽을 선택해도 궁지에 몰리게 되는 상황을 놓고 토론한 가상 문답이 수록되어 있다. 도응은 순舜임금의 아버지인 고수瞽瞍가 사람을 죽였을 경우 법관인 고요皐陶가 법을 집행할 수 있는지, 또 살인자를 사형에 처해야 하는 상황에서 최고 권력자인 순 임금은 아버지를 위해 무엇을 해야 하는지 등을 물었다. 법과 부자간의 도리가 상충할 경우 어떻게 해야 하는지 답변을 요구한 것으로 고대 이래 중요한 철학적 난제였다. 만일 순 임금이 아버지를 살리기 위해 법 집행을 막는다면, 그는 부자지간의 인륜 때문에 법을 어겼다는 비난을 받을 것이다. 하지만 그가 법 집행을 막지 않는다면, 아버지를 버려둔 불효자가 되어버린다.

어느 한 쪽의 손을 들어주기 힘든 상황이었지만, 맹자의 답은 의외로 간단했다. 그는 법과 도덕을 모두 무시하지 않는 방법은 한 가지뿐이라고 보았다. 법관인 고요는 늘 그랬던 것처럼 법을 집행해야 하고, 순 임금은 나라를 버리고 아버지와 함께 도망쳐 효를 다해야 한다는 것이다. 맹자가 보기에는, 법을 훼손하지 않으면서 부자간의 인륜도 저버리지 않는 유일한 해결책이었다.

맹자의 해결책에 대해 후대의 학자들은 이런저런 비판과 더불어 자신들의 의견을 새롭게 덧붙였다. 그중에서 북송北宋의 대정치가이며 역사학자인 사마광司馬光·1019~1086년은, 고요가 법관으로서 순 임금의 아버지를 법대로 집행해야 한다고 보았다. 순 임금이 아버지가 도주하도록 허용했다면, 이는 임금과 신하법관가 짜고 백성들을 속인 데 불과하다고 비난했다. 다시 말해서 사마광은 임금의 아버지라도 법 적용의 예외가 될 수 없다고 본 것이다.

이에 비해 남송南宋의 학자 장식張栻·1133~1180년은, 법관은 법을 집행해 순 임금의 아버지를 잡아들이고 나중에 순 임금이 아버지를 업고 도망치도록 허용함으로써 국가의 공법도 지키고 부자지간의 인륜도 중시하면 된다고 주장했다.

공사를 모두 만족시켜야 한다는 생각은 성리학의 집대성자로 알려진 주희 역시 마찬가지였다. 고요가 단지 법을 집행하기만 하고 순 임금이 아버지와 함께 도망치는 것을 막는다면, 그는 법만 알았지 천자에게도 아버지가 존귀하다는 사실을 알지 못한 것이고, 법 집행을 하지 않은 채 순 임금이 아버지를 업고 도주하도록 놓아두었다면 아버지가 존귀하다는 것만 알 뿐 천하가 중요하다는 사실은 놓친 것이라고 말했다.

주희는 부자지간의 인륜과 국가의 공법이 모두 존중되어야 한다고 주장했지만 구체적인 방법은 제시하지 않았다. 따라서 이후 주자학을 정통으로 삼은 조선의 학자들은 국가의 공과 부자지간의 사를 모두 만족시킬 수 있는 해법을 찾기 위해 끊임없이 고심하고 토론했다. 공사 간에 충돌이 일어나 이러지도 저러지도 못하는 상황에서는, 국가의 공을 우선한다거나 사적인 은혜를 앞세우기가 어렵기 때문이다.

'법 지배의 예외'를 주장한 다산

그러면 다산은 이런 난제에 대해 어떤 해법을 제시했을까? 결론적으로 말하자면, 그는 임금의 아버지를 처벌할 경우에는 법 집행에 예외를 인정해야 한다고 보았다. 다산은 신하인 고요의 입장에서 임금의 아버지보다 높은 이가 없는데, 법을 굽히는 것과 임금이 떠나도록 하는 것 가운에 어떤 것이 나은지 자문했다. 정답은 '법관인 고요가 법을 굽혀야 한다.'라는 것이었다. 이어서 그는 순 임금의 입장에서 아버지를 옥에 가두는 일과 법을 굽히는 일 가운데 어느 것이 나은지 물었다. 이 물음에도 그는 '순 임금은 법을 굽혀야 한다.'라고 답했다. 왜 그런가? 첫째, 신하의 입장에서는 임금의 아버지를 구속한 뒤 '살인자는 마땅히 죽어야 한다.'라고 말할 수 없기 때문이다. 둘째, 임금이 떠나는데도 붙잡지 않은 채 '나는 법을 집행할 뿐이다.'라고 주장한다면 신하로서 임금에게 지켜야 할 의리를 저버리는 것이기 때문이다. 마지막으로, 신하가 임금의 아버지에게 벌을 주려 할 때 '법이 그러니 어쩔 수 없다.'라고 하며 임금이 그냥 내버려둔다면, 임금은 자식으로서 천륜을 어기게 되기 때문이다. 다산은 군신간의 의리와 부자간의 도리를 깊이 생각한다면, 순 임금 사건의 경우에는 법 집행을 할 수 없다고 보았다.

또한 다산은 장식이 제시한 해결책, 즉 법관은 법을 집행해 임금의 아버지를 잡아들인 뒤 몰래 도망치도록 함으로써 공사公私의 충돌을 해결할 수 있다는 주장을 세 가지 이유를 들어 비판했다.

첫째, 법관은 애초에 법을 집행할 뜻이 없었으며 결국 죄수를 도주하도록 함으로써 백성들에게 사기를 친 꼴이 된다.

둘째, 법을 엄정히 집행한다고 해놓고 사람을 죽인 자를 법대로 처형하지 않았다.

셋째, 나라에 임금이 없게 되는 최악의 결과를 초래한다.

그러면 어떻게 해야 할까?

법관은 하던 대로 법을 집행하고 임금은 아버지를 업고 도망치면 된다는 맹자의 주장은 말도 안 되며, 설사 그렇게 해도 문제가 해결되지 않는다. 다산의 해법은 분명했다. 법을 굽히면 된다. 다시 말해 '법 지배의 예외'를 인정해 임금의 아버지를 용서하면 된다는 것이다.

다산의 진의

다산의 주장대로라면 결국 왕실은 법 밖의 존재라는 셈인데 이런 상황을 정의롭다고 할 수 있을까? 사실 다산이 이런 주장을 한 진의는 따로 있었다. 다산은 노약자, 고의로 살인하지 않은 자, 정의로운 복수, 그리고 정신병자 등의 행위는 일반인과 다르게 정상 참작예외로 인정해야 한다고 주장했다. 그리고 여기에 두 부류를 추가했는데, 바로 전·현직 고위관료와 왕실의 가까운 종친이었다. 이들 역시 감형의 대상이었다. 그런데 다산은 왜 이들만이 예외적인 지위를 누려야 한다고 보았을까?

조선 후기에는 너무나 많은 사람들이 스스로 자신들이 감형의 대상이라고 주장했다. 고의로 사람을 죽이고도 과실이라고 주장하는 자들, 미치지 않고서도 광증이라고 주장하면서 처벌을 면하는 자들, 사람을 죽여 놓고도 정의로움을 주장하는 자들이 바로 그들이었다. 하지만 가장 심각한 문제를 일으킨 자들은 지방의 사족들과 왕실의 외척들이었다. 조선시대 지방 사족들의 횡포는 다산이 보기에 도를 지나친 상태였다.

그는 제자에게 보내는 편지에서, 양반들이 평민들에게 저지르는 일상적인 고문과 형벌을 자행하지 않도록 주의시켰다. 당시 양반들은 고문과 형벌을 자행한 데다 사람을 죽이고서도 자신의 권세를 이용해 죽음을 면하고 감형 받았다. 왕실의 외척들 또한 예외가 아니었다. 다산이 소수의 전·현직 고위관료와 왕실의 근친만을 감형 대상으로 규정한 것은, 이들만을 예외로 인정하고 나머지 사족들과 외척들의 경우에는 반드시 죗값을 물어야 한다고 주장하고 싶었기 때문이다.

특권을 완전히 배제하기 어렵다면 예외를 적용받을 수 있는 '특권층'을 매우 좁게 규정해야 한다. 다산은 아무나 특권을 주장하거나 요구하지 못하도록 하는 게 중요하다고 보았고, 이것이 바로 그가 '법 적용의 예외'를 주장한 이유이다.

맹자는 법의 중요성과 공평성을 강조하기 위해 황제의 아버지라도 예외가 될 수 없다고 주장했다. 물론 근본적으로 맹자가 옳다. 하지만 다산은 맹자의 주장은 너무 이상적이어서 현실성이 없다고 간주했다. 다산은 왕실의 가까운 친인척과 몇몇 전·현직 고급 관료들의 '예외'를 인정함으로써 나머지는 모두 법의 지배를 받도록 요구한 것이다. '무조건 법 앞의 평등'보다는 '극소수의 예외를 인정한 뒤의 평등'이 더 현실적이라고 생각했기 때문이다.

    사실 오늘날 너무나 많은 사람들이 특권을 누리려 하고 또 실제로 그렇게 한다. 국회의원, 재벌, 판검사, 국가유공자, 운동선수 등이……. 이러다 보니 예외와 특권의 '기준'이 모호해지는 경우가 많다. 너도나도 '예외'를 적용 받으려 할 경우, 이를 막을 수 있는 방법은 별로 없다. 오직 예외의 기준을 명확하게 정의하고 엄격하게 적용하는 것 외에 다른 현실적인 방법이 뭐가 있겠는가? 이처럼 다산은 법의 예외를 인정하면서도 그것을 매우 좁게 규정함으로써, 대부분의 사람들에게는 법 적용의 예외를 허용하지 않을 수 있었다.

제32장 특권과 예우 사이

1684년 조선 숙종 때의 일이다. 8월 2일자 《실록》에는 정제선이라는 관료가 평안도에서 사람을 죽인 일 때문에 사간원이 사형을 청하는 상소가 수록되어 있다.

"전 지평持平 정제선이 작년에 중국으로 가는 사신을 따라 평안도에 이르렀는데, 이곳으로 도망친 자신의 사노비를 찾는다면서 가는 곳마다 술에 취해 혹독한 매질을 하다가 제멋대로 죽인 자가 무려 5명에 이르렀습니다. 청컨대 잡아다가 죄상을 낱낱이 밝혀 벌을 내리소서."

관리가 사사로이 죄 없는 사람 다섯 명을 죽인 일을 보고 받은 숙종은 크게 분노했다.

관료에 대한 예우

전통적으로 동아시아의 법전은 범죄를 저질렀으나 참작 감형하는 대상을 규정해 놓았다. 의친議親이라 하여 왕실의 오복친[伍服親·상복을 입는 가까운 친척으로서, 참최복(3년), 자최복(1년), 대공복(9개월), 소공복(5개월), 시마복(3개월)의 다섯 등급이 있다.] 내의 족친들과, 의귀議貴라 하여 전·현직 관료들이 감형 대상들이었다.

《당률唐律》을 보면 '의귀議貴는 직사관職事官 3품 이상, 산관散官 2품 이상과 작爵 1품인 사람'으로 규정하고, '관장하는 업무가 있으면 직사관職事官이라 하고, 관장하는 업무가 없는 경우 산관散官이라 한다. 작爵은 국공國公·공작, 후작, 백작, 자작, 남작의 첫 번째 등급 이상을 말한다.'라고 주석을 달았다. 조선이 준용한《대명률》에도 "의귀를 작爵이 1품이거나 문무 직사관 3품 이상, 산관 2품 이상인 자"로 규정했다.

말하자면 고위 관료에게는 일종의 예우 규정을 적용해, 관리가 사람을 죽인 경우 보통 사람들과 동일한 형법을 적용하지 않고 감형했다. 역사적으로 이런 일종의 '예외적 지위'를 놓고 법 앞의 평등을 강조하는 입장과 적절한 예우라는 주장이 대립했다.

때문에《대명률》에는 "관리가 공무가 아닌 일로 평민을 협박[威逼]하여 죽게 한 경우 장백에 처한다."라고 하고, "관청의 위세를 믿고 평민을 위협하거나 핍박해 죽게 한 경우"라고 해설했다. 관료들의 무분별한 폭력을 규제함으로써, 관료들이 예우 규정을 특권으로 누리거나 남용하지 않게 하려는 조처였다.

조선의 경우에도《경국대전經國大典》에 "관리가 남형濫刑하여 사람을 죽게 한 경우 장백을 친 뒤 영원히 임용하지 않는다."라는 조문을 넣어 관리들의 폭력을 통제했다. 이런 취지는 조선 후기에 이르러 더

┃ 장형으로 다스리는 장면
《사법제도연혁도보》에 수록. 서울대학교 중앙도서관 소장.

욱 강화되었다. 《속대전》에는 "비록 임금의 명을 받은 사신[奉命使臣]이라도 사사로운 일로 사람을 죽인 경우 목숨으로 갚는다."라는 조항이 첨가되었다. 이는 '관리가 공무로 사람을 죽였다면 사형을 면할 수 있지만, 사적인 일로 살인했다면 상명償命·목숨으로 갚는다는 의미, 즉 사형에 처해짐한다.'라는 의미였다. 관리의 도를 넘는 폭력에 대해 100대의 장형으로 규제할 뿐 사형에 처하지 않았던 《대명률》에 비해, 살인죄를 적용해 '사형에 처할 수도 있다'라는 《속대전》의 조문은 조선 정부가 관리들의 남형濫刑·법에 의거하지 않고 멋대로 형벌을 가하는 것을 얼마나 엄격하게 처벌하려 했는지 잘 보여 준다.

관료가 일반 백성을 죽이다

숙종 대 정제선 사건처럼 이런 일이 실제로 벌어지면, 법 적용을 놓고 불가피하게 논란이 벌어졌다. 고위 관료임을 참작해 예우하는 것과 특권을 주지 않고 공평하게 처벌해야 한다는 원칙 사이에서 판결을 내리기가 그만큼 어려워진 것이다. 당시 크게 노한 숙종은 정제선을 사형에 처하라고 명령했다. 하지만 많은 신하들이 그러면 안 된다고 만류하면서 결정이 보류되었다. 이에 숙종은 한 차례 더 조사하고 대신들의 견해를 구한 뒤 12월 13일 드디어 최종 판결을 내렸다.

"정제선 사건을 관찰사로 하여금 명확하게 조사하도록 했는데 이제 보고서를 보니 비부婢夫·계집종의 남편 2인과 양민 1인을 반노叛奴·주인을 배반하고 도망친 노비와 함께 자기 멋대로 죽였으니, 진실로 살인죄를 면하기 어렵다."

숙종은 이렇게 판결하며 최종적으로 사형 집행을 명했다.

하지만 또다시 대신들의 반론이 제기되었다. 이들은 임금의 명을 받은 관료가 살인한 경우 사형하는 대신에 감형하여 귀양 보낸 사실을 거론하며 정제선 역시 유배형이 적당하다고 주장했다. 숙종은 이 사안에 대한 판결을 이듬해 1685년 1월 말로 미루었다. 그 사이에 의금부 대신들은 관리가 사람을 죽인 경우 사형에 처하지 않았다는 주장을 반복했고, 때문에 이를 참작해 유배형을 내리는 게 좋다고 주장했다. 이에 숙종은 다음과 같이 명했다.

"정제선이 비록 왕명을 받든 관료였지만, 공무를 처리하는 상황이 아니라 한때의 혈기를 참지 못해 사람을 자기 마음대로 죽였으니 왕법에 따라 용서하기 어려울 듯하다. 그런데 대신들이 과거에 비슷한 사례가 있다고 주장하며 이를 참작해 달라고 주장하니 받아들이지 않을 수 없었다. 이에 특별히 감형해 정제선을 3,000리 유배형에 처하라."

정제선은 마침내 전라도 강진에 유배되었다.

하지만 모든 신하들이 정제선의 감형에 찬성한 것은 아니었다. 예조판서 이민서는 정제선을 사형에 처하도록 힘을 다해 글을 올렸다. 그는 앞으로 왕명을 받았다는 것을 내세워 사람을 함부로 죽이는 자들이 속출할 수도 있고, 이번 사건을 사례로 들어 살아날 방도를 찾는 폐단이 생길 것이라고 주장했다. 이에 숙종은 정제선을 감형해 유배형에 처했지만, 이후 사사로이 사람을 죽인 관료는 사형에 처한다고 공포함으로써 사건을 마무리했다.

정제선을 엄벌해야 한다

1685년 4월 15일 우의정 남구만은 정제선을 사형에 처하지 않은 숙종의 판결을 비판하는 글을 올렸다.

"신이 의주에서 순안까지 열 고을을 지나오다가 정제선의 사건을 탐문하니 참혹함이 보통이 아니었습니다. 비록 중대 범죄를 어떻게 다스릴지 의견을 묻고 감형한 것은 임금의 주요 권한이지만, 사람을 죽인 자를 용서해 준다는 법조문은 없습니다. 늙어서 기운이 없는 자에게 형벌을 면제한 것은 주나라의 아름다운 제도였지만, 나이가 칠팔십이 되었다 해도 살인자를 사면한 적은 없었습니다. 또한 고의적으로 범죄를 저질렀는지 여부를 따져 판결에 반영해야 하지만, 사람을 죽인 경우라면 과실이나 장난치던 가운데 일어난 사고라 해도 용서하지 않았습니다. 이것은 목숨으로 갚지 않고서는 죽은 자의 원통함을 풀어줄 수 없기 때문이 아니겠습니까? 더욱이 의금부가 이 사건에 대해 논의할 때, '왕명을 받든 신하는 일반인과 차이가 있다.'라고 했는데, 이 역시 고금의 경전과 법률에서는 찾아볼 수 없는 말입니다. 고대 법전에는 '사람을 죽인 자는 목숨으로 갚는다.'라고 했을 뿐이고 신분의 차이에 따라 달리 판결하지 않았으며 고금을 통틀어 이를 중요한 원칙으로 지켜왔는데, 관료와 일반인을 차별한다는 말은 대체 어디서 왔단 말입니까? 그런데 지금 정제선이 왕명을 받든 신하였다는 이유로 그 사건에 대해 대신들이 일반인과 차등을 두려 하니, 이것이 과연 천하의 공평한 법이라 할 수 있겠습니까? 물론 대신들의 논의 중에 '정제선이 공무도 아닌 일로 더욱이 관청에서 부리는 사람도 아닌 일반 양민을 죽였는데, 이를 가볍게 처벌한다면 입법취지를 무너뜨리고야 말 것입니다.'라고 주장한 이도 있었으니 참으로 옳은 말입니다. 그럼에도 전하께서는 전례를 들어 사형을 감하여 유배의 명을 내리고 말았습니다.

위엄을 보이고 복을 내리는 권세가 본래 전하께 있으니 사람에게 벌을 내리고 죽이는 것은 전하께서 결정하셔야 할 터인데, 어찌 대신들의 말을 기다려 이처럼 처리한단 말입니까? 또한 전하께서 정제선을 용서하신 뒤에 새로운 법령을 세우시어 '앞으로는 왕명을 받든 관료라도 사사로이 사람을 죽인 경우 사형에 처하라.'라고 하셨다 하니, 신은 이에 더욱 개탄스럽습니다. 만일 전하께서 지금 왕명을 받든 관료가 사람을 죽인 경우 사형에 처해야 한다고 여기신다면 정제선이 어찌 죽음을 면할 수 있겠으며, 정제선을 감형해도 된다고 여기신다면 나중에 같은 죄를 범한 관료를 어찌 사형에 처할 수 있겠습니까? 이런 식으로 법을 적용한다면, 백성들은 전하의 판단이 항상 일정하지 않다고 생각해 가볍게 여겨 함부로 대하려 할 수도 있으니, 새로 정한 법령이 제대로 지켜지지 않으리라는 것은 누구라도 쉽게 알 수 있을 것입니다. 지나간 잘못은 어쩔 수가 없지만 법대로 처리하자는 청원이 아직 사헌부에 남아 있으니, 바라옵건대 성상께서 속히 윤허하시어 국법을 바로잡고 국가의 기강을 다시 일으키신다면 매우 다행이겠습니다."

참작 감형

나중에 다산은 강진에 유배되었던 정제선 사건의 내막을 자세히 살펴본 뒤, 뜻밖에도 남구만의 주장이 잘못되었음을 지적했다. 모든 죄인들을 나이와 상관없이 처벌하거나 귀천 여부와 무관하게 처벌해야 한다는 남구만의 주장에 대해, 경전을 잘못 알고 있다고 비판한 것이다.

다산은 "노인이 살인한 경우 사형에 처한 것은 오직 한漢나라의 법률일 뿐 고대에는 사면했다."라고 주장했다. 또한 장난을 치다가 혹은 실수로 사람을 죽인 이른바 과실에 대해 고대에는 모두 사형에 처하지 않았는데, 어찌 용서하지 않았다고 주장하는지 알 수 없다고 했다. 특히 왕명을 받든 신하를 특별히 사면할 수 있다는 《주례》〈의귀〉의 조항을 들어 당시에도 관리들과 보통 사람의 경우를 다르게 보았다고 입증한 뒤, 정제선을 엄히 처벌하는 것은 공평치 못한 처사라고 주장했다.

다산은 특히 남구만이 고대의 법전에 임금의 명을 받든 자가 보통 사람과 다르다는 조문이 없다면서 계급에 따라 차별하면 안 된다고 한 주장을 비판했다. 이어서, "임금의 명을 받은 자가 보통 사람과 동일하다는 조문은 과연 어디에 있다는 말인가?"라고 반문하기도 했다. 이처럼 다산은 관리와 일반인에 대한 처벌이 같을 수 없다고 극구 주장했다. 심지어 다산은 모든 이를 공평하게 엄벌함으로써 국가의 기강을 바로잡을 수 있다고 본 남구만에 대해, 유학자가 아니라 엄한 형벌을 좋아하는 군인 같다고 조롱하기까지 했다.

다산은 입법 취지가 '살인자를 사형에 처한다.'라는 것은 분명하지만, 가령 정제선처럼 왕명을 받든 관리들에 대해서는 그 지위를 참작해 '감형'하는 것이야말로 고대 경전의 진정한 정신이라고 주장했다. 즉 그런 고위 관료의 경우에는 사람을 죽였다고 해서 사형에 처할 수는 없으며, 감형하여 유배를 보내야 한다는 것이다.

다산은 형벌을 모든 이에게 일률적으로 적용하기 어렵다고 보고 이른바 '예외' 집단을 인정했으며, 예외 규정에 노약자나 정신병자뿐만 아니라 대부大夫 이상의 현직 관리들을 포함시켰다. 그는 관리들이야말로 국가의 동량으로 일반 백성과는 다르게 예우해야 한다고 보았다. 그렇다고 다산이 관리들의 부도덕을 모두 허용한 것은 아니었다. 그 또한 현직 관리가 공무 중에 저지른 사건에 대해 감형의 예우를 해주는 일이 법 앞의 평등을 해칠 수 있음을 알고 있었다. 하지만 그들에게 최소한의 예우를 해 주는 것은 국가에 봉사하는 관리들에 대한 적절한 대접이라고 보았다. 만일 이들을 보통 사람과 똑같이 대우

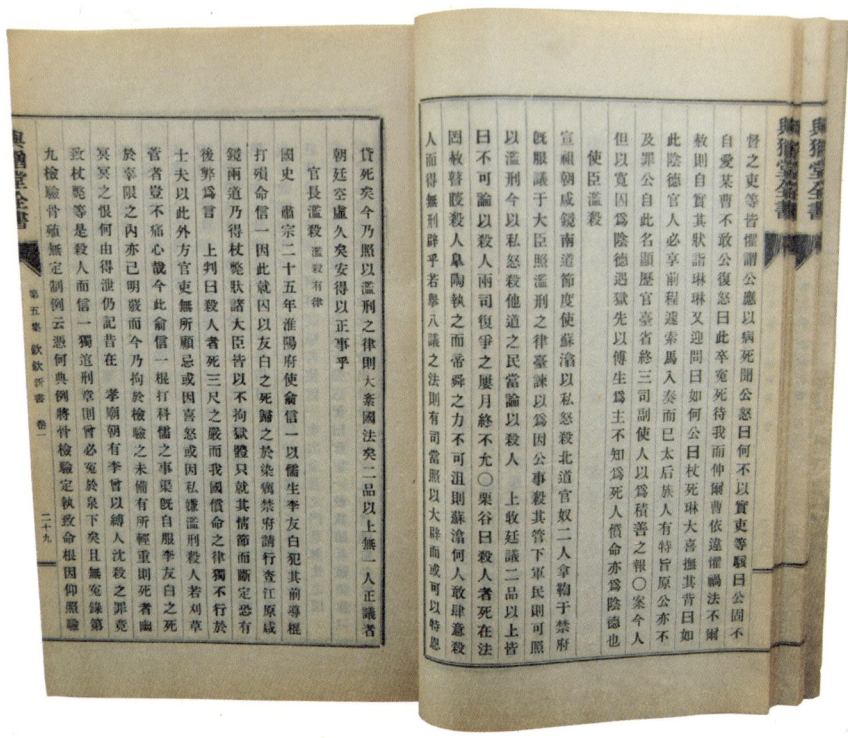

《흠흠신서》 권1 경사요의3, '관료가 마음대로 죽이다.[使臣濫殺]'
국립중앙도서관 소장

한다면 관리들의 사기가 떨어짐은 물론이거니와 관리가 아닌 자들과 관리들의 구분이 사라지고 평민들조차 분수를 모르게 될 것이라고 우려했다.

　차별을 위한 차별이 아니라 질서를 위한 불가피한 예우, 그것이 다산이 생각한 '예禮의 정치학'이었다. 사실 이 대목에서 우리는 다산을 포함한 조선시대 사족들이 구상한 '차별의 정치학'의 한계를 엿보게

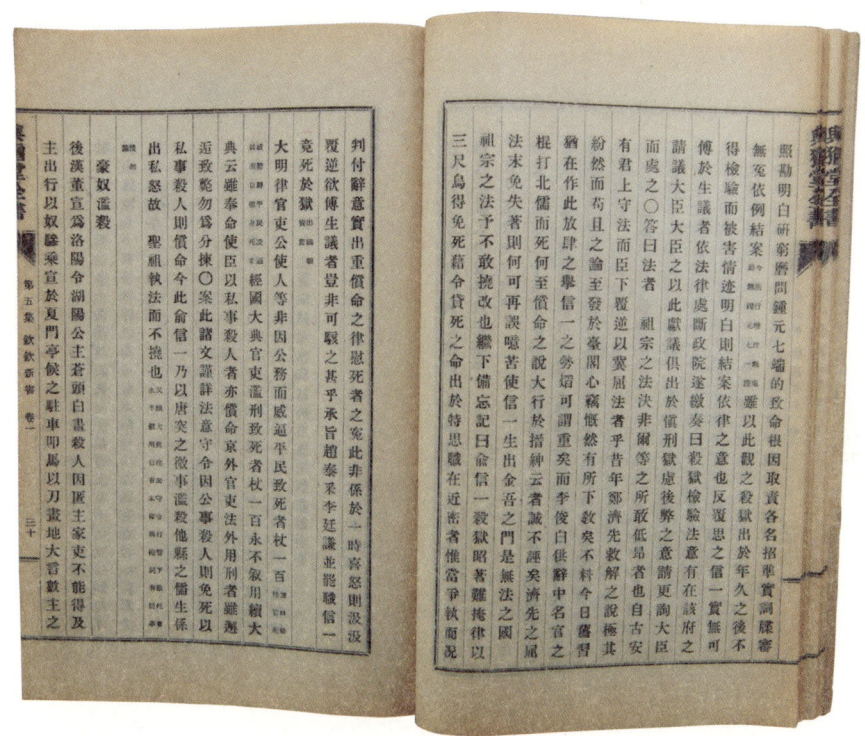

《흠흠신서》 권1 경사요의3, '관료가 마음대로 죽이다.[使臣濫殺]'에서 이어짐
국립중앙도서관 소장

된다. 도덕성에 기초한 구별과 신분에 토대한 특권 사이의 긴장과 마찰을 통해 조선사회가 신분제 사회였다는 평범한 진리를 다시 한 번 깨닫게 된다.

제33장 양반의 횡포인가, 정의로운 처벌인가

18세기 후반 전라도 함평에서 상민常民 박유재가 양반 안승렴에게 맞아 죽은 사건이 발생했다. 처음 시신을 조사한 함평 사또는 시신의 머리 부위가 깨져 있고, 관자놀이도 구타당한 흔적으로 딱딱했다고 보고했다. 전신에 상처가 없는 곳이 없을 정도로 여기저기 얻어터진 흔적이 낭자했다는 것이다.

평민 박유재의 죽음

범인은 한 동네 양반인 안승렴이라는 자였다. 술을 잔뜩 먹고 취한 박유재가 온 동네가 떠나갈 듯한 큰소리로 양반과 평민 가운데 자기 마음에 들지 않는 자들을 싸잡아 욕하자, 이에 격분한 양반 안승렴이 구타·살해한 것이었다.

신분 간의 차이가 엄격한 세상에 위아래를 들먹이며 욕을 해대는

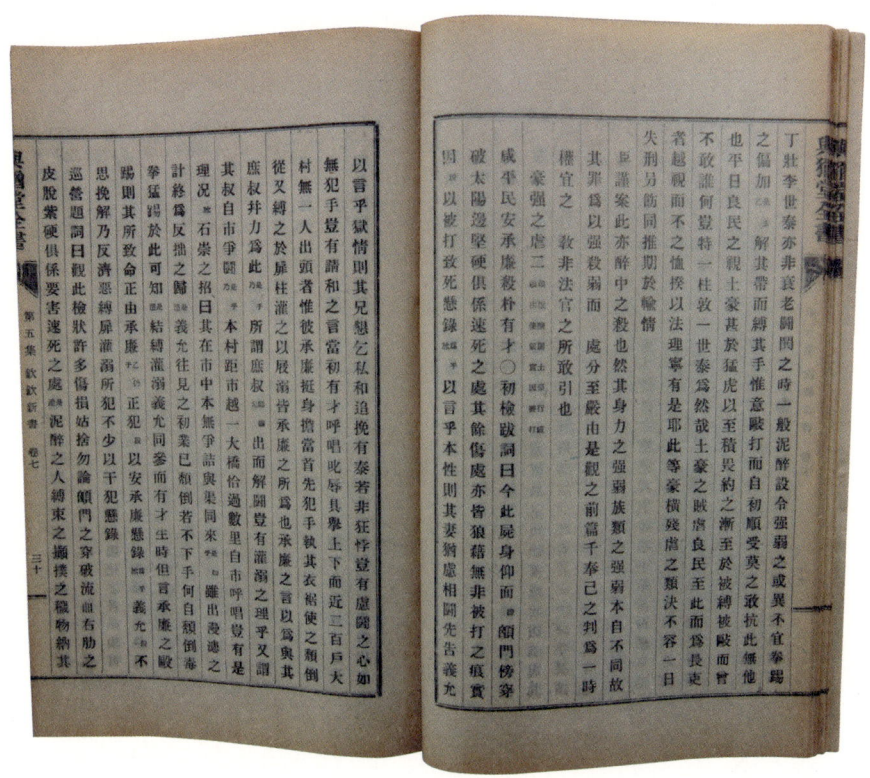

《흠흠신서》 권7 상형추의9 호강의 횡포2, '함평 백성 안승렴이 박유재를 살해하다.[咸平民安承廉殺朴有才]'
국립중앙도서관 소장

동안, 200호나 되는 큰 마을에서 아무도 그를 말리는 자가 없었다. 오직 양반 안승렴만이 용감하게 나서서 박유재를 타일렀으나 말을 듣지 않자 사립문에 결박한 뒤 오줌을 먹이고 나막신으로 머리와 온몸을 세차게 구타한 것이다. 물론 안승렴 홀로 일으킨 사단은 아니었다. 그의 삼촌 안의윤도 박유재를 묶고 오줌을 들이붓는 일을 거들었다.

안승렴은 조사 과정에서 자신은 단지 박유재의 옷깃을 잡아 넘어뜨렸을 뿐 구타하거나 오줌을 먹인 적은 없었다고 강변했다. 도리어 양반을 능멸하여 인륜을 어지럽힌 박유재를 몸소 응징한 자신이야말로 당연히 해야 할 일을 한 사람이라고 주장하기도 했다. 하지만 함평 사또가 재차 신문하던 중에, 박유재가 죽기 직전에 안승렴을 원수로 지목했다고 하자 그때서야 범행 일체를 인정했다.

전라도 관찰사와 형조의 관리들은 안승렴의 악행을 용서할 수 없다는 뜻으로 왕에게 보고했다. 사실을 접한 정조는 격분했다. 힘센 양반이 힘없는 상민을 구타·살해했기 때문이었다.

일찍이 조선 왕조는 통치의 개념을 '도덕성을 지닌 군자들의 다스림'이라고 정의했다. 모든 백성들이 소인의 이기심을 버리고 군자로 변신할 수만 있다면 더 이상 바랄 것이 없는 지상천국이 될 것이다. 하지만 사람들이 모두 군자가 될 수는 없으며, 누구나 단번에 군자가 될 가능성은 더욱 없다. 이에 조선 왕조는 우선 양반들에게 도덕성 회복을 요구하고 군자다운 행동을 하도록 함으로써 사회질서의 근간을 세운 뒤, 점차 아래 계급의 백성들에게도 도덕성을 요구하는 단계적 교화를 기획했다.

조선시대에 양반을 우대한 근본적인 이유는, 양반들이 평민들에 비해 도덕성 유지와 회복에 더 많은 노력을 기울이고 있다는 믿음 때문이었다. 실제로 양반들 가운데에는 평민들보다 더 높은 수준의 도덕성을 갖춘 사람들이 여럿 있었다. 하지만 대다수 양반들의 실상은 그렇지 못했다는 것 또한 의심의 여지가 없다. 문제는 도덕적인 양반들이 평민들을 지배하는 것 자체가 아니라 부도덕한 양반들을 배제하지 못한 조선의 정치문화였다.

양반들은 잘못을 저지른, 다시 말해 유교사회가 요구하는 윤리와 가치들을 어긴 자들을 매질하거나 동네에서 쫓아낼 권리가 있었다. 동시에 그렇게 하는 것을 자신들의 의무로 생각했다. 물론 도덕적으로 고매한 양반이 인륜을 거스른 자들을 훈계하고 응징하는 일은 지극히 아름다운 것으로 인정받았다. 하지만 상당수의 부도덕한 양반들은 단지 양반이라는 이유만으로 평민 이하의 백성들을 구타하고 고문하며 심지어 죽이기까지 했다.

박유재가 '상하'를 거론한 정확한 이유는 알기 어렵지만, 아마 부도덕한 양반사회에 대한 소극적인 저항의 표현이었으리라 짐작할 뿐이다.

정조의 분노와 다산의 비판

정조는 조선 후기에 이르러 양반들의 횡포와 폭력이 도를 넘어섰다고 판단했다. 정조 스스로 주자학의 최종 목표인 자율적 도덕 공동체의 재건에 대해 강렬한 의지를 불태우고 있었고, 군자로서의 책임 의식을 누구보다도 더 양반들에게 강조하고 있었던 터였다. 권력을 누리려면 그에 걸맞은 책임을 다해야 한다. 이것이 소인과 다른 군자의 미덕이다. 정조는 자신의 힘만을 믿고 평민들을 괴롭히는 양반들이야말로 조선을 갉아먹는 해충이라 생각했다.

정조는 박유재 사건 역시 부도덕한 양반들의 고질적인 병폐 때문이었다고 판단하고 엄한 처벌을 천명했다.

"실로 안승렴의 행동을 보면, 단지 결박하는 것으로도 부족해 넘어뜨려 굴리고, 이것도 부족해서 구타하고 발길질하고 심지어 오물을 입에다 붓고 나막신으로 머리를 때리는 등 모질고 악독한 행위를 모두 갖추었다. 그동안 보지 못했던 참으로 잔혹한 일이다. 양반이 평민에게 욕을 당했다면 고을과 감영에 고소장을 올리면 그만이다. 하지만 평민을 학대하면서 조금도 거리낌이 없었으니, 이는 국법을 안중에 두지 않은 짓이다. 어찌 이를 용납할 수 있겠는가? 그를 엄중 처벌하지 않는다면, 시골에서 제 힘을 믿고 일을 그르치는 자들을 어떻게 단속할 수 있겠는가? 안승렴을 엄히 신문하여 진상을 파악하도록 하라."

어명을 받은 전라도 관찰사는 이 사건을 재조사한 뒤, 안승렴이 자신의 세력을 믿고 힘없는 상민을 결박하고 구타해 살해한 사건임을 분명히 했다. 안승렴은 사형에 처해질 운명이었다.

나중에 강진 유배처에서 이 사건의 보고서를 읽은 다산은 정조와 다른 생각을 펼쳤다. 안승렴을 단지 박유재를 죽인 살인자로만 취급해서는 안 된다는 것이었다. 다산은 안승렴이 박유재를 구타·살해한 사실 자체가 문제라기보다는, 적절한 방법을 모색하지 않은 점이 문제였다고 주장했다. 안승렴이 박유재를 죽일 만한 충분한 이유가 있었다면 죽일 수도 있다는 말이다. 박유재가 상하를 거론하면서 양반들을 욕한 일은 반상이 엄격한 당시로서는 반사회적인 범죄였다. 따라서 이를 보다 못한 안승렴의 응징을 다산은 정의로운 처사로 칭송했다.

"세상에서 가장 가증스러워 죽여야 할 것은 도리에 어그러진 사나운 상놈들이다. 술에 취해 길에서 떠들고, 몇 백 호의 큰 마을을 거론하며 마구 욕을 해댄 경우라면 인륜이 전혀 없는 자이다. 마을에서

한 사람도 감히 나서지 못하고 있는데, 안승렴처럼 혈기 왕성한 자가 흥분해 공공이 해야 할 일을 담당했을 뿐이다. 안승렴은 한 마을을 위해 도리를 어긴 흉악한 놈을 없애서 모든 이의 치욕을 씻었으니, 이른바 사람을 죽였지만 의로운 경우이다. 다만 그 행동과 처벌이 지나치고 오물을 입에 넣은 일은 분명 법률에 어긋난 일이요, 더욱이 나막신으로 머리를 때린 것은 문제이다. 폭력을 폭력으로 다스렸고, 야만스러움을 야만스럽게 공격하여 의로운 응징이 퇴색해 살인사건이 되고 말았기 때문이다. 만일 안승렴이 사람들을 불러 모아 박유재를 결박한 뒤 관아에 신고해 처벌했다면 최고의 상책이었을 것이다. 혹은 마을의 어른들을 공회에 모이게 하여 그를 때려 죽였더라도, 이 또한 백성을 위해 해로움을 없앴다 하여 죽을죄에 이르지는 않았을 것이다. 참으로 안타까운 일이다."

정의로운 폭력의 가능성

"벌 받아 마땅한 자를 응징하는 일은 의롭다."라는 다산의 주장은 '정의[義]'와 관련하여 여러 가지 생각할 것들을 제공한다. 그는 응징의 임무를 국가에 맡겼다면 가장 좋았겠지만 그렇지 않다면 사적으로 나서도 문제가 없다고 보았다. 마을 사람들의 동의를 얻는다면 말이다.

다산은 조선이 추구한 삼강오륜의 가치를 훼손한 경우 그 누구라도 처벌받을 수 있으며, 또 법을 어길 경우 누구라도 응징할 수 있다고 생각했다. 정의로운 폭력[義殺]이기 때문이다.

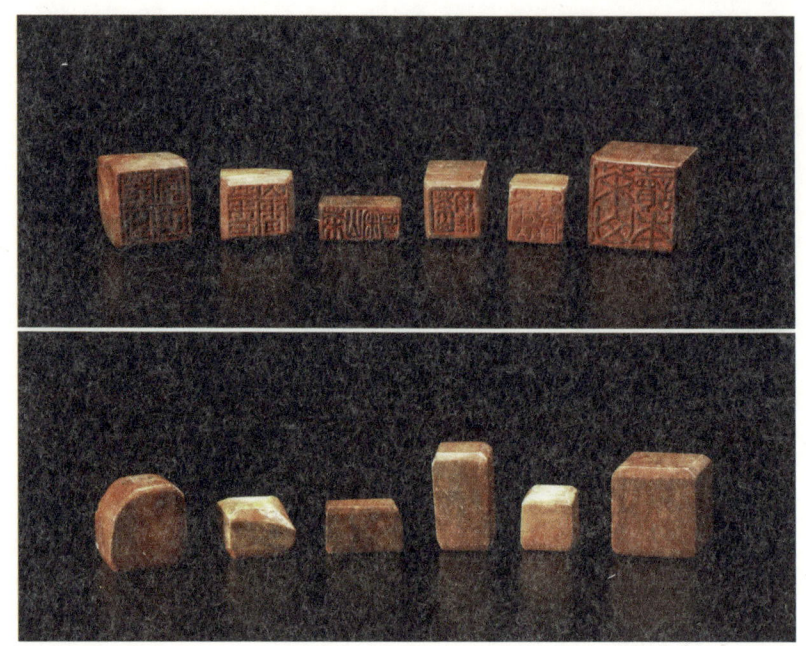

| 다산 정약용의 인장들
국립고궁박물관 소장.

    확언컨대, 다산은 정의로운 폭력을 믿었다. 정의로운 폭력의 '조건'들을 엄격하게 제한한다면, 무질서를 예방하는 훌륭한 방법이 될 수 있다고 생각한 것이다. 다산에게 질서란 구별에서 출발하고 구별은 상하 신분의 기초였기에, 범분犯分·자신의 신분은 생각하지 않고 윗사람에게 버릇없이 구는 것에 대한 응징이야말로 무질서를 바로잡기 위해 반드시 시행해야 하는 일이었다.

    하지만 다산이 주장하는 정의는 과연 누구를 위한 정의인가? 어떤 목적이 폭력적 수단을 정당화할 수 있다는 것인가? 사실 폭력은 그 자체로 정의롭지 않은 것이 아닌가? 사실 과거를 탐구하는 일은 단지 옛날로 돌아가거나 안주하려는 데 있지 않다. 현재 우리가 가지고 있는 정의에 대한 생각이 조선시대와 그다지 다르지 않기 때문이며, 오늘날에도 많은 사람들이 '정의로운 폭력'이라는 이름으로 자신의 행위를 정당화하고 있기 때문이다. 그렇다면 도대체 과거에 정의는 어떻게 구현되었으며, 앞으로 어떻게 구현해야 할 것인가? 풀어야 할 난제가 아닐 수 없다.

제34장 절개를 잃은 부인들

청나라의 두 번에 걸친 침략으로 조선은 씻을 수 없는 치욕을 당했다. 그런데 호란胡亂으로 인한 고통은 국가 차원의 수치심으로 끝나지 않고 수많은 가정이 무너지는 것으로 이어졌다. 남자들이 전장에서 스러지는 동안 수많은 여성들이 절개를 지키려다 죽었는데, 조선 후기 실학자 이긍익은 호란의 가장 큰 피해자라 할 수 있는 '순절부인 殉節婦人'에 대해 자세하게 설명한 바 있다.

순절부인

윤선거의 아내 이 씨는 강화도 갑곶의 수비가 무너졌다는 소식을 듣고 스스로 목을 매어 죽었다. 아홉 살밖에 안 된 아들 윤증은 옷과 이불을 정돈하고 조용한 곳에 빈소를 정했다. 그러고 나서 사방 구석에 돌을 놓고 가운데에는 숯과 재를 덮고는, 통곡하며 마지막 인사를

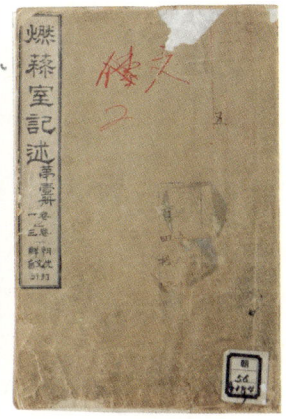

《연려실기술》
국립중앙도서관 소장

드린 뒤 계집종의 등에 업혀 나왔다. 이성구의 아내 권 씨는 아들 상규의 아내 구 씨 및 그 두 딸과 함께 모두 목매어 죽었다. 선비 심지담의 어머니와 아내, 그리고 첩과 딸들이 모두 죽었는데, 몸으로 어머니의 시체를 가린 채 죽었다. 이돈오의 아내 김 씨는 강화 마니산 남쪽에서 병란을 피해 있다가 시어머니와 동서와 함께 모두 스스로 목을 찔렀는데, 김 씨는 즉사하고 시어머니와 동서는 피가 흘러 옷에 가득하니 적병이 버리고 갔다. 어떤 선비의 아내는 청병이 강을 건너오고 있다는 말을 듣고 종에게 말하기를, "적이 죽은 사람을 보면 옷을 모두 벗겨 간다 하니, 내가 죽은 뒤에 급히 불을 가져다가 태워서 적의 손이 시체를 가까이하지 말도록 하라."라고 한 뒤에, 스스로 목을 매어 죽었다.

이렇게 절개를 지키려고 스스로 목숨을 끊은 부인들의 사례는 너무 많아 모두 다 기록할 수 없을 정도이며, 천인賤人의 아내와 첩 가운데도 자결한 사람이 많았다. 학생 이호선의 아내 한 씨는 토굴에 숨어 있었는데, 적병이 불을 질러도 나오지 않고 타 죽었다. 사노私奴 김희천의 아내 대숙, 내비內婢 고온개, 무학武學 윤득립의 아내 염 씨, 사비私婢 애환, 사노 검동이의 아내 분개, 양녀良女 말덕이 등 헤아릴 수 없는 아녀자들이 죽음을 택했고 국가는 이들을 정려旌閭·충신이나 효자, 열녀 등이 살았던 동네에 붉은 문을 세워 표창하는 것했다.

물론 모든 사람들이 적병에 맞서 죽음을 택한 것은 아니었으며 그럴 수도 없었다. 하지만 살아남은 사람들에 대한 비난은 혹독했다. 선비 집안의 많은 여인들이 사로잡혔는데, 사람들은 이민구의 아내와 두 며느리에 대해 모두 침을 뱉으며 욕을 했다. 이민구는 자신의 아내가 오랑캐에게 몸을 더럽히지 않으려고 자진했다며 묘지문을 지어 부인의 절개를 칭송했다. 하지만 나중에 청나라 심양에서 이민구의 아내 윤 씨를 보았다는 소문이 돌자 모두에게 비웃음을 사고 말았다.

사대부의 여성을 비롯해 많은 부녀자들이 적병에게 끌려갔다가 집으로 돌아왔다. 그러자 시댁에서는 이들이 절개를 잃었다 하여 일방적으로 이혼시키거나 사당에 두었던 며느리의 위패를 치워버렸다. 최계창의 후처였던 권 씨는 강화도에서 개성부까지 끌려갔다가 돈을 내고 풀려나 집으로 돌아왔는데, 그녀가 죽자 최 씨 집안은 그녀의 제사를 모시지 않았다. 이에 후처 권 씨의 아들 최선이 억울하다며 임금이 행차할 때 징을 치며 바로잡아 달라고 요구하기도 했다.

사대부 남편들의 이혼 요구

이혼 요구는 더 빈번했다. 신풍 부원군 장유는 "외아들 장선징의 처가 강화도의 변병자호란 기간에 일어난 것으로, 1637년 1월경의 일 때 적병에 잡혀 갔다가 돈을 내고 풀려나 친정에 있다. 하지만 배필로 삼아 함께 조상의 제사를 받들 수 없으니 이혼하고 새로 장가들도록 허락해 달라."라는 청원을 올렸다. 예조 관리들은 사로잡혀 갔다가 돌아온 양반 가문의 부녀자가 한둘이 아니니, 조정에서 이런 상황을 충분히 고려해 명확하게 결정해야 한다며 대신들에게 의견을 모아 달라고 건의했다. 그러자 좌의정 최명길은 임진왜란 때의 선례를 들어 반대했다. 당시 선조 임금께서 말씀하시기를, "(적병에게 강제로 잡혀 갔다가 풀려난 경우는) 간통해 절개를 잃은 것과는 다르기 때문에, 이런 사람들을 버려서는 안 된다."라고 하면서 이혼을 허락하지 않았다는 것이다. 그는 이어서 이렇게 덧붙였다.

"일전에 신이 심양에 갔을 때, 잡혀간 부인을 돈을 주고 빼내려고 함께 간 양반들이 많았는데, 남편과 아내가 서로 만나자 죽은 사람을 다시 만난 것처럼 부둥켜안고 통곡했습니다. 길을 가다가 이 광경을 보게 된 사람들은 모두 눈물을 흘렸습니다. 만일 이혼해도 된다는 명을 내리시면, 어느 누구도 아내를 빼내려고 중국에 가려 하지 않을 것입니다. 이렇게 되면 많은 부녀자들이 오랑캐의 땅에서 영원히 한을 품고 죽게 될 것입니다. 소수의 사람을 만족시키기 위해 나머지 수많은 사람들로부터 원성을 듣게 된다면, 어찌 재앙의 불씨가 되지 않겠습니까? 신이 여러 번 생각해 보고 세상물정에 비추어 보아도, 이혼을 허락하는 것은 옳지 않은 것 같습니다."

인조는 최명길의 의견에 따라, 양반들이 돈을 내고 풀려난 부인들과 이혼하지 못하도록 명했다.

열녀는 두 남편을 섬기지 않는다

하지만 조선의 많은 양반 가문 남자들은 대부분 새장가를 들었다. 열녀는 두 남편을 섬기지 않는다는 이유에서였다. 심지어 《실록》의 사관은 최명길의 의견이야말로 조선을 오랑캐로 만드는 형편없는 짓이라며 비난했다.

"사신은 논한다. 충신은 두 임금을 섬기지 않고 열녀는 두 남편을 섬기지 않으니, 이는 절개와 의리가 국가를 존재하게 하고 우주를 든든히 세우는 기둥이 되기 때문이다. 사로잡혀 갔던 부녀들은 비록 본심은 아니었다 하더라도 변란을 맞아 구차하게 목숨을 이었으니, 어찌 절개와 의리를 잃지 않았다고 할 수 있겠는가. 절개를 잃었으면 남편의 집과는 이미 의리가 끊어진 것이니, 두 사람을 억지로 다시 합하게 해서 사대부의 가풍을 더럽힐 수는 없다. 최명길은 비뚤어진 견해를 가지고 망령되게 선조 때의 일을 인용해 임금께 아뢸 때 '인연을 끊어 버리기 어렵다.'라는 의견을 갖추어 올렸으니, 정말 잘못한 것이다. 또한 당시의 전교傳敎·임금의 명령가 역사를 기록한 사책에 남아있지 않아, 다시 합하는 게 옳다는 증거로 삼을 만한 것도 없다.

설사 이런 전교가 있었다 하더라도 법처럼 반드시 지켜야 할 것은 아니니, 선조 때 그렇게 했다고 해서 오늘날까지 그대로 지켜야 할 이유가 어디에 있단 말인가. 절의를 잃은 사람과 짝이 되면 자신도 절의를 잃는 것이다. 절의를 잃은 부인을 다시 취해 부모를 섬기고 종사를 받들며 자손을 낳고 가계를 잇는다는 게, 어찌 합당하단 말인가. 아, 100년 동안 내려온 나라의 풍속을 무너뜨리고, 삼한을 들어

오랑캐로 만든 자는 최명길이다. 어찌 통분함을 금할 수 있겠는가."

이 글의 요점은 다음과 같이 정리할 수 있다.

첫째, 호란 중에 실절失節·절개를 지키지 못함한 것은 간통한 것과는 구별되지만 절의를 잃지 않았다고 할 수는 없다는 것이요, 둘째, 선조 임금의 전교가 사실인지 아닌지 여부를 확인하기 어렵다. 따라서 돈을 내고 풀려난 여성들을 절대 용납하지 않겠다는 뜻이었다.

스스로 음란한 것과는 다르다

조선에서는 포로가 되었다가 돌아온 부인들을 내쫓고 재혼하는 것이 과연 옳은지를 둘러싸고 격렬한 논쟁이 벌어졌다. 서포 김만중은 당시 최명길을 비난한 사론史論·사관의 평론의 허위의식을 강렬하게 비판했다. 그는 호란 동안 절개를 잃은 부인들이 본래 음란하여 그런 것이 아니므로, 비록 시댁의 사당에서 제사를 모시지는 못하더라도, 강제로 모자의 인연을 끊음으로써 자식에게 상복을 입지 못하도록 해서는 안 된다고 주장했다.

"옛날 사람들은 아내가 죄가 있으면 바로 내쳤지만, 함께 삼년상을 지냈거나 돌아갈 곳이 없는 아내는 죄가 있어도 내치지 않았다. 내치는 것도 의리를 따른 것이고, 내치지 않는 것도 의리를 따른 것이다. 하지만 옛날 사람이라 하더라도 어찌 음란하거나 악병惡病을 앓는 사람과 한 방에서 지냈겠는가? 생각건대 먹을 것과 입을 것을 넉넉히 줌으로써 정을 베풀어 위로했을 뿐이다. 오랑캐에게 포로로 끌려갔던 부녀자들은 절개를 잃었기에 천시할 수밖에 없다 해도, 음란한 여인과는 사정이 다르다. 청나라에서 돌아온 뒤에는 별처에 머물게 하고, 사당제사를 함께 지내지는 않더라도 자식들에게는 어머니가 될 수 있게 하고 그 부녀자가 죽으면 자식들에게 어머니의 죽음에 해당하는 상복을 입고 곡을 하게 하면 거의 옛날 법도에 어긋나지 않을 것이다. 병자년과 정축년의 난리[호란]에 이런 상황에 처한 사대부들이 의리를 생각하지 않고 오로지 자신의 입장에만 유리한 계책을 세웠으니, 이는 사사로운 욕심이 지나쳤던 것이지 기록으로 남겨 지킬 만한 것은 아니었다. 여러 사람들이 떠들어대자, 비록 임금이라 해도 시류에 휩쓸리지 않을 수 없었으니 개탄스러울 뿐이다."

김만중은 절의를 잃은 부인들을 희생양으로 삼아 자신들을 보호하려 했던 양반들을 비판했다.

절의를 잃은 여인들에 대한 다산의 생각

정약용이 호란 중에 잡혀갔다가 돈을 내고 풀려난 여성들의 문제를 직접 거론한 적은 없다. 하지만 그는 포로로 잡혀가 절의를 잃은 여인이 친정으로 쫓겨나자 이를 원망하다가 자살한 사건을 처리한 청나라 형부刑部의 논의를 비판하는 가운데 자신의 생각을 드러낸 바 있다.

왕창이란 사람의 아내 추 씨가 적병에 사로잡혔다가 속전을 내고 집으로 돌아왔다. 그런데 왕창은 부인을 친정으로 내쫓은 뒤 부인으로 여기지 않았으며, 단지 아들 왕기로 하여금 돌보도록 하여 모자의 인륜을 끊지는 않았다. 하지만 나중에 남편이 재혼하던 날에 추 씨가 나타나면서 사단이 벌어졌고, 이 과정에서 억울하다고 생각한 추 씨는 자살하고 말았다. 당시 형부 관리는 남편 왕창이 부인 추 씨와 재결합하지 않은 채 친정으로 쫓아낸 일을 문책하고, 남편이 엄하게 부인을 꾸짖고 모욕한 일을 대장부답지 못한 일이라고 비판한 판결문을 남겼다.

청나라 형부가 절의를 잃은 아내를 받아들이지 않은 왕창을 꾸짖은 것에 대해, 다산은 청나라 풍속이 조선과 크게 다르다고 운을 뗐다. 그러고 나서, 조선에서는 아내가 절의를 잃을 경우 부모형제라도 함께 살라고 말하지 못하고 법관도 강권할 수 없다고 강조했다. 그는 조선이 예의의 나라인 이유가 상하 모두가 절의를 중시하기 때문이라고 주장했다.

또한 다산은 자살한 추 씨를 남편 왕창의 집에서 제사를 지내고 왕 씨 가문의 선영에 합장하라고 명한 청나라 법관의 판결 또한 문제가 있다고 지적했다. 그는 모자의 인륜이 비록 중하긴 하지만 쫓겨난 어머니를 대접하는 도리는 정상적인 모자 관계와 다르다고 전제했다. 그러고 나서 그는 추 씨의 자식은 어머니 추 씨를 위해 3년이 아니라 1년만 상복을 입으면 충분하며, 무덤이나 제사 모두 왕 씨가 아닌 추 씨 집에서 지내야 한다고 보았다. 그럼에도 청나라 현관의 판결은 아들 왕기의 집에 궤연几筵·죽은 이의 위패를 모시는 제단을 설치하게 하고 추 씨를 왕 씨의 선영에 합장하게 했으니 천하에 이런 예법은 없다고 비판했다.

다산은 아내 추 씨가 정조를 잃었는데도 남편 왕창에게만 남편의 도리를 다하라고 할 수는 없다면서 '절의를 잃은 추 씨의 흠결'을 강조했다. 특히 부인들이 편협한 성격 탓에 갑자기 충동적으로 자살하는 태도야말로 문제라고 비판했다.

다산은 절의를 잃을 수밖에 없다면 죽음을 택해야 하며, 절의를 잃

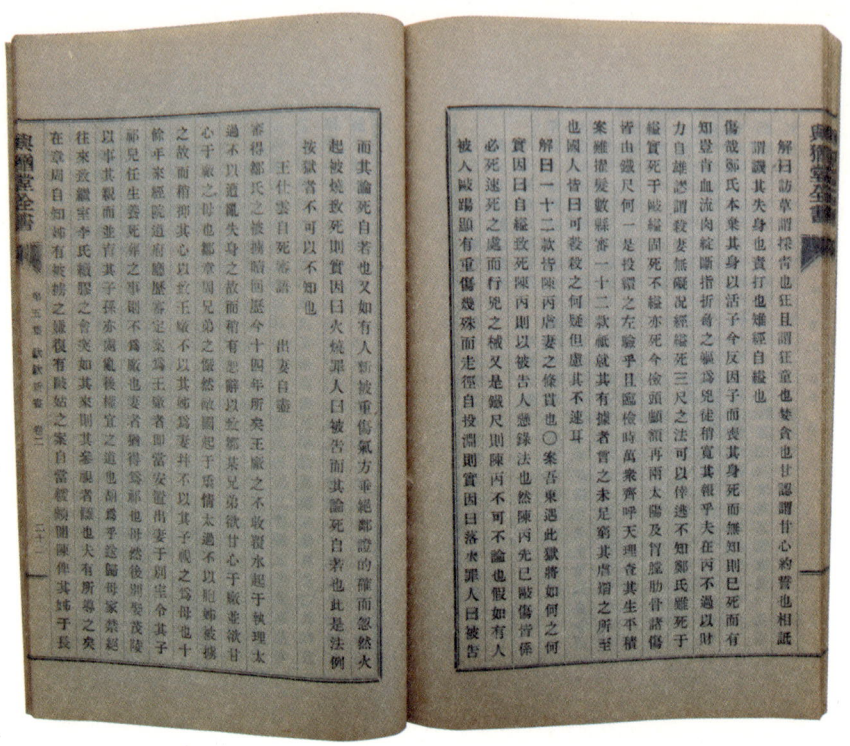

《흠흠신서》 권2 비상준초2, '왕사운이 추씨의 자살 사건을 판결하다.[王仕雲自死審語 出妻自盡, 鄒氏之被擄贖回]'
국립중앙도서관 소장

은 뒤 돈을 내고 풀려났다면 이에 대한 책임을 지는 것이 의롭다고 생각했다. 절의를 잃은 책임을 부인에게 덮어씌워 쫓아버려서는 안 되지만, 그렇다고 아무 일도 없는 듯이 절개를 지키며 스러져간 부인들과 동등하게 대접할 수는 없다고 판단했다. 이에 다산은 모자의 의리를 3년에서 1년으로 감하고, 시댁이 아닌 친가 선영에서 장사를 지내 부부의 인연을 덜어내는 방식으로 예의를 상황에 맞게 적용하려고 노력했다.

예禮란 질서의 원천이요, 질서는 차등과 구별에서 출발한다. 다산은

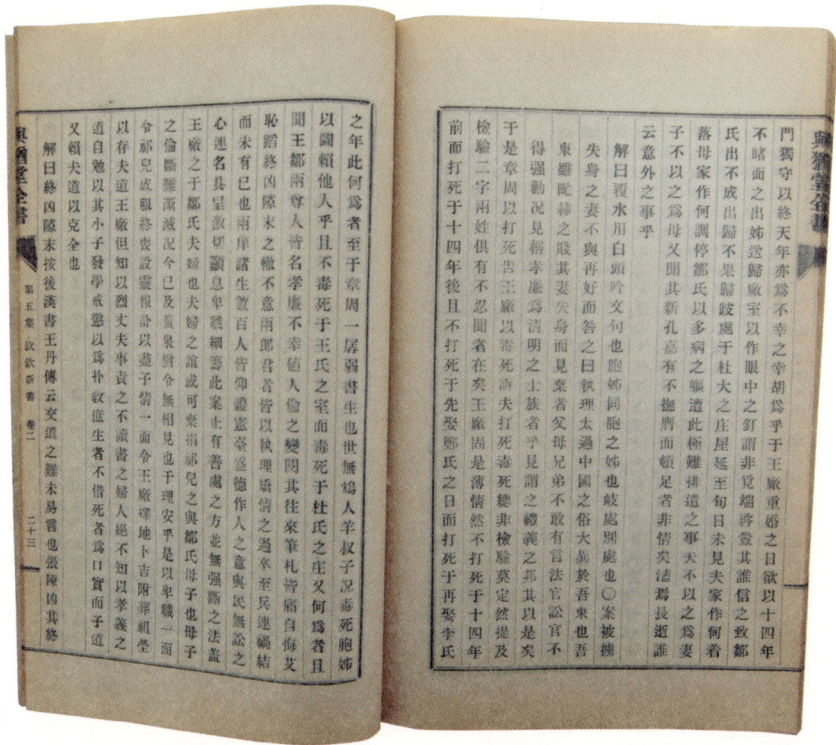

『흠흠신서』 권2 비상준초2. '왕사운이 추씨의 자살 사건을 판결하다.[王仕雲自死審語 出妻自盡, 鄒氏之被擠魘回]'에서 이어짐
국립중앙도서관 소장

순절부인과 실절부인, 그리고 속환부인들을 동일하게 취급할 때 도리어 예가 무너진다고 보았다. 속환 부인들의 이야기는 안타깝기 그지없지만, 이들을 순절부인과 똑같이 대우할 수는 없으며 실절부인과는 다르게 대접해야 한다고 본 것이다. 다산은 이들을 섬세하게 구별하여 예우하는 일이야말로 조선을 예의지국으로 만드는 지름길이라 생각했으며, 이것이 '정치의 기술'이라고 강조했다.

글을 맺으며 : 《흠흠신서》로 읽은 다산의 정의론

책을 마치며 다산 선생이 지은 《흠흠신서》의 서문을 마지막으로 읽어본다. 가장 처음에 읽어야 할 글을 가장 뒤에 언급한 이유는 다산의 마음을 곱씹어 보고 싶었기 때문이다. 다산은 조선시대의 유학자들이 경전을 숭상하고 시문을 읊조리는 데 골몰하면서도 법조문은 학자로서 알 바가 아니라며 도외시한다고 비판했다. 지방관의 일 가운데 사람을 살리고 죽이는 일만큼 중요하고도 무거운 사명이 또 어디 있을까? 말 그대로 하늘의 권한을 대신하는 일이다. 그런데도 이에 무심하다면 그런 죄악이 어디 있겠는가?

다산이 《흠흠신서》를 지은 가장 중요한 이유는 살인사건을 조사하는 지방관의 무거운 책임감을 강조하기 위해서였다. 정조는 검시를 잘못하거나 살인사건을 엉성하게 조사해 잘못된 보고서를 올리는 사또들을 항상 엄하게 추고하고 파직했다. 이 때문에 정조 치세에 지방관들은 어명御命이 무서워서라도 살인사건을 신중하게 조사하고 법전을 들추어 공부했다. 그러나 정조 사후 세태가 돌변했으니 그 누구도 형벌의 중요성을 돌아보지 않았고 이로 말미암아 세상에는 억울한 옥사가 많아졌다. 다산은 퇴락한 세상에 경종을 울리고자 했다. 이에 우선 중국과 조선의 법전들과 각종 옥안獄案을 모으고 정리한 후 자신의 견해를 붙여 살인사건을 조사할 지방관들을 위해 한 권의 참고서를 만든 것이다. 그리고 인명에 관한 일은 신중하고 또 신중하게 처리하라는 뜻에서 '흠흠신서'라 이름 지었다.

다산은 백성들의 도덕성 회복에 앞서 지도층의 각성을 촉구했다. 그는 중앙의 관료들뿐만 아니라 지방의 공무를 담당한 자들이 솔선하여 도덕적 책임을 다할 때, 비로소 만백성의 교화가 이루어지고 이로부터 사회의 질서를 다잡을 수 있다고 주장했다. 조선 후기의 정치는 점점 더 혼란스러워지고 백성들은 그만큼 도탄에 빠져 신음했다. 여기저기서 혼란과 균열의 징후가 나타났고, 이를 목격한 다산은 어디 한 군데 개혁하지 않을 데가 없다고 한탄했다. 누군가가 나서서 문제점을 해결해야 한다면 관료들이 앞장서야 한다는 게 다산의 주장이었다. 정의로운 사회는 저절로 이루어지지 않는다. 정의로운 마음을 가진 이들이 많아져야 가능한 일이요, 마음먹은 대로 실천하는 행동이 늘어나야 가능한 일이다. 다산의 절절한 마음이 오늘날까지 울리는 이유는 우리 모두 공정한 사회를 원하기 때문이리라.

다산이 쓴 《흠흠신서》의 서문을 옮겨본다.

"오직 하늘만이 사람을 살리고 죽이니 인명은 재천이라 한다. 그런데 지방관은 그 중간에서 선량한 사람은 편히 살게 해 주고 죄 지은 사람은 잡아다 죽일 수 있으니, 이는 하늘의 권한을 드러내는 일이다. 사람이 하늘의 권한을 대신 쥐고서 삼가고 두려워할 줄 몰라 털끝만한 일도 세밀히 분석해서 처리하지 않고서 소홀히 하고 흐릿하게 하여, 살려야 하는 사람을 죽게 하기도 하고 죽여야 할 사람을 살리기도 한다. 그러면서도 오히려 태연하고 편안하게 여긴다. 또는 부정한 방법으로 재물을 얻고 부인婦人들을 호리기도 하면서, 백성들의 비참하게 절규하는 소리를 듣고도 그것을 구휼할 줄 모르니 이는 매우 큰 죄악이다.

살인사건은 군현에서 항상 일어나는 것이고 지방관이 항상 만나는 일인데도, 실상을 조사하는 것이 항상 엉성하고 죄를 결정하는 것이 늘 잘못된다. 옛날 정조 임금의 치세에는 감사와 수령 등이 항상 이 때문에 파직당했으므로 차츰 경계하여 근신하게 되었다. 그런데 근년에 와서는 다시 제대로 다스리지 않아서 억울한 옥사가 많아졌다. 내가 목민심서를 저술한 후 살인사건에 대해서는 '따로 전문적인 책으로 다루어야 겠다.'고 생각하고 드디어 이 책을 편찬한 것이다. (중략) 근래 사대부는 어려서부터 머리가 희어질 때까지 오직 시나 부를 지을 뿐이므로 갑자기 목민관이 되면 어리둥절하여 손쓸 바를 모른다. 도리어 간사한 아전에게 맡겨 버리고는 감히 알아서 처리하지 못하니, 저 돈을 좋아하고 의리를 천히 여기는 간사한 아전이 어찌 시중에 맞추어 형벌을 처리할 수 있겠는가. 일을 다스리는 여가에 이 책을 펼쳐 놓고 공부하면서 《무원록》과 《대명률》을 참고한다면 사건을 심의하는 데 도움이 될 것이요, 하늘의 권한을 잘못 집행하지 않게 될 것이다. 옛날 구양수가 관아에 일이 없자 해묵은 공문서를 가져다가 이리저리 사례를 끌어내어 이를 일생 동안 옥사를 다스리는 데 경계의 자료로 삼았으니 하물며 자신이 그 지위에 있으면서 직무를 걱정하지 않아서야 되겠는가. '흠흠欽欽'이라 한 것은 무슨 까닭인가. 삼가고 삼가는[欽欽] 일이야말로 형벌을 다스리는 근본이기 때문이다.

순조 22년(1822년) 봄 정약용이 서문을 쓰다.

*본문에 각주를 달지 않았으나 인용된 사료의 사진을 첨부해 각주를 대신했다. 나머지 참고한 도서와 논문들은 다음과 같다.

《欽欽新書》
《審理錄》
《經國大典》
《續大典》
《大典通編》
《大明律》
《經世遺表》
《牧民心書》
《藥泉集》
《承政院日記》
《朝鮮王朝實錄》

范忠信 외(이인철 역), 《中國法律文化探究》, 일조각, 1996.
溝口雄三 외(정태섭 외 역), 《중국의 禮治 시스템》, 청계, 2001.
로널드 드워킨(장영민 역), 《법의 제국》 아카넷, 2004.
中村茂夫(임대희 외 역), 《판례를 통해서 본 淸代刑法》, 서경문화사, 2004.
西田太一郎(천진호 외 역), 《中國刑法史硏究》, 신서원, 2008.
이케가미 에이코(남명수 역), 《사무라이의 나라》, 지식노마드, 2008.
源了圓(정순희 역), 《義理와 人情:日本的 心情의 一考察》, 지만지, 2008.
袁保新(황갑연 역), 《맹자의 三辨철학》, 서광사, 2012.
蔡振豐, 《丁若鏞의 四書學: 以東亞爲視野的討論》, 國立臺灣大學出版中心, 2010.
Charlotte Furth eds., *Thinking with Cases*, University of Hawaii Press, 2007.
Yonglin, Jiang, *The Mandate of Heaven and the Great Ming Code*, University of Washington Press, 2011.
박석무, 《역주 欽欽新書》, 현대실학사, 1999.
민족문화추진회, 《(국역) 심리록》, 1999~2006.
정일균, 《茶山四書經學 硏究》, 일지사, 2000.
금장태, 《道와 德 : 다산과 오규 소라이의 중용 · 대학 해석》, 이끌리오, 2004.
김지수, 《전통 중국법의 정신 : 情 · 理 · 法의 中庸調和》, 전남대학교출판부, 2005.
김호, 《원통함을 없게 하라》, 프로네시스, 2006.
심재우, 《조선 후기 국가권력과 범죄 통제》 태학사, 2009.
조지만, 《조선시대의 형사법》, 경인문화사, 2007.
성당제, 《藥泉 南九萬의 문학 연구》, 한국학술정보, 2007.
조지만, 《조선시대의 형사법》, 경인문화사, 2007.
심희기, 〈朝鮮後期 刑事制度 運營에 대한 一考察 : 參酌減律을 中心으로〉, 서울대 석사학위논문, 1980.
김백철, 《조선 후기 영조의 蕩平政治 연구 : 續大典 편찬과 백성의 재인식》, 서울대 박사학위논문, 2009.
서정민, 《조선 후기 무고죄와 반죄율에 관한 연구》, 서울대 박사학위 논문, 2012.

宮崎市定, 〈欽欽新書 解題〉《朝鮮學報》47, 天理大學, 1968.
심희기, 〈復讐考序說〉《法學研究》26-1, 1983.
심희기, 〈欽欽新書의 법학사적 해부〉《社會科學研究》5-2, 1985.
한상권, 〈조선시대 법전 편찬의 흐름과 각종 법률서의 성격〉《역사와 현실》13 , 1994.
권연웅, 〈欽欽新書 연구 1 : 經史要義의 분석〉《경북사학》19, 1996.
심희기, 〈18세기의 형사사법제도 개혁〉《한국문화》20, 1997.
조윤선, 〈정약용의 사회개혁 방법론〉《史叢》46, 1997.
홍순민, 〈조선 후기 법전 편찬의 추이와 정치운영의 변동〉《한국문화》21, 1998.
정긍식, 〈서평 : 역주 흠흠신서〉《法學》40-4, 2000.
원재린, 〈성호 이익의 형정관과 漢法 수용론〉《실학사상연구》17-18, 2000.
조성을, 〈정약용의 형정관〉《學林》23, 2002.
윤재현, 〈다산 정약용의 복수론〉《다산학》3, 2002.
이봉규, 〈다산학 연구의 최근 동향과 전망: 근대론의 시각을 중심으로〉《다산학》6, 2005.
정긍식, 〈법서의 출판과 보급으로 본 조선사회의 법적 성격〉《法學》48-4, 2007.
조지만, 〈조선시대 법문화〉《법교육연구》3-1, 2008.
조윤선, 〈조선 후기 유가 법사상〉《한국유학사상대계–법사상편》, 한국국학진흥원, 2008.
권연웅, 〈유가 법사상의 역사적 맥락〉《한국유학사상대계–법사상편》, 한국국학진흥원, 2008.
심희기, 〈남인 실학의 법사상〉《한국유학사상대계–법사상편》한국국학진흥원, 2008.
박례경, 〈규범의 근거로서 親親, 尊尊의 정당화 문제〉《東洋哲學研究》54호, 2008.
정호훈, 〈영조 대 續大典의 편찬논리와 그 성격〉《한국문화》50, 2010.
이종일, 〈정다산과 흠흠신서〉《다산학》20, 2012.
조균석, 〈흠흠신서에 수록된 과실살 사례의 고찰〉《다산학》20, 2012.
김 호, 〈欽欽新書의 一考察 : 茶山의 過誤殺 해석을 중심으로〉《조선시대사학보》54, 2010.
김 호, 〈藥泉 南九萬의 刑政論에 대한 다산 정약용의 비판〉《국학연구》19, 2011.
김 호, 〈조선 후기 綱常의 강조와 다산 정약용의 情·理·法〉《茶山學》20, 2012.
김 호, 〈義殺의 조건과 한계–茶山의 欽欽新書를 중심으로〉《역사와 현실》84, 2012.
김 호, 〈조선 후기 위핍률의 적용과 다산 정약용의 대민관〉《역사와 현실》87, 2013.
김 호, 〈조선 후기 '인간위핍률'의 이해와 다산 정약용의 비판〉《진단학보》117, 2013.